Jean Lescuyer, geboren 1939 in Albi, absolvierte eine Pilotenausbildung. 1961, drei Monate nach seiner Heirat, stürzt sein Flugzeug in Algerien ab, und er kehrt schwer verwundet nach Frankreich zurück. Nach langen Rehabilitationsmaßnahmen schult er zum Ingenieur um und wird [illegible]ner. Ein weit fortgeschrittene[illegible] [illegible]ä̈ter ein zweites Mal auf das Kra[illegible] [illegible] langsam einfachste Bewegungsabläufe lernen. Doch er [illegible]ich und nimmt seine beruflich[illegible] [illegible]keiten wieder auf. [illegible]9 unternimmt er zum Dank für seine wiederholte Genesung zu Fuß und ohne Geld eine Pilgerreise nach Jerusalem. Jean Lescuyer lebt in Albi, er hat fünf Kinder und neun Enkelkinder.

Mehdi Benchelah ist freier Journalist. Er arbeitet als Korrespondent im Gaza-Streifen unter anderem für den *Figaro, Le Point* und *RFI*. Jean Lescuyer lernte Mehdi Benchelah am Ende seiner Pilgerreise kennen.

Für meinen Vater und meine Großmutter väterlicherseits.
Für meine Ehefrau Marie, für Frédéric, Vincent, Antoine-Marie, Sébastien-Antoine, Anne-Sophie, ihre Ehepartner und meine Enkelkinder.

Für jeden Menschen, der mir begegnete,
mit dem ich Bekanntschaft schließen
und den ich lieben durfte.
Für alle Menschen.

Inhalt

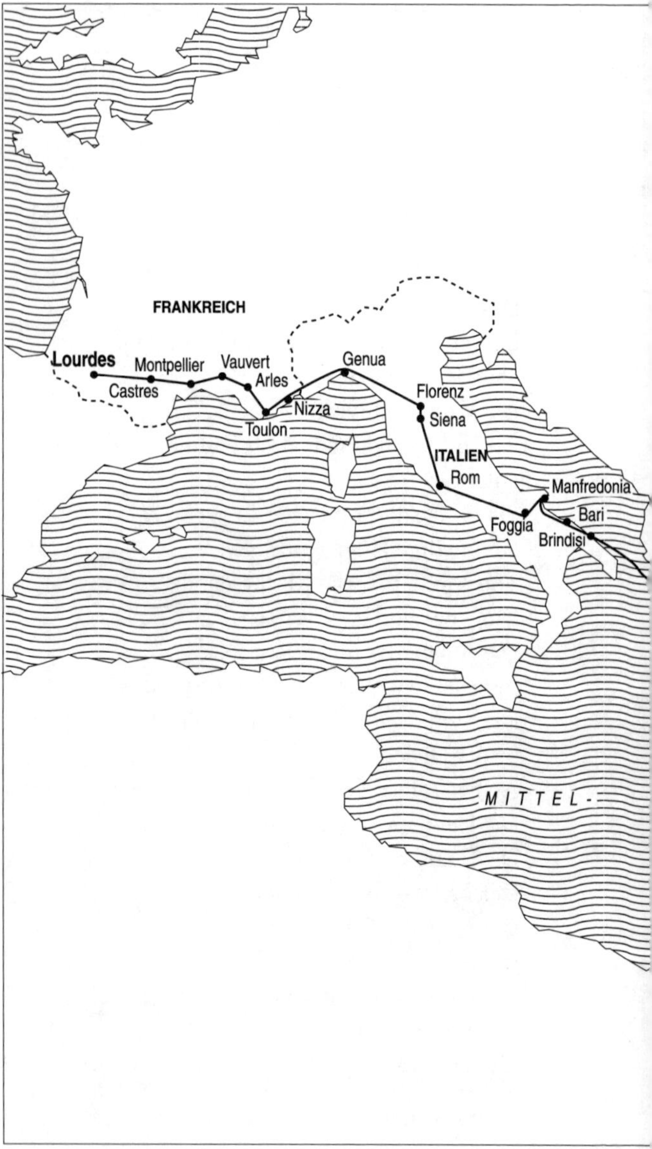

FRANKREICH
Lourdes
Montpellier
Castres
Vauvert
Arles
Toulon
Nizza
Genua
Florenz
Siena
ITALIEN
Rom
Manfredonia
Foggia
Bari
Brindisi
MITTEL-

SCHWARZES MEER
GRIECHENLAND
Istanbul
Tekirdag
Alexandroupolis
Izmit
essaloniki
Berg Athos
Bursa
TÜRKEI
rfu
Samos
Izmir
Adana
Delphi
Ephesus
Iskenderun
Mersin
Aleppo
tras
Antiochia
Korinth
Athen
SYRIEN
Homs
Rhodos
Tripoli
Iraklion
Beirut
Damaskus
Sur
M E E R
Amman
Jerusalem
JORDANIEN

»... Es war ein Mensch, der ging von Jerusalem hinab gen Jericho und fiel unter die Mörder; die zogen ihn aus und schlugen ihn und gingen davon und ließen ihn halb tot liegen.
Es begab sich aber ungefähr, dass ein Priester dieselbe Straße hinabzog; und da er ihn sah, ging er vorüber. Desgleichen auch ein Levit; da er kam zu der Stätte und sah ihn, ging er vorüber. Ein Samariter aber reiste und kam dahin; und da er ihn sah, hatte er Erbarmen ...«
»Welcher dünkt dich, der unter diesen Dreien der Nächste sei gewesen dem, der unter die Mörder gefallen war?« Er sprach: »Der die Barmherzigkeit an ihn tat.« Da sprach Jesus zu ihm: »So gehe hin und tue desgleichen!«

(Lk 10, 30-33, 36-37)

Das leere Grab

Jerusalem badete im Licht eines sommerlichen Nachmittags. Die Altstadt mit der Umschließungsmauer wand sich am felsigen Hang entlang. Elegante Kirchtürme und schlanke Minarette ragten über die Dächer. Das Gold des Felsendoms glänzte unter der strahlenden Sonne, und ein Kranz aus bläulichem Licht umgab die Kuppel der Grabeskirche. Alles war still, nur der Wind strich über den weißlichen Stein. Angetrieben von ihrem eigenen Schwung, drehte sich die Erde unaufhörlich um ihre Achse. Die Schatten wurden länger, und die Mauer Süleimans des Prächtigen erglühte in Orangerot, das bald einem gedämpften Grau wich.

Hier endete meine lange Pilgerschaft; nach acht Monaten Fußwanderung ohne Geld durch Europa und den Nahen Osten war ich endlich am Ziel. Über dem Jaffator flatterten Tauben. Durch überfüllte Gassen bahnte ich mir einen Weg zur Grabeskirche hinunter. Ohne Eile und ohne Erwartungen legte ich den letzten Abschnitt meiner Reise zurück, die mich über eine Strecke von zehntausend Kilometern von Albi in Südwestfrankreich bis an das Grab von Jesus Christus geführt hatte. Alle meine Sinne öffneten sich den Eindrücken der Altstadt. Wie berauscht schob ich mich durch das Gedränge der Touristen und der Händler, die laut rufend ihre Waren feilboten. Hier und da fing ich bruchstückhaft ein paar Sätze auf, in Sprachen, die mir fremd und solchen, die mir vertraut waren. Eine Gruppe orthodoxer Juden, ganz in Schwarz gekleidet, mit Gebetsriemen, Kippah und Schläfenlocken zog eilig in Richtung Klagemauer vorbei. Ein paar Meter weiter sah ich einen Jungen mit roten zotteligen Haaren und sommersprossigem Gesicht, der geröstete Maiskolben ausrief. Von seinem Verkaufskarren, den er mit einer schützenden Fatimahand verziert hatte, stiegen Rauchkringel auf.

Von der Davidstraße bog ich in die schmale Christian Quarter Road ein, durch die man zwischen zahllosen Verkaufsbuden zur Grabeskirche gelangt. An Henkelkörben mit rötlich braunen Bernsteinkugeln, gestapelten Damastballen und pyramidenförmig übereinander geschichteten orientalischen Süßigkeiten vorbei. Während ich mir einen Weg durch die engen überwölbten Gassen bahnte, beschlich mich das Gefühl, in die Eingeweide der Stadt vorzudringen. Nach und nach wurden die Verkaufsbuden in diesem Gassenlabyrinth von fensterlosen Mauern verdrängt, bis die Straße plötzlich in einen kleinen Hof mündete: Es war der Vorplatz der Grabeskirche. Beim Anblick des erhabenen quadratischen Glockenturms, der vergoldeten romanischen Fassade, der drei Seitenkapellen und der Treppe von Golgatha unter ihrer kleinen Kuppel glaubte ich zunächst, ein Bild aus einem vergessenen Traum vor mir zu sehen. Vom Turm schlug es achtmal. Das Tor der Grabeskirche wurde geschlossen.

Ein freundlich aussehender orthodoxer Priester, um die dreißig Jahre alt, näherte sich. »Warten Sie, wir schließen die Kirche noch einmal für Sie auf.« Seit dem 13. Jahrhundert werden die Schlüssel der Basilika, die zu festen Zeiten geöffnet und geschlossen wird, von zwei hoch gestellten islamischen Familien verwahrt. Der Priester wandte sich an einen jungen Palästinenser mit glänzendem dunklen Haar. Sie wechselten ein paar Worte, dann ging der junge Mann zur Tür, und kurz darauf öffnete sich knarrend ein quadratisches Feld, in dem eine Holzleiter zum Vorschein kam. Der Bursche griff nach der Leiter, lehnte sie gegen die Tür und stieg auf die untere Sprosse, um an das Vorhängeschloss vor den Gitterstäben heranzukommen. Er hielt einen rostigen Ring in der Hand und führte den flachen Schlüssel in das spangenförmige Vorhängeschloss ein, das mit einem Klack aufschnappte. Ohne zu zögern, ging ich in das Heiligtum hinein.

Ein süßlicher Duft nach Myrrhe erfüllte das Innere der Kirche. Am Fuß der hohen Mauern des Mittelschiffs brannten Kerzen nieder. Heilige Stille erfüllte diese Kulisse aus Säulen und Stein. Die Dunkelheit beschwor Erinnerungen an eine untergegangene Ära herauf, in der die Finsternis das Sinnbild der Reinheit war. Mein Geist, der keine Zerstreuung fand, kam zur Ruhe in Betrachtung einer Wirklichkeit, die ihm vertraut war. Ein Gefühl immenser Demut vor der unsäglichen Größe Gottes stieg in mir auf, es füllte meine Seele und überdeckte alle anderen Wahrnehmungen. Ich weinte vor Glück. Alles andere trat zurück und wurde mir gleichgültig. Es existierte nur noch das unsägliche Entzücken, die Freude, der Vollkommenheit ein Stück näher gekommen zu sein.

Nach kurzem Zögern erklomm ich die steile Treppe nach Golgatha. Über mir sah ich die mosaikverzierte Decke; gegenüber befand sich eine Statue der Jungfrau, deren Trauer aus tiefster Seele kam. In ihrem Blick schien sich das Leid der Welt zu brechen. Links von ihr, hinter einer schützenden Glasplatte, erhob sich der Felsen, auf dem ihr Sohn gekreuzigt worden war. Auf einer schwarzen Marmorsonne kniete ich nieder und hielt lange Andacht vor diesem Stein, der erfüllt war von der göttlichen Nähe und dem Glauben aller Pilger, die zu Millionen vor mir hier gewesen waren. Materie und Geist existierten nicht mehr – nur noch das unauflösliche Band der Liebe.

Außer mir war niemand in der Kirche, und ich hörte das Echo meiner eigenen Schritte auf dem Stein. Unweit von Golgatha, in einem barocken Rundbau, befand sich das Christusgrab unter der weiten Kuppel. Ich ließ mich auf einer blank gescheuerten Holzbank nieder. An diesem Ort, an dem Jesus den Tod besiegt hatte, hielt ich inne, um zu beten. Ich hatte das Gefühl, dass sich alles in mir zu einer unendlich großen Sphäre weitete, wo jeder Punkt gleichzeitig Mitte, Anfang und Ende war.

Durch eine kleine Tür gelangte ich in einen dunklen Raum mit rußgeschwärzter Decke, der bis zum Grab führte. Mir kam in den Sinn, dass dieser winzige leere Raum, Sinnbild der siegreichen Überwindung des Todes, nicht nur das Herz dieser Kirche bildete, sondern darüber hinaus auch das Herz Jerusalems und der gesamten Christenheit. Wer wäre nicht ergriffen beim Anblick dieses einfachen Grabes, aus dem sich ein Abenteuer entwickelte, das seit zweitausend Jahren Milliarden von Menschen mitreißt?

In meiner Meditation gedachte ich aller Geschöpfe auf Erden. Ich dankte Gott für seine Gnade, mich hierher geführt und mir geholfen zu haben, mich zu vergessen, zu verlieren und mich so wiederzugewinnen. Angesichts meiner eigenen Bedeutungslosigkeit überkam mich heitere Gelassenheit. Die Zeit stand still. Ein Jahrtausend. Eine Sekunde. Das Stundenglas war zersprungen. Alle Dinge offenbarten sich in ihrer Vollkommenheit.

Ein glücklicher Mensch, und doch …

Ich bin ein Mensch, der sich glücklich schätzen kann. Ich bin sechzig Jahre alt und lebe mit meiner Ehefrau, Marie, in gesicherten Verhältnissen in einem kleinen Dorf im Südwesten Frankreichs. Wir haben fünf Kinder und neun Enkelkinder, die mit ihren Begeisterungsstürmen und ihren Selbstzweifeln, mit ihren glücklichen und ihren traurigen Erfahrungen Farbe in unseren Alltag bringen.

Wir wohnen in einem schönen großen Haus aus Ziegelstein, das wie ein befestigter Herrensitz aussieht und zur Zeit der französischen Revolution gebaut wurde. Auf dem Speicher dieses ehemaligen Landgasthauses sind noch die Spuren zeitgenössischer Kritzeleien zu sehen. Ob reiner Zufall oder Abenteuerlust – was uns letztendlich dazu motivierte, uns in diesem alten Gasthaus niederzulassen, kann ich nicht mehr mit Gewissheit sagen. Ich kann mir jedoch nichts Schöneres vorstellen, als abends vor dem Kamin zu sitzen, die Wärme der Steine zu spüren und zu jeder vollen Stunde auf den Schlag der alten Uhren zu horchen, die ich jede Woche mit kleinen silbernen Schlüsseln aufziehen muss.

Die Region von Albi, in der wir leben, ist für mich eine der schönsten Regionen Frankreichs. Von hier stammt übrigens der Begriff »pays de cocagne«, was »Schlaraffenland« bedeutet. Seit dem Mittelalter wird hier Färberwaid angebaut, eine Pflanze, aus der das kostbare Indigoblau gewonnen wird. Dieser Farbstoff,

»cocagne« genannt, fand in ganz Europa reißenden Absatz und begründete den Reichtum der Albigenser.

Weitläufige Weingärten umgeben unser kleines Dorf. Das berühmte Gaillac, wo schon die Römer Wein angebaut haben, befindet sich nur einen Steinwurf entfernt. Nur allzu gern lasse ich mich zu langen Spaziergängen über die Rebhügel verführen, an Rebstöcken mit roten oder weißen Trauben vorbei. Ich hätte große Lust, mir hier ein paar Hektar Land zu kaufen und meinen eigenen Wein für den Hausgebrauch zu keltern.

Nach regionalem Brauch pflegen wir im Freundeskreis gerne ausgedehnte Tafelfreuden. Marie kocht vortrefflich und lässt es sich nicht nehmen, immer wieder eigene Rezepte zu kreieren. Außerdem hat sie im Lauf der Jahre eine stattliche Sammlung erlesener Weine zusammengetragen. Mit schöner Regelmäßigkeit steigt sie die kleine Holztreppe zum Keller hinab, um dort nach dem Rechten zu sehen und ihre Auswahl zu treffen. Diese Schatzkammer ist ihr ganz persönliches Reich, und sie allein entscheidet darüber, bei welcher Gelegenheit eine ihrer edlen Flaschen kredenzt wird.

Meine Frau und ich haben ein gutes Stück des Weges zusammen zurückgelegt: Das bunte Kaleidoskop unserer vierzig Ehejahre dürfte das schönste Zeugnis unseres Willens sein, die Prüfungen des Leben gemeinsam zu meistern. Trotz einiger Stürme und allerlei Unwägbarkeiten hatten wir insgesamt günstige Winde. So verbrachten wir einen ganzen Lebensabschnitt im Maghreb, in Südamerika und in Südostasien, bevor wir wieder in unseren Ausgangshafen zurückkehrten, um dort Anker zu werfen.

Auch wir sind gegen Katastrophen nicht gefeit. Da war zum einen die Tragödie des Algerienkriegs, der die jungen Menschen meiner Generation im Strudel mitriss. In Algerien verunglückte ich schwer: Bei einem militärischen Einsatz stürzte meine Maschine über dem Atlasgebirge ab. Einige Jahre später ereilte mich eine schwere Krankheit, von der ich lange Zeit schwer gezeichnet blieb. Als dann endlich der Heilungsprozess eintrat, keimte neues Leben in mir auf; es war wie eine Wiedergeburt.

Heute kann ich besser beurteilen, was mein Leben bislang gewesen ist: ein abenteuerliches Auf und Ab von Erfolgen und Misserfolgen. Aber selbst leidvolle Erfahrungen sind wie eine Gnade, wenn man das Glück hat, sie zu überleben, denn einem Menschen, der sich keinen Widerständen oder Gefahren aussetzt, bleiben existenzielle Erfahrungen verschlossen.

Dieses Motiv klingt auch in der Kunst an. In Mozarts *Zauberflöte* müssen sich die Protagonisten Tamino und Papageno einer Reihe schwieriger Mutproben unterziehen und dabei durch die Tiefen des Lebens gehen. Was uns an dieser Oper so berührt, ist ihre universelle Thematik.

Seit meiner Kindheit begeistert mich dieses symbolträchtige Märchenspiel über das Streben nach dem höheren Sein. In meinen Träumen sah ich mich als Tamino oder als Papageno, eines dieser lächerlich mittelmäßigen Menschenkinder, die sich furchtsam von einer Bewusstseinsstufe zur nächsten hangeln. Der Weg des Pilgers ist der Entwicklung der Helden dieses Opernlibrettos vergleichbar; auch er muss für die Überwindung der Erdenschwere große körperliche Strapazen in Kauf nehmen. Er läuft sich die Füße blutig und scheuert sich die Schultern wund. Dieser ständige Drang, über sich selbst hinauszuwachsen und sich dem Unbekannten zu öffnen, erhöht den Reiz meines Lebens.

Auch ich habe im Leben so manche Gefahr überstanden, neben denen die Mutproben der beiden Helden aus der *Zauberflöte* fast harmlos anmuten. Ich hatte jedoch das Glück, diese außergewöhnlichen Erfahrungen zu überleben. Sie haben mich stärker gemacht, weil sie mir halfen, das Leben in seinem Facettenreichtum wahrzunehmen und es intensiver zu genießen.

Auf Grund des Krieges und meines Flugunfalls, der meiner Pilotenlaufbahn vorzeitig ein jähes Ende setzte, musste ich mich mehrmals beruflich neu orientieren. In die Geschäftswelt verschlug es mich aber wohl eher zufällig – obwohl mein Ingenieurdiplom dafür die beste Vorbereitung war. Ich hatte das Glück, in meinem neuen Beruf erfolgreich zu sein; ich habe mehrere Produktions- und Handelsbetriebe gegründet, die immer noch existieren. Im Grunde war ich also ein recht zufriedener Geschäftsmann, der sich auf den Ruhestand vorbereitete.

Und doch …

Und doch – je länger diese gesicherte Existenz andauerte, desto stärker spürte ich, dass ich meinem Herrn in diesem Leben noch etwas schuldig war. Ich musste noch etwas machen, das nur Ihm gewidmet war.

Der Gedanke, eines Tages eine Wallfahrt zu machen, hatte mich schon als junger Mann begeistert. Damals erschien er mir wie ein fantastischer Traum, den zu verwirklichen ich jedoch nicht die Mittel hatte. Erst viele Jahre später dachte ich wieder an diese Möglichkeit, jetzt konnte mein Traum Wirklichkeit werden.

Als ich eines Tages geschäftlich in Brüssel war, verabredete ich mich mit meinem alten Freund Winfried zum Abendessen. Wir hatten uns für ein Restaurant auf der Grand-Place entschieden und – wie es sich gehört – Miesmuscheln mit Pommes bestellt, dazu einen duftenden Gewürztraminer.

»Weißt du, Jean, ich habe keine Lust mehr, als Manager zu arbeiten. Ich würde gerne etwas anderes machen, etwas, das den Menschen wirklich nützt. Verstehst du das?«

»Und ob ich das verstehe.«

»Ich will endlich einmal über meinen Tellerrand hinaus und die Menschen aus einer anderen Warte kennen lernen. Jetzt bin ich fünfundfünfzig. Ich möchte eine Auszeit nehmen und meinem Leben eine neue Richtung geben.«

»Und was willst du machen?«

»Wenn ich dir das sage, wirst du dich wundern«, sagte er voller Begeisterung. »Ich habe beschlossen, nach Santiago de Compostela zu pilgern.«

»Das ist ja großartig. Wann gehst du los?«

Während er mir Wein nachschenkte, meinte er beiläufig:

»Na ja, erst muss ich noch einen Weggefährten finden.«

Daraufhin hörte ich mich erwidern:

»Such nicht mehr, du hast ihn schon gefunden.«

Meine Antwort war mir so spontan über die Lippen gekommen, als sei sie das Natürlichste der Welt. Bis heute weiß ich nicht, warum mir meine Reaktion damals so schlüssig erschien – sowohl im Rahmen dieses Gesprächs als auch auf meine ganze Lebenssituation bezogen.

Wir dachten über einen Termin nach und kamen überein, noch im Juni aufzubrechen, damit wir im September in Compostela wären. Jetzt brauchten wir nur noch das Praktische zu regeln. Mein Freund hatte freilich nicht mit der Reaktion seiner Frau gerechnet. Er rief mich kurz darauf an. »Es tut mir schrecklich Leid, Jean, aber ich kann nicht mitkommen. Du musst ohne mich gehen. Geneviève hat mir gedroht, mich zu verlassen, wenn ich drei Monate wegbliebe.« Ich konnte meinen Freund verstehen, aber eine innere Stimme befahl mir, trotzdem meinen Weg zu gehen.

Am Morgen des 14. Juni 1996 machte ich mich auf den Weg nach Spanien. In geistlicher Hinsicht war ich bestens vorbereitet, aber die materielle Seite ließ einiges zu wünschen übrig. Am Abend zuvor hatte ich gerade mal das Allernotwendigste in meinen Rucksack gepackt. Und als ich morgens das Haus verließ, war ich so gekleidet wie immer und trug normale Schuhe für die Stadt. Es sollte nicht lange dauern, bis ich erkannte, dass meine Halbschuhe, die für kurze Stadtgänge perfekt geeignet sind, nicht für einen Fußmarsch von Hunderten von Kilometern gemacht waren. In kürzester Zeit schwollen mir die Füße dermaßen an, dass mir das Gehen zur Hölle wurde. Innerhalb weniger Tage hatte ich sie mir blutig gelaufen, und sie waren voller Blasen.

Vergessen wir den Zustand meiner Füße, den ich hier nur am Rande erwähne. Viel interessanter war die Entdeckung des Wallfahrens an sich, denn der Pilger legt parallel zu seinem äußeren Weg auch einen inneren Weg zurück und lernt sich dabei selbst kennen. Ich nahm die Zeit anders wahr und erlebte die Fülle des Augenblicks, ohne mich mit Gedanken an Gestern oder an Morgen zu belasten. Der Weg nach Compostela stellte sich jeden Tag aufs Neue als eine Arena dar, in der ich erbitterte Kämpfe gegen meine inneren Widerstände auszutragen hatte – zum einen der Wille, über meine Grenzen hinauszugehen, zum anderen die Versuchung, alles aufzugeben und umzukehren.

Für mich ist die Pilgerschaft ein Lernprozess, der unser verborgenes Potenzial zum Vorschein bringt. Lassen Sie mich das an einem Beispiel erläutern: Ein junger Mann, der eine französische Eliteschule absolviert hat, erhält Angebote aus den höchsten Kreisen von Wirtschaft, Verwaltung und Politik, weiß aber nicht, wie er sich entscheiden soll. Um ihm zu helfen, würde ich ihm raten: »Machen Sie eine Pilgerreise; es ist eine spirituelle Schule.« So hätte der junge Mann die Möglichkeit, jene Kräfte und Fähigkeiten zu entfalten, die er für sein Leben wirklich braucht. Keine Eliteschule, keine Spitzenuniversität würde sie ihm vermitteln. Sie könnte es übrigens gar nicht, weil man diese Fähigkeiten nur über die persönliche Erfahrung erwerben kann.

Nach der Rückkehr aus Santiago begann ich mit einem größeren Projekt zu liebäugeln: mit einer Fußwallfahrt nach Jerusalem. Das mag heutzutage vielleicht anachronistisch anmuten, aber noch vor ein paar Jahrzehnten setzten sich Hunderte von Pilgern dieser Erfahrung aus. Und noch früher pilgerte man zu Tausenden jedes Jahr zu Fuß ins Heilige Land.

Für die Reisevorbereitungen brauchte ich fast zwei Jahre. Meine Familie tat sich schwer, mein Vorhaben zu akzeptieren, vor allem meine Frau. Mal zeigten sie sich enthusiastisch, dann lehnten sie das Ganze als puren Wahnwitz ab. Es dauerte Monate, sie zu überzeugen. Dann fing ich an, mich nach und nach aus meinen beruflichen Verpflichtungen zu lösen. Meine Unternehmen waren finanziell gesund und die konjunkturelle Lage günstig. In den letzten Monaten teilte ich die gesamte Verwaltung meiner Geschäfte unter den Direktoren meiner verschiedenen Firmen auf. Schließlich musste ich mich ja auch innerlich auf mein Vorhaben einstellen.

Man kann sich nicht über Nacht vom Gutsherrn in einen umherziehenden Pilger verwandeln. Wie jeder andere Mensch bin ich in ein bestimmtes Umfeld integriert. Ich liebe meinen Beruf und könnte mir kein Leben ohne meine Familie vorstellen. Gleichwohl bin ich überzeugt, dass jede Pilgerschaft einen Abschied darstellt: von Allem, was unser Leben noch schneller und fortschrittlicher macht, aber auch von den Vorstellungen, die wir uns von uns selbst und von den Anderen machen – und das dürfte das Schwierigste sein. Ein Pilger muss absolut alles hinter sich lassen, was ihm Halt, Ansehen und Sicherheit bedeutete.

Ich habe versucht, unter Beachtung dieser Spielregeln als einfacher Fußpilger nach Jerusalem zu gehen. Ich habe sogar meinen Namen abgelegt und für die Reise das Pseudonym Jean Lescuyer angenommen. Meine Taschen waren leer – keine Kreditkarte, kein Scheckheft, kein Bargeld. Das einzige Zugeständnis an meine

Frau war ein Zweihundert-Franc-Schein, den sie mir wasser- und wetterdicht verpackt als Telefongeld für den Notfall eingepackt hatte.

Mit meiner Pilgerreise wollte ich Gott die Ehre erweisen. Heutzutage begreift sich jeder als Zentrum der Welt und ist sein eigener Gott. Ich habe versucht, dieses Verhältnis umzukehren: Ich bin nichts, und Gott ist alles. Gerade in dieser Haltung liegt die Erfüllung.

Ich glaube nicht, dass ein Mensch ohne Spiritualität, ohne den Glauben an eine höhere Ordnung leben kann. Bei diesem Glauben setzt die Gott- und Heilssuche des Menschen an. Es gibt viele Wege, und jeder dieser Wege gründet auf Liebe und Vertrauen zu einer höheren Kraft, die das Universum regiert. Ich bin wahrlich kein Theologe, und mein Glaube beruht seit meiner frühesten Kindheit auf einfachen Vorstellungen. Gleichzeitig bin ich ein Verfechter der Vernunft; ich setze meinen Verstand ein und ziehe meine eigenen Schlüsse. Aber je länger ich meine Religion praktiziere, desto mehr wächst meine Überzeugung, dass Gott existiert.

Am 21. November 1998, am Abend vor meiner Abreise, traf ich die letzten Vorbereitungen. Ich packte Baumwoll- und Wollsocken ein, die den Schweiß gut aufsaugen. Ich stellte den zwei Meter langen Pilgerstock mit der Eisenspitze und den Schnitzereien meines ältesten Sohnes Frédéric bereit. Auch einen Pilgerausweis hatte ich mir besorgt, den ich an jedem Etappenziel abstempeln lassen wollte. Auf dem Küchentisch lag ausgefaltet meine detaillierte Mittelmeerkarte, auf der ich die Route für die kommenden acht Monate eingezeichnet hatte. Diese zehntausend Kilometer erschienen mir jedoch weniger wichtig als der innere Weg, der mich erwartete und auf den ich mich von nun an einstellte. Diese Pilgerschaft sollte ein Geschenk werden.

Die Erfahrung der Armut

Am dritten Tag erreichte ich Murviel-les-Béziers, ein Städtchen im l'Hérault. Es war ein stürmischer Nachmittag im November, und die Tage kühlten schon merklich ab. Noch in der Region von Albi hatte sich ein Freund aus der Nachbarschaft zu mir gesellt. Abels Anwesenheit tröstete mich. Er war so sehr um mein Wohlergehen besorgt, dass er mich gleich am ersten Tag auf der Straße nach Castres abfing, um mir ein Mittagessen anzubieten und mich ein Stück zu begleiten. Seine freundschaftliche Geste rührte mich. Ziemlich unbeholfen hatte ich mich mit ihm auf die Suche nach einem Nachtquartier gemacht. Ich war ja noch ganz am Anfang meiner Reise und in jeder Hinsicht völlig unerfahren.

»Wo werden Sie schlafen, Jean?«, fragte Abel.

»Ich weiß noch nicht; ich werde den Pfarrer fragen«, erwiderte ich. »Gehen wir zu ihm.«

Der Pfarrer wohnte in einem schönen Haus neben der Kirche. Durch die halb geöffneten schweren Vorhänge konnte man in die großen Räume sehen.

Ich eröffnete ihm etwas zaghaft, dass ich zu Fuß nach Jerusalem pilgern wollte. Seine Reaktion war jedoch anders als erhofft.

»Da kann ich Ihnen auch nicht helfen. Sehen Sie sich woanders um«, antwortete er.

»Ja, aber können Sie mir nicht wenigstens sagen, wo ich hier einen Platz zum Schlafen finde? Damit wäre mir schon geholfen.«

»Machen Sie, was Sie wollen, das ist Ihre Sache. Ich kann nichts für Sie tun, auf Wiedersehen, die Herren!«

Ich war schockiert. Mehr noch als der Umstand, dass er mir seine Gastfreundschaft verweigerte, erschütterte mich seine schroffe Art. Angesichts solcher Arroganz bezweifelte ich sogar, einen echten Pfarrer vor mir zu haben. War es wirklich möglich, dass er sein Amt so wenig ernst nahm? Rein äußerlich ähnelte er Don Camillo, nur dass er etwas älter war. Aber Don Camillo hätte bestimmt einen Platz für mich gehabt, wenn ich bei ihm an die Tür geklopft hätte.

Wir beschlossen, uns an den Bürgermeister des Dorfes zu wenden. Vom Kirchturm schlug es träge achtzehn Uhr. Das letzte Licht des Tages spiegelte sich in den Fensterscheiben. Ich machte mir Sorgen, weil dieser Teil des Languedoc traditionsgemäß als Bastion der französischen Kommunisten galt. Die Bevölkerung bestand vorwiegend aus Bauern und Landarbeitern, die seit Generationen nur »rot« wählten. Jedenfalls durfte ich nicht unbedingt erwarten, ausgerechnet hier für mein Vorhaben, ins Heilige Land zu pilgern, auf besonders viel Enthusiasmus zu stoßen.

Das Rathaus dominierte den großen Dorfplatz. Im ersten Stock traf ich auf die Sekretärin des Bürgermeisters. Frau Garcia war eine aparte Frau um die Vierzig, die uns sehr liebenswürdig empfing. Wenigstens hörte sie mir aufmerksam zu, als ich ihr meine Lage schilderte. Der Pfarrer hatte mir nicht einmal dazu Zeit gegeben.

»So aus dem Stegreif fällt mir jetzt auch nicht ein, wie ich Ihnen helfen könnte, Monsieur, aber wir werden sicher eine Lösung finden«, erwiderte sie. »Bitte lassen Sie mir etwas Zeit.«

»Ich danke Ihnen, Madame.«

»Setzen Sie sich doch, da ist ein Sessel«, forderte sie mich auf. »Darf ich Ihnen etwas anbieten? Eine Tasse Kaffee oder Tee?«

»Ich nehme gern eine Tasse Kaffee.«

Mir war zumute, als hätte man mich durch Zauberhand in einen gutbürgerlichen Salon der Provinz katapultiert.

Weitere Rathausangestellte gesellten sich zu uns, und jeder hatte einen Vorschlag zu machen. Nach zehn Minuten stand der Feldhüter in der Tür. Er war ein stattlicher Mann, der nur das Notwendigste sagte und mein Problem überraschend unbürokratisch löste.

»Wir könnten ihn doch im Versammlungssaal übernachten lassen; dort hat er seine Ruhe, und warm ist es auch. Zum Schlafen müsste er sich allerdings auf den großen Verhandlungstisch legen«, meinte er zu den Umstehenden. Dann sah er mich an und fragte freundlich, ob es mir etwas ausmachen würde, die Nacht auf dem Tisch des Stadtrats zu verbringen.

Frau Garcia war sogar so nett, mir nach Feierabend eine Schüssel Ratatouille, frisches Landbrot und eine Flasche Wein aus dem Languedoc vorbeizubringen. Als Abel sich vergewissert hatte, dass ich ein Nachtquartier gefunden hatte, verabschiedete er sich. Nach dem Abendbrot breitete ich meinen Schlafsack über den großen Konferenztisch der Stadträte, nicht ohne die feine Ironie der Sache zu genießen.

Als das Rathaus am nächsten Morgen gegen acht Uhr geöffnet wurde, brachten mir die Angestellten ein Frühstück vorbei. Wir unterhielten uns, bis der Bürgermeister kam und sich vorstellte. Mit seinem geröteten Gesicht sah er aus wie ein Rugbyspieler. Er lobte seine Mitarbeiter, weil sie mir Asyl gewährt hatten.

Der Spätherbst gewährte eine klare Sicht auf die wunderschöne Landschaft des Languedoc und des Narbonnais. In den heißen Sommermonaten hängen häufig Nebelschleier über der Ebene. Mein Pilgerstock gab mir den Rhythmus vor. Unbeschwert ging ich meines Weges und freute mich an den Düften der Zypressen und Wacholdersträucher. Der Weg führte mitten durch Weingärten, die sich in gleichmäßigen Reihen über die Hänge zogen. In diesem üppigen, fruchtbaren Land ließ es sich wahrlich leben. Noch ein paar Tage zuvor hatte ich die Montagne Noire mit ihren satten, grünen Landschaften in der Umgebung von Castres und Mazamet durchquert. Nachdem ich den Poussarou-Pass glücklich geschafft hatte, ging es wieder abwärts in das weitläufige, leicht hügelige Tal, das sich bis ans Mittelmeer erstreckt.

Während ich den Blick über die Hügel schweifen ließ, dachte ich an die Ereignisse des letzten Abends. Weder meine Religion noch meine Sensibilität oder meine Überzeugungen hätten mich diese Wendung der Dinge vermuten lassen. Auf der einen Seite ein Pfarrer, der mir die Gastfreundschaft verweigerte, auf der anderen das kommunistische Rathaus, wo man mir spontan das Gastrecht gewährte! Sollte dieser Priester wahrhaftig vergessen haben, was Nächstenliebe bedeutet und nur noch reiner Verwalter seines Amtes sein? Was die Nächstenliebe betraf, waren ihm die kommunistischen Rathausangestellten jedenfalls weit überlegen.

Immer wieder denke ich an diese Zwischenstation zurück. Die Gemeinde hatte mich im besten Sinne eines Laizismus aufgenommen, der den Religionen meiner Meinung nach ja nicht feindselig gesonnen ist. Jede Form der Spiritualität, ganz gleich ob christlich, islamisch, jüdisch oder wie auch immer, fügt sich in unsere Gesellschaft ein. Ich rechne den Rathausangestellten in Murviel-les-Béziers die Menschlichkeit, die sie einem katholischen Pilger entgegenbrachten, hoch an. Wäre ich ein Mitglied ihrer Partei, hätten sie mich genauso behandelt und mir auch keine weiteren Privilegien gewährt.

Freudig näherte ich mich Pézenas, einem Marktstädtchen in der Ebene des Languedoc, wo ein guter Freund von mir wohnte. Bertrand war ein alter Studienkamerad, mit dem ich Kontakt gehalten hatte, obwohl wir uns beruflich in verschiedene Richtungen entwickelt hatten. Auf dem Dorfplatz empfing mich die bunte Leuchtreklame eines Bar-Tabac, das offensichtlich ohne Konkurrenz das bescheidene Nachtleben von Pézenas beherrschte. Der freundliche Besitzer gestattete mir, kostenlos zu telefonieren. Ich erzählte meinem Freund, dass ich unter die Pilger gegangen sei und mich freuen würde, mit ihm zu Abend zu essen. Bertrand schien verblüfft und verhielt sich etwas zögerlich; dann aber sagte er zu, in einer halben Stunde in die Bar zu kommen. Ich wartete lange, bis mir endlich klar wurde, dass er mich einfach versetzt hatte. Im Pfarrhaus nannte mir der Pfarrer die Adresse des Obdachlosenasyls »Boby-Lapointe«. Anscheinend hatte Bertrand keine Zeit zu verschwenden, geschweige denn für einen alten Freund, der neuerdings ein Vagabundenleben führte.

Die ersten zehn Tage aß ich fast nichts. Mein Magen zog sich zusammen vor Hunger. Auf der Straße um Essen zu betteln bringt im Allgemeinen nichts und ist sehr entwürdigend. Entsetzt stellte ich fest, dass meine Vorstellung, die ich von mir selbst hatte, nicht mehr der Wirklichkeit entsprach. Ich schämte mich meiner Armut. Und es schien mir eine schier übermenschliche Leistung, jemanden um Hilfe zu bitten. Um mir diese Peinlichkeit zu ersparen, fing ich an, in den Mülltonnen nach Essbarem zu suchen.

Unter den Platanen kurvten ein paar Halbstarke auf ihren blitzenden Mofas herum, die dichte Staubwolken aufwirbelten. Auf den Bänken saßen eng umschlungen Liebespaare, und es wurde langsam dämmerig.

Das Obdachlosenheim wirkte von außen ziemlich heruntergekommen und verwahrlost. Man hätte meinen können, es stünde leer; alle Türen waren verschlossen. Zu diesem Zeitpunkt wusste ich noch nicht, dass solche Einrichtungen tagsüber immer geschlossen sind und nur zu den amtlich festgesetzten Zeiten öffnen. Die »Kunden« haben keine andere Wahl, als bei Regen, Kälte oder Hitze vor der Tür auf Einlass zu warten. Diese endlose Warterei vor verschlossenen Türen ist Teil der täglichen Diskriminierung der Obdachlosen.

Vor dem Heim hatten sich bereits an die dreißig verwahrloste Gestalten eingefunden, einige in Begleitung aggressiver Hunde. Der Boden war mit Abfällen übersät – Essensreste, leere Plastikflaschen und Bierdosen. Vor allem der Anblick eines jungen Mädchens von ungefähr siebzehn Jahren machte mich betroffen. Ihr zierlicher Körper erinnerte mich an meine Tochter. Sie hatte Wangen, Nase und Ohrläppchen gepierct, und mein erster Gedanke war, dass sie sich wahrscheinlich seit Monaten nicht mehr richtig gewaschen hatte. Sie schien sich unter den Bettlern zu Hause zu fühlen und schnauzte ab und zu die Hunde an.

Es stimmte mich sehr traurig, sie so zu sehen: ein zerstörtes Leben, vergeudetes Talent! Obwohl sie instinktiv wussten, dass ich keiner von ihnen war, boten sie mir alle etwas an – ein Stück Brot, einen Schluck Bier, und sogar einen Joint. Aber die Großzügigkeit konnte nicht über ihre tiefe Verzweiflung hinwegtäuschen.

Zur vorgeschriebenen Stunde kam der Beamte, um seines Amtes zu walten. Wahrscheinlich wird mich das Geräusch des Schlüssels in dem verrosteten Türschloss des Obdachlosenheims von Pézenas noch lange verfolgen. Unser Trupp taumelte wie eine geschlagene Armee die Treppe hinauf. Resignierte Gesichter, wo ich nur hinsah. Ich erinnere mich nicht an ein einziges Lächeln. Sie hielten die Köpfe gesenkt und blickten stumpf zu Boden. Manche von ihnen klammerten sich wie Schiffbrüchige an ihre Plastiktüten, in denen sie ihre armseligen Besitztümer aufbewahrten, die sie irgendwo aufgesammelt hatten.

Das was uns im Obergeschoss erwartete, war für die Mehrheit von uns trauriger Alltag, für mich jedoch war es ein Schock. Nichts in meinem bisherigen Leben hatte mich auf ein solches Elend vorbereitet. Kahle Räume wie in einem Gefängnis, ein ätzender Geruch nach Desinfektionsmitteln, und die durchgelegenen Betten in den Schlafstuben sahen aus, als hätten die Geister der letzten Benutzer sie noch nicht verlassen.

Ein Aufseher tauchte auf und kommandierte unsere kleine Truppe wie ein Kapo herum.

»Du da hinten, schieb mal deinen Krempel beiseite, und du, Oma, gehst als Erste unter die Dusche«, brüllte er. »Und vergesst nicht: Wenn ich hier jemanden mit Alkohol oder Drogen erwische, lernt ihr mich kennen!«

Der Mann, der wahrscheinlich selbst einmal ein Ausgestoßener der Gesellschaft war, bellte seine Befehle in einem Ton, der eine einzige Beleidigung war.

»Bei uns ist die Dusche Pflicht, und dass ihr mir ja die Seife benutzt! In einer Stunde wird das Licht ausgemacht!«

Wollte er sich durch seine aggressive Art vor unserem Elend schützen, einem Totengräber gleich, dem der Tod nichts anhaben kann? So oder so kann ich mir nicht vorstellen, was man mit diesem Verhalten gewinnt. Die tiefe Wunde dieser Bedürftigen und die der gesamten Menschheit ist doch der Mangel an Liebe.

Ich stand vor dem Duschraum in der Schlange neben einem bedauernswerten alten Mann. Er war klein, krumm und hatte ein unrasiertes faltiges Gesicht. Sein angegrautes Haar hing in verfilzten Zotteln herunter. Er hieß Denis und tat sich schwer zu reden.

»Du bist neu?«

»Ja, ich bin zum ersten Mal hier; ich bin ziemlich schockiert darüber, wie es hier zugeht.«

»So ist es aber.«

»Ja, ich weiß. Für mich ist es die wohl seltsamste Erfahrung meines Lebens.«

»Schau sie dir nur an, die Leute sind völlig fertig; sie sinken immer tiefer; manche warten auf den Tod und haben alle Hoffnungen aufgegeben. Schau sie dir nur gut an. Alles haben die verloren. Kein Hoffnungsschimmer mehr. Für Penner gibt es in der heutigen Schickimickigesellschaft keinen Platz.«

»Vielleicht ist unsere Gesellschaft krank und sollte sich einer Therapie unterziehen.«

»Sie traut sich nicht, sich ihr Scheitern einzugestehen und hält uns deshalb für ihre Dämonen. Sie schaut lieber woanders hin. Es ist ja nicht schwer, den Kopf wegzudrehen.«

»Vielleicht fehlt es ihr einfach an moralischen Grundsätzen?«

»Nein, die menschliche Natur ist so. Der Mensch will vergessen.«

»Aber man muss doch etwas für die Not leidenden Menschen tun.«

»Die Masse der Menschen wird immer leiden, und auch an der Reaktion wird sich nichts ändern. Manchmal glaube ich, dass die Leute uns nicht angucken, vor lauter Angst, dass unsere Armut ansteckend sein könnte.«

Seine dürren Arme ragten weit unter den Ärmeln seines blauen Pullovers und der knapp sitzenden Überjacke hervor. Dieser alte Mann, auf seine Würde bedacht, erzählte nicht von sich selbst, er sprach nur allgemein über die Armut.

Nachdem wir uns ausgezogen hatten, betraten wir eine schwach beleuchtete Zelle. Wir waren ein jämmerlicher Haufen antriebs- und willenloser Menschen. Ein Dutzend heruntergekommene Gestalten absolvierten mechanisch ihr Pflichtprogramm. Der Duschraum war so verwahrlost, dass ich mich nach der Wäsche schmutziger fühlte als zuvor! Ich stützte den alten Mann, der Mühe hatte, sich aufrecht zu halten und vorschriftsmäßig zu duschen. Am Morgen darauf stellte ich fest, dass Denis sich an kein einziges Wort unserer Unterhaltung erinnern konnte; er muss völlig betrunken gewesen sein.

Im Speisesaal wurde in schmuddeligen Tellern Kartoffelsuppe aufgetragen. Für mich, der ich bislang das komfortable Leben eines angesehenen Bürgers geführt hatte, war jede Etappe dieser Pilgerschaft eine harte Prüfung, die mich abrupt mit einer Existenz am Rande der Gesellschaft konfrontierte.

Ich beobachtete meine Leidensgefährten mit wachsender Sympathie. Das dantische Universum der Obdachlosen schien von meiner eigenen Welt Lichtjahre entfernt zu sein. Ein Gefühl der Ohnmacht überfiel mich. Erschüttert erkannte ich, dass diese armen Menschen im wahrsten Sinne des Wortes in einen teuflischen Sog geraten waren, der sie in den Abgrund zog. Die emotionale Bedürftigkeit klingt in dem Wort »arm« allerdings nicht an. Obwohl wir dasselbe Luftgemisch atmeten und vorübergehend eine Gemeinschaft bildeten, hätte ich mich nicht fremder fühlen können, wenn ich auf einem anderen Planeten gewesen wäre.

Ich wünschte, auch unsere Politiker würden einmal inkognito in ein Obdachlosenheim gehen und sich von den Zuständen selbst ein Bild machen, in der Hoffnung, es würde sie betroffen machen. Wir im Westen spenden, was wir an Überflüssigem loswerden wollen, oder wir tun es im Rahmen öffentlicher Spendenaktionen. Mit echter Wohltätigkeit hat das wenig zu tun. Ein Almosen kann nach meinem Dafürhalten die Not nur dann wirklich lindern, wenn es von gegenseitiger Liebe und Vertrauen geprägt ist. Ohne Liebe werden wir mit unserer Gabe nicht viel erreichen. Ich würde sogar so weit gehen, eine Art Vertrag zwischen Geber und Nehmer zu empfehlen: Ein solcher symbolischer Akt verhindert, dass sich der Almosenempfänger gedemütigt fühlt.

Jetzt bedauerte ich es, dass ich als Unternehmer nie zuvor einen Fuß in solche Anstalten gesetzt hatte. Da ich so unerfahren war und den Verhaltenskodex nicht kannte, fiel es mir schwer, Kontakt zu bekommen, aber ich habe genug gesehen, um zu begreifen, wie sehr sie auf unsere Hilfe angewiesen sind. Nach all der Zeit, die ich mit ihnen verbracht hatte, konnte ich eines mit Gewissheit sagen: Wichtiger als »Gutmenschentum« ist meiner Meinung nach unsere Bereitschaft, präsent zu sein, zuzuhören und geduldig die bittende Hand zu halten … Das größte Leid der Obdachlosen ist der Mangel an menschlicher Zuwendung. Durch unsere Nähe und Wärme können wir ihnen nach und nach ihr Selbstvertrauen zurückgeben. Indem wir Liebe geben – und nicht Mitleid –, schaffen wir ihnen die Möglichkeit, ihr negatives Bild von sich selbst zu revidieren. Dies erfordert viel Geduld, denn jeder hat seinen eigenen Rhythmus, den es zu respektieren gilt, und man wird immer wieder das Gefühl haben, auf der Stelle zu treten. Für einen Menschen, der jahrelang auf der Straße gelebt hat, ist die Wiedereingliederung in die Gesellschaft oft mit einem langwierigen Entwicklungsprozess verbunden, der ihm nicht weniger Mut abverlangt als einem Bergsteiger, der den Himalaja bewältigen will. Man rutscht ab, stürzt, legt Pausen ein und sitzt unter Umständen wochenlang in einem Basiscamp, um auf besseres Wetter zu warten. Doch jede Etappe stellt eine in sich abgeschlossene Einheit dar. Nicht auf das Ankommen kommt es an, sondern darauf, in Bewegung zu bleiben und auf dem Weg zu sein.

Dass sich der Prozess der Resozialisierung auf das Wallfahren und ganz allgemein auf jeden spirituellen Weg übertragen lässt, sollte mir erst später bewusst werden.

An jenem Morgen wieder in Gang zu kommen, stellte einen übermenschlichen Kraftakt dar. Als Reaktion auf die engen Schuhe waren meine Füße über Nacht angeschwollen, und mir graute allein bei dem Gedanken, meinen Rucksack den ganzen Tag auf den Schultern tragen zu müssen. Der Weg von Pézenas nach Mauguio erschien mir endlos lang. Ich würde es heute wohl höchstens bis ins Zentrum von Montpellier schaffen. Doch ich fand in dieser etwas anonymen Metropole kein Nachtquartier. Also musste ich weiter und mein Glück in einer etwas ruhigeren Stadt versuchen, wo es weniger hektisch zuging.

Das graue, geschäftige Gewerbegebiet vor den Toren von Montpellier erstreckte sich über mehrere Kilometer. Supermärkte wechselten sich mit riesigen Lagerhäusern und verlassenen Parkplätzen ab. Ich hatte das Gefühl, in einer einzigen Wüste aus Beton unterwegs zu sein, umgeben von einer Leere und Einsamkeit, die an die Bilder Giorgio de Chiricos erinnert. Als ich endlich in Mauguio ankam, ließ ich mir von einer Polizistin den Weg zur Emmaus-Gemeinschaft erklären. Das hartnäckige Brummen eines kleinen Flugzeugs erinnerte mich, dass Mauguio eine Landebahn besaß – ich selbst war dort früher gelandet.

Gegen sieben Uhr abends erreichte ich das Sozialzentrum der Emmaus-Gemeinschaft des Abbé Pierre. Das Heim war von gigantischen Flugzeughallen umgeben. Auf mehreren Hektar stapelten sich Hunderte von Badewannen, Bidets und Waschbecken und warteten auf Interessenten. Direkt daneben befand sich eine alte Heizanlage, die für die Versorgung des gesamten Gebäudekomplexes zuständig war. Zwei stämmige Burschen schoben Paletten, ausgediente Kleiderschränke und Kinderbetten in einen gähnenden Schlund, aus dem riesige Flammen loderten. Durch den Stahlmantel drang das gewaltige Ächzen und Krachen des Holzes, das vom Feuer gefressen wurde. Gebannt von diesem ungewöhnlichen Schauspiel, rührte ich mich nicht von der Stelle.

Ein Sozialarbeiter wies mir meinen Platz in einem Zimmer zu, das ich mit vier anderen Insassen teilen sollte. Es grenzte an eine Turnhalle, wo ein untersetzter Muskelprotz gerade sein Training absolvierte. Seine Arme, Schultern und Beine hatten einen Umfang, den er für seinen Verstand sicher nie angestrebt hätte. Anscheinend hielt sich dieser Superman für den Champion von Emmaus im Gewichtheben. Er wirkte so unnahbar wie ein Hollywoodstar, und es hätte niemand gewagt, ihn anzusprechen, so sehr konzentrierte er sich auf seine sportliche Aufgabe.

Das Bild, das ich mir von der Emmaus-Gemeinschaft gemacht hatte, stimmte mit der Wirklichkeit nicht überein. Dieses Unternehmen wirkte eher als Gemeinschaft zu eigennützigen denn gemeinnützigen Zwecken. Trotzdem machten mir die Emmaus-Gemeinschaften durchaus den Eindruck, effizient zu arbeiten, das dürfte auch das Geheimnis ihres Erfolges sein. Was ich bei ihnen jedoch vermisste, war menschliche Wärme. Die Mitarbeiter schienen die Armut ihrer Gäste zu verachten. Der Empfang, den man mir dort bereitete, war jedenfalls nicht besonders herzlich.

Ungefähr vierzig Personen hatten sich in der Kantine eingefunden. Ich suchte mir einen Platz, stellte meinen Teller mit der dampfenden Suppe auf den Tisch und sprach mein Tischgebet. Plötzlich wurde es unruhig um mich herum. Ich hörte, wie man mich auslachte und höhnisch rief: »Hast du den Hornochsen gesehen, der meint, das ist hier eine Kirche!«, brüllte mein Nachbar zur Rechten, ein Typ um die fünfzig. Und von hinten gröhlte jemand: »He, Opa, hör auf mit dem Quatsch, oder ich setz dich an die Luft!«

Jetzt stand ein jüngerer Mann auf, um mir beizuspringen.

»Schnauze halten! Dieser Mann hier ist ein Christ, und ihr habt das zu respektieren. Ich bin Muslim, und ich respektiere ihn! Er betet zu seinem Gott, lasst ihn in Ruhe!«

Alles schwieg, und es kehrte Ruhe ein. Ahmed hieß der junge Maghrebiner, der mir zu Hilfe gekommen war; er setzte sich an meinen Tisch und wartete, bis ich mein Gebet beendet hatte. Mit seinem Verhalten schien er den anderen sagen zu wollen: »Er steht unter meinem persönlichen Schutz; wehe dem, der es wagt, ihn zu verspotten oder zu beleidigen.« Ahmed war um die dreißig, ein kleiner, freundlicher Mann, der sich der geballten Aggressivität dieser Bande ohne zu zögern entgegengestellt hatte, obwohl er selbst eher schmächtig war. Ich hingegen in meiner vornehm-konservativen französischen Zurückhaltung war verblüfft, diese mutige Intervention zu meinen Gunsten einem Muslim zu verdanken.

Bei einer Tasse Kaffee saßen wir über drei Stunden lang auf den scheußlich unbequemen Bänken in der Kantine. Wir diskutierten über unsere Religionen und dachten darüber nach, wie wir unser Leben mit der Botschaft göttlicher Liebe in Einklang bringen können. Ohne uns in theoretische Erörterungen religiöser Dogmen zu vertiefen, fühlten wir rein intuitiv, dass wir eigentlich ein und dasselbe wollten. Ahmeds mutige Intervention war übrigens keine zufällige Handlung, sondern ein Akt, der seinen Überzeugungen entsprach. Das Eintreten für den Schwächeren war ihm ein Herzensanliegen. Und wie es sich herausstellte, deckten sich unsere Ansichten über die Nächstenliebe als Teil der täglichen Lebensführung.

Am nächsten Morgen fragte mich Ahmed beim Frühstück, ob es mir an etwas fehle.

»Ach ja, die Rasierklingen sind mir ausgegangen, und ich habe keine Seife mehr.«

»Warte, das besorge ich dir«, sagte er.

Er ging hinaus und kam kurz darauf zurück, um mir das Gewünschte zu überreichen. Zum Abschied drückte er mir herzlich die Hand und wünschte mir für meine Wallfahrt alles Gute. Die Wärme dieses jungen Arabers aus dem Maghreb wird mir unauslöschlich in Erinnerung bleiben, zumal dies meine erste Begegnung mit einem Muslim war.

Überfall in Vauvert

Unruhig zogen die Wolken über den Himmel, der sich im Spiel von Schatten und Licht unaufhörlich veränderte. Hier und da lockerten Zypressen die strengen Geraden der flachen Landschaft auf. Seit dem Morgen regnete es nicht mehr, und ein Geruch von feuchter Erde erfüllte die Luft. Ich folgte der Straße in Richtung der kleinen Ortschaft Vauvert; seit meiner Kindheit hatte sich viel verändert. Jetzt fraß sich eine Umgehungsstraße in die Landschaft hinein.

An einer Kreuzung am Ortseingang von Vauvert bremste ein Auto. Zwei junge Männer von gepflegtem Äußeren stiegen aus und kamen mir entgegen. Erst dachte ich, dass sie eine Auskunft von mir wollten, aber anstatt mich anzusprechen, wie ich es erwartet hatte, packten sie mich von beiden Seiten und warfen mich mit einem gekonnten Griff zu Boden. Während mir der eine den Arm blockierte, verdrehte mir sein Kumpel den Fuß, bis ein trockenes Knacken zu hören war; es war das Geräusch eines Zweiges, der bricht. Danach bearbeiteten sie mich mit Füßen und Fäusten. Ich rollte mich so eng wie möglich zusammen, um mich wenigstens etwas zu schützen.

Es war helllichter Tag, gegen drei oder vier Uhr nachmittags. Zu keiner Bewegung fähig, musste ich mit ansehen, wie die beiden Kerle meinen Rucksack und meine Pilgertasche aufsammelten, in den Kofferraum warfen und davonjagten. Ich war so schockiert, dass ich nicht einmal auf die Idee kam, mir die Autonummer zu merken. Ich war am Boden zerstört. Als mir bewusst wurde, wie schlimm verletzt ich war und dass man mir alles geraubt hatte, überfiel mich die schiere Verzweiflung. Ich hatte schreckliche Schmerzen, besonders der verletzte Knöchel machte mir zu schaffen. Obendrein hatte ich meine gesamte Ausrüstung verloren.

Bei diesem brutalen Überfall hatte ich außer meinem hervorragenden Rucksack, den ich mir in einem Spezialgeschäft für Bergsteigerausrüstungen besorgt hatte, auch einen hochwertigen Schlafsack verloren, der für Übernachtungen im Freien bis zu 35 Grad unter null, bei Regen, Schnee und Frost geeignet war. Der Händler hatte ihn mir als das Nonplusultra neuester Trekkingtechnologie gepriesen. Bereits nach vier Tagen übrigens hatte ich Gelegenheit zu einem Test gehabt, als ich gegen elf Uhr abends alle Hoffnungen auf ein Nachtquartier aufgeben musste. In diesem Schlafsack hatte ich trotz des schlechten Wetters mitten in der Garrigue eine geruhsame Nacht verbracht. Damit nicht genug, hatten die Diebe meine Garderobe (Hosen, Wollpullover, eine fantastische Goretex-Jacke), meinen Reisepass und meinen Personalausweis mitgenommen. Der Pilgerstock war alles, was sie mir gelassen hatten. Und was den verletzten Knöchel betraf, so schwoll er gefährlich an.

In der Nähe stand ein kräftiger Mann, der, einen Schubkarren neben sich, gerade dabei war, seine Hecke zu schneiden. Er hatte den Überfall von Anfang an mitverfolgt, was ihn aber nicht weiter aufzuregen schien.

Ich rief zu ihm hinüber:

»Sie haben gesehen, was passiert ist. Könnten Sie mir bitte helfen?«

»Verschwinden Sie«, entgegnete er verächtlich. »Was geht mich das an. Verschwinden Sie.«

Der erste Mensch, den ich um Hilfe bat, verweigerte sie mir.

Anstatt mir aufzuhelfen oder den Notarzt zu rufen, ließ er mich im Stich.

Diese Enttäuschung wird mir wohl als einer der schlimmsten Momente meiner Wallfahrt in Erinnerung bleiben. Während ich mich mühsam nach Vauvert hineinschleppte, saß mir der verächtliche Blick dieses Mannes im Nacken. Wäre ihm Saint-Exupérys kleiner Prinz vor die Füße gefallen, hätte es ihn genauso wenig erschüttert. Seinen Mitmenschen schien er jedenfalls lieber aus dem Weg zu gehen.

Mit dem Pilgerstock als Krücke humpelte ich in den Ort. Bis zur Gendarmerie brauchte ich rund zwanzig Minuten. Die Polizeibeamten erfüllten ihre Pflicht, ohne große Anteilnahme zu bekunden. Ein Polizist mit kantigen Zügen nahm umständlich meine Anzeige auf. Die Wände des kleinen Büros waren mit Suchmeldungen bedeckt. Er fragte mich nach meinem Namen und meiner Adresse, nach den Namen und den Vornamen meines Vaters, meiner Mutter und anderen Nebensächlichkeiten, die für den Tatbestand an sich völlig ohne Belang waren. Ich zweifle nicht an den guten Absichten dieser Gendarmen. Sicher war ihnen daran gelegen, das Verbrechen aufzuklären, der menschliche Aspekt kam dabei freilich zu kurz. Ich begriff schnell, dass ich ihnen mit meiner Anzeige vor allem lästig war.

Nach diesem Vorfall musste ich meine ganze Willensstärke aufbieten, um nicht der Versuchung zu erliegen, nach sieben Tagen aufzugeben und umzukehren. Dieser Überfall, bei dem mich zwei Typen aus purem Sadismus so übel zugerichtet hatten, hatte mich völlig entmutigt. »Wer sich an einem Landstreicher vergreift, hat keine Moral«, dachte ich und platzte fast vor Wut. Während der Befragung durch die Gendarmen beruhigte ich mich jedoch und versuchte das Ganze mit einem gewissen Humor zu sehen. Im Grunde wurde mir mit diesem Überfall eine hilfreiche Lektion erteilt. Ich erkannte, dass ich nur scheinbar von meinem alten Leben Abschied genommen hatte. Meine teure, fabelhafte Ausrüstung, der tolle Schlafsack, die wetter- und wasserfesten Kleidungsstücke waren mit der Grundidee meines Unternehmens eigentlich nicht vereinbar.

Einerseits hatte ich »alles zurücklassen« wollen, andererseits leistete ich mir eine Wanderausrüstung im Wert von 1500 Euro! Die Versuchung war stärker gewesen, ich hatte gemogelt, aber wer hätte es nicht an meiner Stelle getan? Ich hatte vor, eine Fußwallfahrt zu machen und mich dabei zu vergessen. Ich durfte mich nicht entmutigen lassen, sondern musste den unglücklichen Zwischenfall stattdessen zum Anlass nehmen, Selbstkritik zu üben. Wenn man es genau nimmt, schuldete ich den beiden Ganoven sogar noch Dank für den Dienst, den sie mir, wenn auch unfreiwillig, erwiesen hatten. Mit der Zeit sollte ich erkennen, dass wir jeder Erfahrung mit unseren Mitmenschen etwas Positives abgewinnen können, egal wie sie sich uns gegenüber verhalten haben. Wer sich die Mühe macht, alle guten und schlechten Erlebnisse unter diesem Aspekt zu sehen, wird allmählich zu seinem inneren Gleichgewicht finden und glücklicher sein.

Die Gendarmen wollten wissen, wer ich war:

»Sie sind also wirklich ein Landstreicher, Monsieur?«

»Ja.«

»Aber Sie haben doch sicher irgendwelche Bindungen?«

»Nein, momentan nicht.«

»Sie haben weder Führerschein noch Reisepass, um sich auszuweisen?«

»Ich habe absolut nichts mehr; man hat mich ausgeraubt, das habe ich Ihrem Kollegen bereits gesagt.«

Der Dienststellenleiter glaubte mir nicht. Er bohrte so lange, bis ich ihm endlich sagte, dass ich verheiratet bin und ein Haus im Südwesten habe.

Daraufhin riefen die Gendarmen bei mir zu Hause an:

»Guten Abend, Madame, hier ist die Gendarmerie von Vauvert; einen Moment bitte, Ihr Gatte möchte Sie sprechen.«

Meine Frau war völlig fassungslos und fragte mit bebender Stimme:

»Jean, was machst du bei den Gendarmen? Was ist passiert? Bist du verunglückt?«

»Ich wurde gerade überfallen, aber mach dir keine Sorgen, es geht mir gut.«

»Oh nein, bitte komm zurück, du darfst diese Reise nicht fortsetzen!«

»Es ist doch gar nichts passiert, Marie. Morgen gehe ich weiter; mach dir nur keine Sorgen!«

»Jean, warte auf mich in der Gendarmerie. Ich komme dich jetzt abholen.«

»Nein, nein, ich werde meine Pläne nicht ändern.«

Das Gespräch mit meiner Frau brachte mir eine neue Erkenntnis. Jeder spirituelle Weg verlangt von uns die Überwindung einer Reihe von Hindernissen. Manche sind leicht erkennbar, weil sie von Menschen kommen, über deren böse Absichten kein Zweifel bestehen kann. Solche Hindernisse sind jedoch offenkundig und können daher überwunden werden, auch wenn dies eventuell unsere ganze Ausdauer und Kraft erfordert. Andere Hemmnisse hingegen sind nicht als solche zu erkennen, weil sie sich unter der Maske liebevoller Fürsorglichkeit verbergen. Hätte ich in diesem Moment auf Marie gehört, wäre mein Projekt definitiv gescheitert. Aber ich war aus tiefster Seele davon überzeugt, dass ich durchhalten würde. Dieses Ereignis stellte nur dann eine Gefahr dar, wenn ich es zu einem unbezwingbaren Hindernis erklärte. Wie der heilige Ignatius von Loyola lehrte, soll der Mensch sich auch in kritischen Situationen nicht davon abbringen lassen, das bereits Begonnene trotzdem zu Ende zu führen. Nach und nach wird man lernen, die Schwierigkeiten lediglich als Prüfungen zu betrachten, die uns auf die Probe stellen sollen. Ohne solche »Prüfungssituationen« werden wir nie zu Gott oder zu uns selbst finden. Sich diese Denkweise zu Eigen zu machen ist wahrlich nicht einfach; wem es jedoch gelingt, hat einen Schlüssel in der Hand, der in jedes Türschloss passt. Er wird nie in seinem Schmerz gefangen sein.

Es war bereits dunkel in Vauvert, als ich die Gendarmerie verließ und in die Kirche ging, wo ich mir Trost erhoffte. Selbst in der Dunkelheit erschien mir die Architektur grandios. In der Mitte des Chorraums stand ein Priester in weißem Gewand; er zelebrierte eine Taufe inmitten einer kleinen Gruppe, in der mir einige elegante Damen auffielen. Die Taufzeremonie verlief in einer heiteren, sorglosen Atmosphäre. Im flackernden Kerzenschein sah ich den Grabstein des Entdeckers von Québec, Louis-Joseph de Montcalm, der im Nachbardorf geboren war. Der Pfarrer war ein hoch gewachsener, körperlich wohlgestalteter Mann mit der Redseligkeit des Mediterranen. Als ich ihn jedoch bat, mir behilflich zu sein, nannte er mir nur lächelnd die Adresse des »Secours populaire«, der Hilfsorganisation für Menschen in Not.

In den Räumlichkeiten der Hilfsorganisation von Vauvert sah es aus wie im Drugstore eines Wildwestfilms. In einem Raum stapelten sich die unterschiedlichsten Lebensmittel: übereinander getürmte Konserven und Nudelpakete zwischen Kartoffelsäcken, deren Inhalt nicht mehr so ganz frisch aussah; trotzdem schien das chaotische Durcheinander einer bestimmten Ordnung zu folgen. Aus den Frischprodukten wurde das Essen für die bedürftigen Familien der Gemeinde gekocht, und die haltbaren Erzeugnisse lagerte man in Kisten ein. Im nächsten Raum baumelten unzählige gebrauchte Kleidungsstücke an langen Stangen von der Decke herab, und es roch nach Mottenkugeln.

Die Mitarbeiter dieser Organisation waren äußerst hilfsbereit. Eine sehr liebenswürdige Dame um die vierzig suchte unermüdlich in den Kleiderbergen nach einer kompletten, neuen Wanderausrüstung für mich: ein Paar Wollsocken, eine warme Jacke, ein neuer Rucksack... Ihr Hilfsbereitschaft kannte keine Grenzen.

Sie suchte in ihren Stapeln etwas Passendes in meiner Größe. Bei einem schmächtigeren und kleineren Mann als mir wären wir sicherlich schneller fündig geworden. Aber so wie die Dinge nun einmal sind, musste ich hintereinander alles Mögliche durchprobieren, und das meiste davon war mir zu eng. Da es an diesem 29. November schon recht kalt geworden war, gab sich die gute Frau die größte Mühe, mich mit warmer Winterkleidung auszustatten.

»Keine Sorge, es wird sich schon noch etwas für Sie finden«, versicherte sie mir. »Hier, probieren Sie mal diese Skihandschuhe, und das hier, diese Lederhandschuhe; vielleicht passen sie.«

Am Ende stöberte sie dann doch noch ein Paar Wollhandschuhe in meiner Größe auf. Sie war richtig glücklich, etwas für mich gefunden zu haben. Sie waren ziemlich abgetragen, konnten mir aber sicherlich noch gute Dienste leisten.

Nur ein Schlafsack hatte sich noch nicht gefunden, aber die Helferin suchte beharrlich weiter.

»Ich kann Sie doch nicht einfach mit einer Decke losschicken«, meinte sie. »Warten Sie hier, ich rede mal mit unserem Direktor.«

Kurz darauf stand der Direktor der Hilfsorganisation von Vauvert in der Tür, ein freundlicher, älterer Herr. Nach längerem Nachdenken rief er plötzlich: »Da fällt mir etwas ein!« Er ging hinaus und kam gleich darauf mit einem nagelneuen Schlafsack zurück, den er vom Dachboden geholt hatte. Der Hersteller hatte der Organisation das gute Stück vor einigen Jahren gespendet. Mit dem Schlafsack, den man mir gestohlen hatte, konnte er zwar nicht konkurrieren, aber er sollte mir auf meiner langen Reise trotzdem noch unschätzbare Dienste leisten.

Nachdem mich meine Wohltäter von Kopf bis Fuß neu ausgestattet hatten, packten sie mir noch Proviant für unterwegs ein: eine Schachtel Kekse, eine Dose Cornedbeef, Datteln ... Ihre Freundlichkeit bildete einen wohltuenden Kontrast zur Gleichgültigkeit der Gendarmen. Dieses Team gab sich wirklich jede erdenkliche Mühe, um mir zu helfen.

Wieder einmal musste ich feststellen, dass eine neutrale Organisation wie der »Secours populaire« heutzutage in punkto Nächstenliebe und Wohltätigkeit der Kirche den Rang abläuft. Die Kirche scheint etliche ihrer Grundprinzipien vergessen zu haben und erinnert eher an ein zahlungsunfähiges Wirtschaftsunternehmen. Die meisten Pfarreien, bei denen ich vorstellig wurde, haben mir ihre Unterstützung verweigert. Und leider musste ich im weiteren Verlauf dieser Reise feststellen, dass die Situation in anderen Ländern nicht besser ist als in Frankreich.

Ein Helfer, der das Essen unter den bedürftigen Familien verteilte, nahm mich mit und setzte mich vor dem Obdachlosenheim der Ortspolizei ab.

Die Notunterkunft bestand aus einem einzigen Raum, der mit sechs oder sieben eisernen Hochbetten möbliert war. Ein blubbernder Heizkörper unter dem Fenster verbreitete drückende Hitze. Drei bleiche Obdachlose – eine Frau und zwei Männer – und ihre Furcht einflößenden Hunde waren schon im Zimmer. Meine Gefährten befanden sich in einem fortgeschrittenen Zustand der Verwahrlosung. Von Verzweiflung und Alkohol gezeichnet, sahen sie aus wie Greise, obwohl keiner von ihnen älter als dreißig sein konnte. Ich hatte den Eindruck, dass sie sich unaufhaltsam zu Grunde richteten. Auf dem Boden sitzend, diskutierten wir über die kleinen Dinge des Penner-Alltag. Als ich erzählte, dass ich zu Fuß nach Jerusalem pilgerte, konnten sie sich noch nicht einmal ablehnend dazu äußern. In ihrem labilen Zustand waren sie schlicht nicht mehr fähig, an den nächsten Tag zu denken, und ihr Leben reduzierte sich buchstäblich auf den Moment; sie konnten kaum nachvollziehen, was ich sagte. Ich hatte das Gefühl, dass sie völlig abgestumpft waren.

Sie erklärten mir, wie sie es anstellten, sich das nötige Geld und die lebensnotwendigen Dinge zu verschaffen. In der einen Stadt gab es einen Apotheker, der sie kostenlos mit Medikamenten versorgte. In der nächsten Stadt besuchten sie den netten Bürgermeister, der ihnen immer ein paar Scheine zusteckte. Aber anstatt dafür Dankbarkeit zu empfinden, dachten sie sich ständig neue Möglichkeiten aus, wie sie die Großzügigkeit ihrer Wohltäter ausnutzen konnten. Dieses Trio war unaufhörlich auf Achse und hielt sich mit Tricks und kleinen Betrügereien über Wasser.

Diese denkwürdige Begegnung verhalf mir dazu, meine eigenen Schwierigkeiten zu relativieren. Meine Situation, die beileibe nicht rosig war, erschien mir plötzlich nicht mehr ganz so schlimm. Obwohl es mir ziemlich schlecht ging, musste ich mich vergleichsweise glücklich schätzen, denn der Zustand dieser Leute war weit schlimmer als meiner. Zugedröhnt mit Alkohol, erwarteten sie alles von der Gesellschaft und nichts mehr von sich selbst. Sie lebten ohne Ziel, das kurzfristige Überleben war alles, was sie interessierte. Sie hatten jeden Lebensantrieb verloren und befanden sich in einer Mühle, aus der es keinen Ausweg mehr gab. Daneben war ich selbst trotz Hinkebein, Armut und Einsamkeit in wahrer Höchstform!

Früh am nächsten Morgen trennten sich unsere Wege. Ich nahm die Straße, die aus der Stadt hinausführte. Ich wusste, dass meine Frau mit einigen Bekannten telefoniert hatte. Sie hatten einen Plan ausgeheckt, mich auf der Straße abzufangen. Da ich jedoch entschlossen war, meine Reise fortzusetzen, musste ich, um ihrer Fürsorglichkeit zu entkommen, die Hauptstraße verlassen und querfeldein weiterziehen. So absurd es auch war, musste ich mich, zumindest vorübergehend, verborgen halten. Mit meinem schmerzenden Knöchel kam ich nur sehr langsam voran. Im Lauf des Tages hinkte ich immer stärker, und gegen Mittag war mein Knöchel dick angeschwollen und hatte sich blau verfärbt. Ich spürte den Schmerz noch, als ich Rom längst verlassen hatte.

Abschied von einem alten Freund

An jenem Morgen ging ich in Arles bei Sonnenaufgang los, das leise Geflüster des Rhône-Flusses hinter mir lassend. Querfeldein marschierte ich durch La Crau Richtung Fontvieille. Ein alter Freund hatte dort gelebt; er war vor zehn Jahren gestorben. Das Wetter war schön, und es herrschte klare Sicht. Der Wanderpfad, der mir bestens vertraut war, führte an der schönen Ruine der Abtei von Montmajour vorbei. Das Zirpen der Grillen untermalte das Echo meiner Schritte. Die provenzalische Landschaft, von so vielen Malern auf die Leinwand gebannt, spiegelte die Schönheit der Schöpfung wider.

Ich hatte mir vorgenommen, einen Abstecher zum Grab meines verstorbenen Freundes in Fontvieille zu machen, zu dessen Gedenken ich meine Wallfahrt unternehmen wollte. René war dreißig Jahre älter als ich. Er war ein bemerkenswerter Mensch, der Herzensgüte mit vornehmer Zurückhaltung paarte, der Altersunterschied spielte da keine Rolle. Er hatte ein ungewöhnlich großes Einfühlungsvermögen und war ein begnadeter Künstler, der ebenso gut schreiben wie zeichnen konnte. Im Lauf seines Lebens wurde René zum Inbegriff der Provence, die er so liebte und die er mich lieben lehrte. Durch ihn entdeckte ich die Welt der Malerei, der Bühne und der Leinwand. Er brachte mich mit Menschen zusammen, die meine kulturellen Vorlieben und meine persönliche Entwicklung prägten. Mit seiner Hilfe habe ich auch die provenzalischen Feinschmeckerrestaurants entdeckt.

Unzählige Male haben wir, Marie und ich, mit René bei diesem oder jenem berühmten Küchenchef getafelt. Welch kostbare Erinnerungen für einen armen Pilger wie mich!

Durch eine von Zypressen gesäumte Allee gelangte ich auf den Friedhof. Die kunstvoll-erhabene Gräberarchitektur zeugte von der menschlichen Eitelkeit angesichts der Einfachheit des Todes, aber auch von der anrührenden Liebe, die den Toten von ihren Hinterbliebenen entgegengebracht wird. Von Zeit zu Zeit hörte ich den schrillen Ruf eines Vogels, der sich in den Büschen versteckt hielt. Ich trat an das Grab meines Freundes und war sehr erleichtert, es so schön gepflegt vorzufinden. Ich hatte mich schon gefragt, wie lange es dauern würde, das Grab in Ordnung zu bringen; die Familie wohnte ja nicht in der Gegend. Aber alles war noch genauso wie bei meinem letzten Besuch: ein einfacher Grabstein, umgeben von einer Efeuhecke. Obwohl das Grab nichts zu wünschen übrig ließ, war ich doch noch eine Stunde lang damit beschäftigt, alles zu säubern, bis es für meinen großherzigen, gütigen Freund René wirklich schön genug war.

Anschließend betete ich aus ganzer Seele – für ihn und alle Verstorbenen, die ich einmal geschätzt, gekannt und geliebt habe. So verweilte ich eine Zeit lang still für mich, sinnte über Renés Tod nach und meine Trauer, die ich über diesen Verlust empfand. In meiner Wehmut sah ich das Bild dieses wunderbaren Menschen wieder vor mir, unsere glücklichen Momente zogen an meinem inneren Auge vorbei. Sein Haus in Fontvieille, sein Atelier mit den unzähligen Aquarellzeichnungen und Gemälden; seine Liebe zu den provenzalischen Weinen und unsere gemeinsamen Feinschmeckerfreuden, sein intensiver, leuchtender Blick, bevor er starb …

In diesem Augenblick überkam mich eine schreckliche Sehnsucht nach meiner Familie. Ganz allein auf der steinernen Bank auf diesem menschenleeren Friedhof, erlebte ich einen Moment tiefster Einsamkeit. Die Vögel schwiegen, und nur der Mistral raunte in den Kronen der Kiefern. Es waren seltsame Momente der Besinnung für mich, denn sie gemahnten mich an meinen eigenen Tod. Würde ich in Frieden mit mir selbst sterben können? Eine unermessliche Leere überfiel mich. Doch anstatt dagegen anzukämpfen, ließ ich es geschehen, und nach und nach löste sie sich.

Damals wurde mir bewusst, dass wer eine solche Wallfahrt im Geist totalen Verzichts unternimmt, sich in Wirklichkeit auf einen gelassenen Tod vorbereitet. Wenn der unausweichliche Moment naht, in dem man alles hinter sich lassen muss, wird ein Pilger, der sich schon einmal von allem losgesagt hat, diese letzte Reise wahrscheinlich anders antreten als andere Menschen. Eine Pilgerreise macht mit Erfahrungen vertraut, die wir sonst erst bei Eintritt des Todes erfahren: Schmerz, Verlust und Einsamkeit.

Die Olivenhaine, zwischen denen zahllose Lavendelbüsche und Kermeseichen wuchsen, warfen die ersten Schatten. Ein paar Ziegeldächer setzten hübsche rote Tupfer in die bukolische Landschaft. Die untergehende Sonne schüttete ihr letztes Licht über die bläulichen Alpilles und den kleinen Mont Paon, den mein Freund so geliebt hatte.

Glanum zu meiner Linken lassend, kam ich durch Saint-Martin-de-Crau, Salon de Provence und Cabriès und erreichte drei Tage später Aix-en-Provence, die Stadt einzigartiger Erinnerungen. Mir war so kalt, dass ich ein taubes Gefühl in den Fußzehen hatte, obwohl ich die Schuhe mit Zeitungspapier gegen die Kälte isoliert hatte. Zwei Stunden lang wartete ich geduldig auf dem Polizeipräsidium, wo die Leute sich gegenseitig die Klinke in die Hand gaben, um noch einen Diebstahl, noch einen Überfall zu melden. Der Andrang war so groß, dass die Polizisten sich nicht um mich kümmern konnten und mir nur die Adresse des Obdachlosenheims nannten. Der Weg dorthin führte durch die Prachtstraßen der Stadt. Aber das Haus an der angegebenen Adresse existierte nicht mehr. Ein Mann, der zufällig vorbeikam, gab mir eine andere Adresse, am anderen Ende der Stadt, vier oder fünf Kilometer außerhalb. Nachdem ich schon vierzig Kilometer gewandert war, verlangte mir diese zusätzliche Strecke schier Übermenschliches ab. Völlig entkräftet und bis auf die Knochen durchgefroren traf ich gegen halb zehn Uhr dort ein. Zu müde, um mich auf längere Diskussionen mit den anderen Heiminsassen einzulassen, schlang ich den Imbiss hinunter und suchte mir gleich mein Lager in dem riesigen Schlafsaal; es stank nach Urin und vierzig Obdachlose schnarchten um die Wette.

Am nächsten Morgen entschloss ich mich, einen Arzt aufzusuchen. Ein Haus weiter befand sich eine Arztpraxis der Organisation »Médecins du Monde«, wo man sich kostenlos behandeln lassen kann. Ich erzählte, dass mein Knöchel seit Vauvert höllisch schmerzte. Die junge Ärztin, deren Familie zu meinem Bekanntenkreis gehörte – ein verrückter Zufall –, untersuchte mit sicherer Hand meinen Fuß. Am Ende strich sie mir eine Salbe auf, legte einen frischen Verband an und meinte dann:

»Wenn das heilen soll, müssen Sie Ihren Fuß eine Weile schonen. Mit dieser Verletzung dürfen Sie nicht weitergehen.«

Diesen Rat überhörte ich geflissentlich, weil es mich weiterdrängte. Ich hatte mich erstmals im Leben an die Médecins du Monde gewandt, und obwohl die technische Ausstattung sehr einfach war, zeichnete sie eine hohe Fachkompetenz aus gepaart mit echter menschlicher Anteilnahme.

In aller Frühe machte ich mich auf den Weg von Aix-en-Provence nach Saint-Maximin. Ich kämpfte gegen den Wind, und die feuchte Kälte kroch durch die Kleidung bis auf die Haut. Wie einst der heilige Paulus musste ich am eigenen Leib erfahren, wie schmerzvoll es ist, »den alten Menschen abzulegen«. Mochte mein Vorhaben, mich einem inneren Wandel zu unterziehen, auch Fortschritte machen, so muss ich doch gestehen, dass es gar nicht leicht ist, sich gegenüber den Unwägbarkeiten des Schicksals in Gleichmut zu üben, wenn einem Hunger und Erschöpfung zusetzen. Mein verstauchter Knöchel quälte mich, die Schwellung wollte nicht abklingen, und die Stimme der Vernunft meldete sich: »Mach dich nicht lächerlich, Alter. Es ist doch wahnwitzig, unter diesen Umständen weiterzugehen. Was soll das Ganze? Das Wallfahren ist schon lange aus der Mode, und es wird dir sowieso nichts bringen.« Ich konnte nicht mehr; ich konzentrierte mich auf den nächsten Hügel, das nächste Haus, den nächsten Baum, und sagte mir: »Bis dahin gehe ich noch, dann ist endgültig Schluss!« Auf jedem letzten Abschnitt versuchte ich, diese innere Stimme zu überhören, und wenn ich das Ziel erreicht hatte, setzte ich mir das nächste. Solche schlechten Tage, in denen ich ständig zwischen Mut und Verzweiflung schwankte, wiederholten sich häufig.

Trotzdem quälte ich mich weiter bis nach Saint-Maximin, wo sich Maria-Magdalenas Grab befindet. Nach Jesu Tod soll sie sich im provenzalischen Bergland niedergelassen und noch rund dreißig Jahre als Einsiedlerin auf dem Hang von Sainte-Baume gelebt haben, in einer Höhle, über der sich der unendlich weite Himmel öffnete.

Maria-Magdalena war gewiss eine Sünderin, dennoch war sie eine der Ersten, die ihr Leben nach der Begegnung mit Jesus radikal veränderte. Sollte ihr Beruf tatsächlich in so krassem Widerspruch zu ihrer Berufung gestanden haben? Nicht die Handlung an sich ist das Wesentliche, sondern die Absicht, die dahinter steckt, die Motivation. Ich glaube, dass es noch heute viele Maria-Magdalenas gibt, die sich der Hilfsbereitschaft und Nächstenliebe verpflichtet fühlen. An jenem Abend stellte ich mir Magdalena mit dem perforierten Gesicht eines junges Mädchens vor, das überall gepierct ist. Mit dem Gesicht des jungen Mädchens, das mir vor ein paar Tagen unter den Obdachlosen in Pézenas aufgefallen war.

Ich selbst habe wohl auch nur deshalb nicht bewusst gegen allgemeine Regeln verstoßen, weil mir das Schicksal wohlgesinnt war. Dagegen habe ich nur allzu oft in bestimmten Situationen versagt, weil ich nicht den Mut hatte zu handeln. Ich habe genug dunkle Zeiten durchgemacht, um niemandem zu verübeln, in solchen Momenten Versuchungen zu erliegen. Im Grunde ist es eine Chance, wenn wir uns nach jedem Straucheln wieder aufrichten können!

Die Legende der Maria-Magdalena ist beispielhaft für die Wandlungsfähigkeit, die uns auszeichnet. Diese Freiheit, die Fähigkeit sich zum Besseren zu entwickeln, ist nicht nur Heiligen vorbehalten.

Ich kam nach Einbruch der Dunkelheit in die Kathedrale, als dort gerade ein Gottesdienst abgehalten wurde. Ich wandte mich an den Priester, um mich nach einem Quartier zu erkundigen, als mich plötzlich ein Mann ansprach. Er dürfte um die sechzig gewesen sein.

»Monsieur, ich kümmere mich um Sie«, bot er mir an.

Er fuhr mich zum Obdachlosenasyl. Da es geschlossen war, brachte er mich in ein Hotel und zahlte mir die Übernachtung. Als ich dankte, verschloss sich sein Gesicht. Und als ich seinen Namen wissen wollte, ließ er mich abblitzen.

»Ach was«, erwiderte er, »das geht Sie nichts an«.

Es tat mir Leid, dass wir uns trotz seiner Großzügigkeit nicht näher kommen konnten. Materielle Großzügigkeit mag ja sehr wichtig sein – aber als Ersatz für menschliche Nähe sollte sie nicht herhalten.

Die nächste Etappe kam mir extrem lang vor, sechsundfünfzig Kilometer an einem Tag. Mein Knöchel tat weh, und das Gehen wurde von Stunde zu Stunde beschwerlicher. Auf dem letzten Abschnitt meiner Tagesroute hielt ein Wagen neben mir. Die Fahrerin fragte, ob ich einsteigen wolle. Der Anblick eines Mannes, der so allein die Straße entlanghumpelte, rührte sie so sehr, dass sie mich unbedingt ein Stück mitnehmen musste. Sie war Krankenschwester. Sie erzählte mir von ihrem Berufsalltag, und wir diskutierten über die verschiedenen Formen des Altruismus. Das Gespräch mit dieser Frau tat mir seelisch gut und gönnte meinem Fuß eine kurze Schonzeit. Nachdem sie mich wieder abgesetzt hatte, schleppte ich mich mühsam weiter. In den schlimmsten Momenten versuchte ich, ein Leiden gegen das andere auszuspielen. Quälte mich der Hunger, konzentrierte ich mich auf den Schmerz im Knöchel und in den Beinen; wurde der Schmerz dagegen unerträglich, malte ich mir aus, was ich essen würde, wenn ich am Ziel ankam.

Am selben Abend erreichte ich Toulon, wo ich einen alten Freund besuchte. Marcel fuhr mit mir in die Klinik, wo man meinen Knöchel einer Ultraschalluntersuchung unterzog. Zwei volle Tage pflegte Marcel meine Wunden. Über die notwendige Fürsorge hinaus, die er mir im Hinblick auf mein leibliches Wohl zuteil werden ließ, sorgte er sich auch um mein seelisches Wohlergehen. Mit Hilfe des klugen Marcel gelang es mir, meine Gebetspraxis zu verfeinern. Ich betete unablässig den Rosenkranz zur Lobpreisung des Herrn. Hinzu kam mein persönliches Pilgergebet, das ich mir speziell für meine Wallfahrt zusammengestellt hatte. Ich schloss das ganze Universum in meine täglichen Gebete ein – Menschen, die meinen Weg kreuzten, ebenso wie meine Angehörigen und alle anderen. Mein regelmäßiges Programm half mir dabei, mich selbst zu vergessen, mich tragen zu lassen und das Beten in meinen Alltag zu integrieren. Jeder Augenblick gehörte einem bestimmten Gebet. Damit wollte ich erreichen, dass das Gebet in ständigem Fluss aus mir herausströmte.

Nach dieser zweitägigen Unterbrechung fiel mir das Weiterziehen wahrlich nicht leicht. Ich hatte mich an das komfortable Leben gewöhnt und die Zwänge des Pilgerdaseins schon fast vergessen. Den ganzen Morgen kämpfte ich gegen meine inneren Widerstände an. Ich fühlte mich demotiviert. Körperlich hingegen war ich wieder fit. Die professionelle Behandlung schien meinem Knöchel gut getan zu haben.

Bis zum Mittag besserte sich meine Stimmung wieder, und auf dem Weg nach Lavandou versenkte ich mich in eine meditative Kontemplation. Ich folgte der alten Bahnstrecke, die sich rund zwanzig Meter über dem Meer durch den Kiefernwald windet. Unter mir brachen sich schäumende Wellen an den algenbedeckten Felsen. Am Abend hatte es geregnet, sodass die Luft klar und staubfrei war. Die landschaftliche Vielfalt offenbarte sich mit ungewöhnlicher Plastizität. Ich bückte mich nach einem abgebrochenen Ast, der auf dem Boden lag, ließ den Finger über die harte, rissige Rinde fahren, folgte dem Verlauf der Rillen und kam mir vor wie ein Entdecker. Ich bemerkte die Farben in ihren unzähligen Nuancen, und trotz dieser Mannigfaltigkeit erschien mir alles wie von ein und demselben Licht durchdrungen. Sollte die Realität nur ein Spiegel unseres Seelenzustands sein?

Hilel

Das Geräusch des Regens auf dem Asphalt wurde vom Lärmteppich der unablässig vorbeirollenden Blechlawinen geschluckt. Eine Kontrollstation markierte den Grenzübergang nach Italien. Ich war etwas unruhig, weil ich mich seit dem Überfall in Vauvert nicht mehr ausweisen konnte. Die Straße verbreiterte sich und fächerte sich dann in mehrere Bahnen auf, die unter Betonbrücken hindurch nach Italien führten. Ich ging einfach vorbei. Weder die französische noch die italienische Polizei bezeugte mir das geringste Interesse.

Wegen der vielen, kilometerlangen Tunnelabschnitte sind die italienischen Schnellstraßen für Fußwanderer denkbar ungeeignet. So musste ich mich durch die mit Schlammbrocken und Geröll angefüllten Abflussgräben schlagen, während sich die Autokolonnen in beiden Richtungen durch den Smog fraßen. Die Luft war derart von Abgasen verpestet, dass ich kaum atmen konnte.

Nach und nach entdeckte ich die liebenswürdige, herzliche italienische Lebensart. Ich passte mich den Gewohnheiten des Landes an, und mein Ohr gewöhnte sich an den Klang einer Sprache, die mir fast völlig fremd war.

In der Küstenstadt Bordighera führte mich ein Priester durch ein verschachteltes Gassen- und Treppenlabyrinth zu einer einfachen Wohnung, die als Unterkunft für Menschen in Not zur Verfügung stand.

Von einer winzigen, mit Kartonstapeln verstellten Diele gingen zwei Zimmer ab, deren Wandverkleidungen von den Ausdünstungen eines uralten Küchenofens vergilbt waren. Gegen acht Uhr abends erschien ein jüngerer Mann in der Tür. Er war Tunesier, um die dreißig, und hieß Hilel. Er hatte ein strahlendes Lächeln und benahm sich völlig ungezwungen, was mich auf Anhieb für ihn einnahm.

Meine Anwesenheit in dieser Wohnung, die ja eigentlich sein Reich war, schien Hilel nicht im Geringsten zu stören. Er zeigte mir sofort die Speisekammer, führte mich ins Badezimmer und stellte eine Wanne für meine Wäsche bereit. Allerdings durfte ich bei diesen Temperaturen nicht erwarten, meine Hemden und Hosen am nächsten Morgen trocken mitnehmen zu können.

Der selbstbewusste junge Mann arbeitete für einen Landschaftsgärtner. Die Stelle hatte er gleich nach seiner Ankunft gefunden; seine Frau und die Kinder waren in Tunesien geblieben. Bis sich ein anderes Quartier fand, wurde er von der Pfarrei beherbergt. Er behandelte mich wie einen lieben Gast.

»Ich wollte gerade eine Kleinigkeit essen, willst du mir Gesellschaft leisten? Ich habe Kartoffeln und Eier, und sicher auch noch Käse und Oliven. Ist das für dich in Ordnung?«

»Und ob das in Ordnung ist!«

Während des Abendessens vertieften wir uns in eine Diskussion über den Islam und das Christentum; dabei sprachen wir auch über unsere jeweiligen religiösen Grundpflichten.

»Bei uns ist das Pilgern nicht vorgeschrieben«, sagte Hilel. »Die Pilgerreise ist neben dem Glaubensbekenntnis, dem Beten, dem Fasten und dem Almosengeben eine der fünf Säulen des Islam, aber nur wer die materiellen Möglichkeiten hat, ist zur Pilgerfahrt verpflichtet. Wenn du kein Geld hast oder körperlich nicht dazu in der Lage bist, brauchst du sie nicht zu machen. Dann bist du nicht dazu verpflichtet.«

»Die katholische Religion schreibt uns das Pilgern auch nicht vor.«

»Und warum gehst du dann nach Jerusalem?«

»Um Gott die Ehre zu erweisen«.

»Hat denn der Weg nach Jerusalem für das Christentum auch eine historische Bedeutung? Ich frage dich danach, weil die Muslime, die nach Mekka pilgern, dem Weg des Propheten Muhammed folgen, über den er nach seiner ersten Vertreibung nach Mekka zurückkam.«

»Dass Jerusalem ein Wallfahrtsort ist, hat natürlich auch einen tieferen Grund. In dieser Stadt wurde Jesus Christus gekreuzigt, und dort ist er auferstanden. Für einen Christen gibt es keinen heiligeren Ort.«

»Die Pilgerfahrt nach Mekka kommt einem Besuch im Hause Allahs gleich, denn die Kaaba ist das Haus Gottes, und darin befindet sich auch der heilige Stein. Für meinen Onkel Youssef hat die Pilgerschaft auch einen symbolischen Gehalt – sie ist ein Besuch bei Gott.«

»Wie meint er das?«

»In der Begegnung mit Gott werden Seele, Geist und Körper von unseren Sünden gereinigt. Wir bereiten uns darauf vor, in Gnade zu sterben, und reinigen uns dadurch von allen schlechten Handlungen, die wir je begangen haben.«

»Diese Bedeutung hat die christliche Wallfahrt auch.«

»Mein Onkel Youssef ist der ältere Bruder meines Vaters und gilt in unserer Familie als weiser Mann; er ist sehr belesen und zitiert immer ein *hadith*, einen Satz des Propheten: ›Der Wert unserer Handlungen ergibt sich aus der Absicht, die dahinter steckt.‹ Wer nach Mekka geht, weil man dort billig Gold kaufen kann, hat nichts begriffen.«

»Deinen Onkel würde ich gerne kennen lernen; ich finde, er hat Recht. Genau das hat mich dazu getrieben, von allem Abschied zu nehmen und unter totalem Verzicht aufzubrechen. Eine Wallfahrt ist kein Hochleistungssport. Wer sie aus sportlichem Ehrgeiz oder gar aus Eitelkeit macht, wird nicht viel davon haben.«

»Aber eins verstehe ich nicht. Wieso gehst du zu Fuß und ohne Geld? Wieso dieser radikale Bruch mit allem? Meiner Meinung nach soll das irdische Leben unser himmlisches Leben bereichern und umgekehrt.«

»Du hast schon Recht, aber diese vorübergehende Askese macht mir das Leben einfacher, weil ich mich so ohne jede äußere Ablenkung ganz auf das Beten konzentrieren kann, um ein besserer Mensch zu werden. Durch diese Übung hoffe ich, meinen Egoismus abzubauen und meine Seele zu läutern.«

»Ich verstehe«, sagte er und nach einer Weile setzte er hinzu: »Im Grunde ist es dasselbe wie in meiner Religion.«

Hilel erklärte mir, dass sich im Islam die Beziehung des Pilgers zu Allah, aber auch zu den anderen Menschen ändert. Wenn er aus Mekka zurückkommt, darf er sich als *hadsch* bezeichnen und genießt großen Respekt in der Gesellschaft.

Bis zu diesem Tag wusste ich herzlich wenig über die Bedeutung des Wallfahrens im Islam, aber durch dieses Gespräch mit Hilel wurden mir die vielen Gemeinsamkeiten unserer Religionen bewusst.

»Für jemanden wie mich, der so etwas noch nie gemacht hat, scheint das Wallfahren eine einzigartige mystische Erfahrung zu sein«, sagte Hilel.

»Was das Beten und die Loslösung vom eigenen Selbst betrifft, ist es einzigartig.«

»So Gott will, werde ich eines Tages nach Mekka pilgern.«

Vor dem Abendessen, während er noch in der Küche zugange war, hatte ich das Angelusgebet rezitiert. Um die Mahlzeit zu beschließen, schlug ich ihm vor, gemeinsam zu beten. Wir saßen uns gegenüber und sahen uns an. Das schwache Licht der kleinen Bettlampe glimmte im Dunkeln wie eine niedergebrannte Kerze. Nachdem Hilel meinem Vorschlag zugestimmt hatte, schwiegen wir für einige Augenblicke.

In diesem Moment waren die beiden Menschen, die unterschiedlichen Religionen, Kulturen und Generationen angehörten, nur noch zwei Menschen im Exil, die hier in der Fremde, abgeschnitten von der Familie, in einem fremden Land, trotz ihrer Differenzen eine tiefe Verbundenheit zueinander fühlten. Wir rührten an etwas, das uns mit allen Menschen verband und gleichzeitig über sie hinauswies. Wir sprachen ein schlichtes Dankgebet: »Herr, wir danken dir für deine Wohltätigkeit und für alles, was du uns Gutes getan hast, und bitten dich um Beistand für unsere Brüder in aller Welt.«

Bis Genua brauchte ich ungefähr fünf Tage. Auf dem Weg zwischen Küste und Gebirge reihte sich ein eintöniges Ballungsgebiet ans nächste. Selbst die Sonne ließ die kleinen Orte der italienischen Riviera nicht fröhlicher aussehen. In Frankreich hatte ich noch in den Mülltonnen nach Essbarem gesucht, weil ich mich meiner Armut schämte. In Italien gelang es mir allmählich, mich von den Zwängen meiner Vorstellungen, die ich von mir selbst hatte, zu lösen. Jetzt durchsuchte ich die Abfalltonnen nur noch, wenn mir wirklich niemand etwas anderes gab.

Genua schmiegt sich über eine Länge von fast fünfzig Kilometer in eine weitläufige Bucht. Zwei Tage brauchte ich, bis ich das weiträumige Ballungsgebiet hinter mir gelassen hatte. Schließlich gelangte ich zum Obdachlosenasyl der Caritas. Inmitten einer Ansammlung von Stadtstreichern wartete ich sehnsüchtig auf den Einlass, als ein langer, schlaksiger Typ auf mich zukam. Er schickte Frauen aus der Ukraine im Hafen auf den Strich und bot mir an, für ihn »abzukassieren«.

»Du bist hier unbekannt, und du siehst harmlos aus; du könntest dir damit das schnelle Geld verdienen«, versicherte er mir in seinem gebrochenen Französisch.

Ich erwiderte ihm auf Deutsch, dass ich nichts verstand, grinste ihn etwas gezwungen an und wandte mich ab.

Kurz darauf näherte sich der Nächste, der mir ein Angebot machen wollte. Diesmal war es ein eher schmächtiger Mann, der mich in seine dubiosen Geschäfte verwickeln wollte. Gegen ein angemessenes Honorar sollte ich für ihn eine Lieferung Haschisch bei einem Kumpel entgegennehmen. Ich antwortete ihm auf Spanisch und entfernte mich rasch. Völlig ahnungslos war ich im übelsten Hafenmilieu von Genua gelandet!

Als sich die Tore der Anstalt öffneten, nahm mich der Aufseher beiseite: »Das ist hier nichts für Sie, Signor. Folgen Sie mir.« Hatte er mich am Pilgerstock erkannt? Er telefonierte mit Franziskanern des Ordens der Minderen Brüder, wo er mich ankündigte, und erklärte mir den Weg.

»Gehen Sie da die Stufen zum Kloster hoch und fragen Sie nach Padre Luca.«

Das Kloster Nostra Signora dei Monti oben auf den Hügeln umfasste mehrere niedrige Gebäude. Padre Luca entpuppte sich als ein kämpferischer junger, dynamischer Franziskaner. Er empfing mich mit offenen Armen in einem Haus, in dem die Angehörigen der Patienten des angeschlossenen Hospitals untergebracht werden.

Er wies mir ein großes, stilvoll möbliertes Zimmer zu. Danach bat er Bruder Maurizio, einen jungen Postulanten, mir beim Wäschewaschen behilflich zu sein und sich meinen Knöchel anzusehen. Er gab mir auch Briefpapier und Umschläge, damit ich meiner Familie schreiben könnte. Aus meinem Fenster sah ich das lange blaugraue Band der Bucht von Genua.

Beim Abendessen wurde nicht geredet. Wir saßen in dem riesigen holzgetäfelten Refektorium, und ein Mönch las einen Text aus der Heiligen Schrift vor, wie es die Regel des Ordens verlangte. Als die Mahlzeit beendet war, machte mich Padre Luca mit seinem Vater bekannt. Er lebte an der französischen Riviera und war gerade zu Besuch.

»Ihre Wallfahrt interessiert mich brennend«, sagte er. »Ich bin mir noch etwas unschlüssig, aber wenn es Ihnen nichts ausmacht, hätte ich große Lust, mit Ihnen zu gehen.«

Bruder Maurizio, der unser Gespräch mit angehört hatte, rief begeistert, er habe ebenfalls Lust, zu Fuß nach Jerusalem zu pilgern. Ich war hocherfreut, an diesem einen Abend gleich zwei Menschen so weit motiviert zu haben, von allem Abschied zu nehmen und sich ganz der göttlichen Heilssuche zu widmen. Als ich am nächsten Morgen aufbrach, musste ich jedoch feststellen, dass allen beiden über Nacht unwiderlegbare Argumente eingefallen waren, die sie dazu bewogen, doch nicht mitzukommen!

Als ich abends in Recco ankam, fiel Schnee. Auf dem Dorfplatz traf ich einen pausbäckigen jungen Italiener, der mir seine Hilfe anbot. Paolo führte mich zur Pfarrei, wo der Pfarrer gerade eine CD mit der Musik von Johann Sebastian Bach hörte. Mein junger Führer sagte ihm, dass ich Pilger sei, der Pfarrer behielt jedoch die entrückte Miene eines Musikbesessenen bei und würdigte uns keines Blickes. Als Paolo insistierte, winkte der Pfarrer mit einer herrischen Geste ab und sagte in einem Ton, der keinen Widerspruch duldete: »Ich kann Ihnen nicht helfen!«

Ich selbst war ja seit einiger Zeit an diese Behandlung gewöhnt, aber der gutmütige Paolo war fassungslos. Er nahm mich zu drei anderen Pfarreien mit, wo man zwar nicht ganz so hochmütig war, aber dennoch nichts für mich tun wollte.

»Also gut, jetzt haben wir nur noch eine Möglichkeit«, meinte Paolo. »Ich werde Sie einfach dahin bringen, wo ich mich immer heimlich mit den Mädels treffe.«

Er brachte mich zu einer Umkleidekabine am Strand. Eine winzige Bude, zehn Meter bis zum Wasser. Ich zwängte mich hinein und legte mich mit angehobenen Beinen in die Diagonale. Aber wenn man den ganzen Tag nur auf der Straße ist, kann man am Ende der Etappe an jedem Ort einschlafen, ohne einen Gedanken an die Bequemlichkeit zu verschwenden. Ich schlief so fest, dass mich weder das Rauschen der Brandung noch das Schneetreiben störte. Als ich am nächsten Morgen aufwachte, lagen die Dächer und die Palmen von Recco unter einer Schneehaube. Bei meinem Aufbruch hoffte ich inständig, der Wetterfrosch würde es mit Paolos Freundinnen, die sich in dieser Kabine auskleideten, besser meinen als mit mir.

Ich verließ die Küstenstraße und schlug mich ins Gebirge, um eine Abkürzung zu gehen. Ab tausendfünfhundert Meter waren die Gipfel in hellgrauen Dunst gehüllt. Am Nachmittag zwang mich mein schmerzender Knöchel, langsamer zu gehen.

Als ich so meines Weges zog, hielt ein Wagen neben mir an. Eine ältere Dame sprach mich an.

»Was machen Sie denn hier, Monsieur? Wieso sind Sie bei diesem Wetter hier draußen?«

»Ganz einfach: ich bin ein Pilger auf dem Weg nach Jerusalem.«

Sie war bestimmt schon älter als siebzig Jahre, sah aber noch recht attraktiv aus und drückte sich in fließendem Französisch aus.

»Sie sind mir sympathisch. Ich fahre nachher nach La Spezia zurück. Wenn Sie wollen, halte ich auf dem Rückweg und nehme Sie dann mit.«

Nachdem ich eine Strecke von sechs bis sieben Kilometern zurückgelegt hatte, tauchte die freundliche Dame tatsächlich wieder auf und ließ mich in ihr bequemes Auto steigen. Offensichtlich war sie daheim gewesen, um sich umzuziehen. Sie trug jetzt ein rotes, tief ausgeschnittenes Kleid und duftete nach teurem Parfum.

Unterwegs kamen wir ins Gespräch und redeten über alles Mögliche. Dann stoppte sie irgendwo vor einer Cafeteria und kaufte ein paar Stück Kuchen für mich. Zwischendurch warf sie mir immer wieder verstohlene Blicke zu, deren Bedeutung ziemlich unmissverständlich war.

Als wir wieder in ihrem Wagen saßen, gab sie mir mit viel Koketterie zu verstehen, dass ich ihr für diese Freundlichkeiten noch eine Gefälligkeit schuldete.

»Ich bin Witwe und seit langer Zeit allein, und Sie sind ein gut aussehender, frommer Mann. Ich glaube zwar nicht an Gott, aber das dürfte kein Problem sein.«

Aus ihrem Munde hörte sich das so natürlich an, als wäre es das Selbstverständlichste der Welt. Ohne ihr darauf zu antworten, bat ich sie, einen Moment zu halten. Möglicherweise legte sie das als Zustimmung aus. Kaum stand der Wagen, stieg ich aus und ließ sie mit ihren enttäuschten Erwartungen allein. Ich hatte mich in der Gesellschaft dieser netten Italienerin eigentlich recht wohl gefühlt. Doch obwohl ich kein Kostverächter war, ließ sich ihr Ansinnen weder unter den aktuellen Umständen noch sonst wie mit meiner Lebensführung vereinbaren. Ich sollte noch mehrmals in ähnliche Situationen geraten und konnte diesen Versuchungen auch immer widerstehen. In der inneren Verfassung, in der ich mich befand, fiel mir der Verzicht allerdings nicht sonderlich schwer…

Am 24. Dezember 1998 kam ich nach Carrara, eine der reichsten Städte Italiens, wo der berühmte weiße Marmor abgebaut wird. Die Einwohner dieser Stadt verhielten sich mir gegenüber jedoch alles andere als großzügig. Obwohl es Weihnachten war, fand sich niemand dazu bereit, mir etwas zu essen zu geben.

Von Carrara aus zog ich weiter nach Massa, rund zehn Kilometer weiter im Süden der Toskana. Als ich in das hübsche Städtchen kam, war es schon dunkel. Mein Magen verkrampfte sich vor Hunger, ich hatte seit vierundzwanzig Stunden nichts gegessen. In den Straßen der Altstadt roch es verlockend nach frischem Gebäck und italienischen Gerichten. Seltsamerweise konnte ich mir die üppigen Auslagen ansehen, ohne besonderes Verlangen danach zu spüren. Mein Hunger war zwar nicht verschwunden, beherrschte mich aber nicht mehr. Fasziniert ließ ich diese Gebirge leckerer Pizzas, saftiger Schinken und dampfender, frischer Weißbrote in den Auslagen wie einen Film auf der Leinwand vorbeiziehen. Obwohl ich wusste, dass ich den Abend mit leerem Magen verbringen musste, nahm ich an dem Glück all dieser Menschen, die sich später an diesen Köstlichkeiten laben konnten, von ganzem Herzen teil. Meine Übungen begannen offensichtlich zu wirken. Ich spürte, wie ich innerlich freier und leichter wurde. Ich hatte mich aus dem Gefängnis der Begierden befreit, was – so glaube ich – der Grund dafür war, dass ich mich an dem Glück der anderen freuen konnte. Es war noch nicht so lange her, dass ich mich in einer ähnlichen Situation vor Neid verzehrt hätte. Jetzt aber war ich von Neidgefühlen frei. So unglaublich es war: vor lauter Freude über das Glück der anderen hatte ich meinen quälenden Hunger vergessen! Was die Selbstlosigkeit anbelangt, so waren meine Fortschritte in der Tat recht beachtlich.

In der Kathedrale von Massa schloss ich Bekanntschaft mit dem jungen Polizisten Nicolo und seiner Freundin. Die beiden begleiteten mich bis vor die Tür des Pfarrhauses. »Da ist es. Aber wir müssen jetzt nach Hause, unsere Familie wartet auf uns. Gott behüte und schütze Sie!« Ich dankte ihnen, und sie gingen davon im Vertrauen darauf , dass mir der Pfarrer Quartier gewähren würde. Aber dieser gab mir auf meine Frage nur die zerstreute Antwort: »In Rom finden Sie ein sehr gutes Obdachlosenheim der Caritas. Gehen Sie immer in diese Richtung.« In der Tat befand sich die Hauptstadt im Süden, aber dass es bis dahin noch ein paar hundert Kilometer waren, hatte er nicht bedacht! Als ich ihn dann noch einmal fragte, ob er nicht eine andere Einrichtung dieser Art in der Nähe kenne, nannte er mir schließlich eine andere Adresse.

Was mir an diesem Weihnachtsabend, als ich so allein durch die Straßen irrte, am meisten fehlte, war die Geborgenheit und Wärme meiner Familie. Die Einsamkeit überkam mich in Wellen wie ein endloser Refrain. Ich weiß sehr wohl, dass große Dinge auch große Opfer von uns fordern, aber jetzt plagten mich die Zweifel; ich fragte mich, ob es das wirklich wert sei, ob eine solche Trennung von meinen Nächsten durch meine Suche nach Gott gerechtfertigt werden könne. Ich stellte sie mir alle zusammen vor, wie sie beieinander saßen, um Weihnachten zu feiern, ohne mich. Dieser Gedanke erfüllte mich mit großer Wehmut, und als ich mir im Gegenzug ihre Empfindungen vorstellte, brach es mir fast das Herz.

Abends gegen halb zehn kam ich an die angegebene Adresse. Niemand öffnete. Ein Stück weiter befand sich der Bahnhof, und ich entdeckte einen Wartesaal. Zwei Carabinieri bewachten den Eingang. Ich fragte sie höflich, ob ich in diesem Raum, der weder geheizt noch irgendwie einladend war, die Nacht verbringen dürfe. Einer von ihnen erwiderte: »Selbstverständlich. Heute ist Weihnachten, da bleiben die Leute sowieso zu Hause, und Sie sind ungestört.« Ich streckte mich aus und schlief auf der Stelle ein.

Um Mitternacht torkelten mit riesigem Radau drei sturzbetrunkene Landstreicher herein. Drei Könige der anderen Art; statt mit Gold, Weihrauch und Myrrhe waren sie mit Bier, Wein und Plastiktüten beladen. Sie fingen sofort an, mich mit unflätigen Worten zu beleidigen. Der Robusteste von ihnen wollte mir an den Kragen unter dem Vorwand, ich hätte ihm den Platz weggenommen. Ich stand auf, um mit ihm zu reden; aber das wäre vergebliche Liebesmüh gewesen: Sie waren so blau, dass sie mir nicht hätten folgen können. Also knöpfte ich sie mir einen nach dem anderen vor: »Du schläfst auf dieser Bank; du schläfst hier, und du legst dich da hin. Und jetzt bitte schön: Schschscht!« Ich war selbst noch nicht wieder eingeschlafen, als ich sie schon schnarchen hörte!

Um sechs Uhr morgens stand ich auf. Auf dem Bahnsteig gab es einen öffentlichen Wasserhahn mit eiskaltem Wasser, an dem ich meine Katzenwäsche verrichtete. Dann machte ich mich auf den Weg, ohne mich von den drei Gesellen zu verabschieden. Sie lagen noch im Tiefschlaf, und ich hielt es für besser, sie ihren Rausch ausschlafen zu lassen.

In drei Tagen kam ich durch verschiedene Städte im Arnotal und im Chianti; über Florenz, Fucecchio und Siesi gelangte ich nach Siena. In dieser wunderschönen Stadt fand ich mich mit albanischen Flüchtlingen in einem Heim der Caritas wieder. Es waren bedauernswerte Menschen, die noch das Trauma des Elends und der Anarchie nach der Flucht aus ihrem Land verfolgte.

Trauer und tiefe Verzweiflung standen in den Augen der Frauen. Sie hatten ihre Familien, ihre Häuser und ihr Land zurückgelassen. Für sie war die Flucht der einzige Ausweg gewesen, um zu überleben, ich hingegen hatte mich aus freien Stücken verabschiedet. An diesem Tag war ich beileibe nicht stolz über meine »Fortschritte« im Sich-Vergessen. Ich würde den Umstand, dass jemand meine Familie umbringt und mein Haus niederbrennt, gewiss nicht so stoisch hinnehmen können. Ich dachte darüber nach. »Du spielst nur, aber für sie ist es bitterer Ernst.« Nachdem ich mir darüber im Klaren war, was sie alles durchgestanden hatten, konnte ich auch verstehen, wieso wir die Albaner oft als bedrohlich oder sogar als gefährlich wahrnehmen. Wer unter einem so schweren Schock steht, könnte auch die Hand beißen, die ihm das Futter gibt.

Bis Brindisi sollte ich des Öfteren noch mit Flüchtlingen aus Albanien und dem Kosovo zusammentreffen. Die meisten von ihnen begegneten mir mit großer Herzensgüte, und obwohl sie selbst in größter Armut lebten, teilten sie mit mir noch das Wenige, das sie hatten.

Als ich die Hügel des Chianti hinter mich gebracht hatte und die Ausläufer von Siena erreichte, fühlte ich mich plötzlich fiebrig. In meinen Schläfen hämmerte es, und mir war so schwindelig, dass ich nicht mehr weitergehen konnte. Es ist wahrhaftig nicht angenehm, unter diesen Umständen, ohne Geld, im Ausland und getrennt von der Familie, krank zu werden. Da ich Angst hatte, meine Wallfahrt aus gesundheitlichen Gründen abbrechen zu müssen, entschloss ich mich, in Siena die Notaufnahme der Universitätsklinik aufzusuchen. Auf den Gängen herrschte großer Andrang. Als ich irgendwann an die Reihe kam, wurde ich aufgerufen, und ein Arzt ließ mich ins Sprechzimmer.

»Sie sind ein katholischer Pilger?«

»Ja.«

»Ich bin Arzt, Jude und Agnostiker«, erwiderte er mit einem ironischen Unterton. »Welch verrückte Idee, zu Fuß nach Jerusalem zu gehen!«

»Die Juden sind doch auch große Pilger: der Exodus, das Exil von Babylon, die Diaspora...«

»Allerdings, nur hat man uns immer ein bisschen zur Eile angetrieben...«

»Dass diese Art von Pilgerschaft nicht aus freien Stücken unternommen wurden, gebe ich zu. Trotzdem haben Sie das Beste daraus gemacht. Das jüdische Volk ist seit zweitausend Jahren über die Welt verstreut; es hat einen langen Leidensweg hinter sich und die Welt trotzdem weitergebracht.«

»Vor allem die Christen haben uns grausam verfolgt...«

»Jesus war bekanntlich Jude, und Maria auch. Leider gibt es immer Menschen, die sich an Buchstaben klammern und sich nicht die Mühe machen, über ihren Sinn nachzudenken.«

»Diese Leute scheinen auch nicht gerade willens, sich zu ändern.«

»Kurzfristig gesehen, haben Sie möglicherweise Recht; aber das ist ein Lernprozess. Intoleranz ist gleich bedeutend mit Ungerechtigkeit, sie ist das Gegenteil des Vergessens und kann in ihrer Anmaßung so weit gehen, dass sie allen Andersdenkenden nur noch Böses wünscht.«

»Ich möchte Ihnen nicht zu nahe treten, aber ich glaube nicht, dass sich das Problem jemals lösen lässt.«

Während wir so diskutierten, untersuchte er mich mit ruhiger Hand.

»Ihr Gesundheitszustand scheint mir so weit recht zufrieden stellend zu sein. Ich verschreibe Ihnen ein paar Antibiotika gegen die Grippe. Am besten wäre es, wenn Sie sich ein paar Tage ausruhen könnten, aber so wie ich Sie einschätze, haben Sie Ihren eigenen Kopf. Ich wünsche Ihnen jedenfalls noch eine gute Reise.«

Danach kehrte ich in das Heim der Caritas im Zentrum von Siena zurück. Ich hoffte, mir dort das Geld für meine Medikamente erbetteln zu können. Ich trug mein Anliegen den beiden jungen Männern vor, die dort ihren Zivildienst ableisteten. Sie waren sehr willig, hatten aber noch keine Entscheidungskompetenzen. Und das Geld in der Kasse hätte sowieso nicht für alles gereicht.

Ich war noch dabei, den beiden meine missliche Lage auseinander zu setzen, als ein gepflegter Herr auftauchte, der sich zu uns gesellte. Es war der Direktor der Anstalt.

»Guten Tag. Was brauchen Sie denn?«

»Ich mache eine Wallfahrt und war gerade bei einem Arzt, der mir Antibiotika verschrieben hat. Wäre es möglich, dass Sie mir die Medikamente besorgen? Ich habe kein Geld.«

Seine Züge wurden ernst, er überlegte einen Moment und wandte sich dann an einen der jungen Helfer:

»Dieser Mann ist nicht wie die anderen. Die meisten, die wir hier aufnehmen, betteln um Geld. Er will kein Geld. Er sagt nur: Ich bin krank; wäre es möglich, dass Sie mir die Medikamente besorgen? Selbstverständlich werden wir sie ihm besorgen.«

Er gab einem der Zivildienstleistenden ein paar Geldscheine und schickte ihn los in die Apotheke.

Ich denke noch heute mit Wärme an diese Begegnung. Italo ist ein sehr wertvoller Mensch. Bis der Junge wieder zurück war, kamen wir ins Gespräch. Meine Wallfahrt schien ihn sehr zu interessieren.

»Es ist gleich Mittag. Kommen Sie mit, Sie sind mein Gast. Heute ist der 31. Dezember, es wird überall gefeiert; und Sie können heute Abend bei mir übernachten.«

»Ihre Einladung zum Essen nehme ich sehr gerne an; aber danach muss ich weiter.«

Italo nahm mich in seine schöne Villa in den Hügeln von Siena mit. Seine Frau Agatha begrüßte mich wie einen alten Freund der Familie, und wir tafelten königlich. Die beiden überschütteten mich mit Liebenswürdigkeiten. Offensichtlich hatten Italo und ich vieles gemeinsam: wir waren gleich alt, und wir waren beide Ingenieure… Unter dem reservierten Äußeren kam die Seele eines herzensguten Menschen zum Vorschein.

Auf seine Empfehlung hin wurde ich in der Pfarrgemeinde in Ponte d'Arbia empfangen. Giuseppe, der Direktor, sprühte nur so vor Temperament und versicherte mir, es sei ihm eine große Ehre, mich als den sechsten Jerusalempilger innerhalb von dreißig Jahren begrüßen zu dürfen. Er ging mit mir ins Pfarrhaus und wies mir ein Zimmer im Obergeschoss zu. Dann zeigte er mir, wo sich die Küche befand, und forderte mich auf, mich vor dem Abendessen noch etwas frisch zu machen.

»Heute Abend versammeln sich die Mitglieder unserer Pfarrgemeinde zum jährlichen Festbankett, und Sie sind unser Gast.«

In dem großen rechteckigen Versammlungssaal mit weiß gestrichenen Wänden hatte man ein Dutzend Tische gedeckt und mit Mimosensträußchen dekoriert. Am Abend trafen nach und nach die Mitglieder der Gemeinde ein. Giuseppe stellte mich vor und erzählte, ich sei als Pilger auf der Via Francigena unterwegs; das ist die alten Straße, die sich früher von Paris bis nach Rom erstreckte und über die sich in mittelalterlicher Zeit ein wahrer Strom von Pilgern ergoss.

Selbstverständlich wurde Italienisch gesprochen, und ich konnte nur mit größten Schwierigkeiten an der Unterhaltung teilnehmen. Ich saß zwischen dem Zahnarzt Gabriel und seiner Gattin Laura, einer Abgeordneten des regionalen Kultusministeriums für Siena und Florenz. Neben der extrovertierten Laura wirkte der Ehemann eher reserviert. Beide waren jedoch sehr herzlich mir gegenüber, sodass ich es schließlich wagte, ihnen ein Anliegen vorzutragen, das mir seit geraumer Zeit am Herzen lag.

Von einem Freund, der sich beruflich in Minsk aufhielt, wusste ich, dass das weißrussische Kultusministerium die Restaurierung beschädigter Ikonen beabsichtigte. Die meisten davon lagerten seit dem Ausbruch der Revolution 1917 in riesigen Kellern und waren in ziemlich schlechtem Zustand. So kam es, dass ich einen Teil des Abends damit verbrachte, mit meiner Tischnachbarin über Mittel und Wege nachzudenken, um die Restaurierung dieser Ikonen mit Hilfe von Kunststudenten aus Italien und Frankreich zu ermöglichen. An jenem 31. Dezember heckten wir also an einem Tisch in Ponte d'Arbia gemeinsam einen Plan aus, um dem weißrussischen Minister bei der Instandsetzung der religiösen Kulturschätze behilflich zu sein.

Im Verlauf dieses wunderschönen Abends, den ich in so angenehmer Gesellschaft verbrachte, hatte ich das Gefühl, die Drei Könige hätten mir ihre Gaben vorzeitig dargebracht. Inmitten dieser feinen Gesellschaft festlich gekleideter Damen und Herren fühlte ich mich wie in einem Märchen, dessen Zauber sich durch die klassische Hintergrundmusik von Mozart noch erhöhte. Die Musik machte mich besinnlich. Plötzlich war die Dualität zwischen mir und den Klängen aufgehoben. Ich stand da wie versteinert. Ein paar alte Damen schwatzten miteinander. Mein Blick folgte den Falten ihres Gesichts, glitt über das blasse Rot ihrer Lippen und die schimmernden Perlen des Colliers. Aus dem Hintergrund ertönte das Klirren der Champagnergläser, das perlende Lachen einer attraktiven Dame der besseren toskanischen Gesellschaft. Alle Konturen traten plastisch und klar aus dem Raum hervor; ich sah die Welt mit neuen Augen, als habe man sie von einem dunklen Schleier befreit. In meinem Inneren explodierte ein wahres Feuerwerk. Ich war nicht mehr in meinen Vorstellungen gefangen. In Gesellschaft der Obdachlosen im Heim der Caritas fühlte ich mich genauso wohl wie unter toskanischen Bankiers und Politikern. Das Eindrucksvollste daran war, dass mir die grenzenlose Freiheit dieser Situation bewusst wurde. »Wenn mir die schönen und die schmerzlichen Momente des Lebens gleichermaßen Genuss bereiten«, sinnierte ich, »kann mich nichts mehr im Leben manipulieren oder ängstigen«. Das Prinzip des kompromisslosen Verzichts in der Pilgerschaft zu verwirklichen bedeutet, persönliche Abneigungen und Vorlieben aufzugeben. Ich möchte diesen Zustand mit dem Begriff »positive Indifferenz« bezeichnen; in diesem Zustand stellen wir uns im Sinne überlieferter Lehren außerhalb von Arm und Reich, von Verachtung und Bewunderung, von Demut und Hochmut; in ihm ist alles im einen und zugleich auch im anderen. Zutreffender noch als der Ausdruck »positive Indifferenz« wäre der Begriff

Glück, vollkommenes Glück. Ob ich meinen Zeitgenossen, die nach materiellem Wohlstand und Erfolg streben, wohl jemals nahe bringen kann, dass ich in meinem Dasein trotz Armut, Einsamkeit und Ungewissheit auch die Wonnen des Lebens erfahren durfte?

Am 1. Januar um acht Uhr morgens brach ich wieder auf. Der Abschnitt von Ponte d'Arbia bis San Quirico d'Orcia erinnerte mich an die provenzalische Landschaft. Dass die Reben dieser so geduldig kultivierten Täler einen berauschenden, köstlichen Wein hervorbrachten, davon hatte ich mich am Abend zuvor selbst überzeugen können.

In San Quirico d'Orcia fand ich Gelegenheit, Don Claudio Rosi kennen zu lernen, einen jungen Priester von ungefähr vierzig Jahren. Als ich an seine Haustür klopfte, begrüßte er mich herzlich wie einen lang erwarteten Gast. Der gütige Don Claudio wollte mir unbedingt etwas Nützliches mit auf die Reise geben. Nachdem er alles auf den Kopf gestellt hatte, stöberte er in den Schränken des Presbyteriums am Ende eine sehr praktische Tasche auf, die mir auf meiner langen Reise gute Dienste leisten sollte. Sie ersetzte mir den Schreibtisch, und ich konnte meine Tagebücher und Straßenkarten darin sicher verstauen.

Bevor wir uns wieder voneinander verabschiedeten, wollte Don Claudio mich segnen. Er legte seine Priestergewänder an und führte mich in die Kirche, wo wir uns zum Beten niederknieten. Ein wunderschönes altes Marienbild zierte eine Wand. Eine Atmosphäre erhabener Stille regierte diese Kirche. Don Claudio erteilte mir einen speziellen Pilgersegen, den er in einem alten Messbuch gefunden hatte. Plötzlich riss der Wolkenschleier auf, der an jenem Morgen die Hügel von Siena verhüllt hatte, und das Sonnenlicht gleißte durch die Fenster in das Innere der Kirche.

Ich brach auf. Noch zweihundert Kilometer bis Rom. Während ich mich auf schlammigen Wegen vorankämpfte, schob ich den Atem in einer Wolke vor mir her. Überall verlassene, öde Weiler. Zweimal hintereinander musste ich im Freien in meinem Schlafsack unter einem Torbogen nächtigen. Dann lernte ich einen alten Obdachlosen kennen, der mir verriet, dass ich mir aus Pappe eine Art Isoliermatte basteln konnte. Nun begriff ich auch, weshalb sich so viele Obdachlose in Zeitungspapier einwickeln: Es isoliert gegen die Kälte. Solch praktische Dinge hatte man mir während meines Ingenieurstudiums nicht beigebracht. Während ich so gerüstet abends noch gut einschlafen konnte, wachte ich im Lauf der Nacht jedoch immer wieder auf, weil mir die Kälte scharf wie Messerklingen über die Haut kroch. Inständig betete ich für alle Not leidenden Menschen in der Welt: »Auf dass mein Schmerz dazu diene, ihr Leiden zu lindern.« Und manchmal erlebte ich sogar, wie etwas in mir aufbrach und ins Fließen kam: Der physische Schmerz löste sich in Liebe auf. Es war ein Wunder. Die Taubheit in meinen Gliedmaßen ließ nach. Und ohne dass ich verstand, wie mir geschah, fühlte ich, dass ein Lächeln auf meinen Lippen lag.

Am 9. Januar erreichte ich Campagnano in der Nähe von Rom. Die Nähe zur Großstadt machte sich immer stärker bemerkbar, die zahlreichen Straßen bildeten ein unübersichtliches Labyrinth, das mich immer wieder zur Umkehr zwang, weil ich mich urplötzlich auf einer Schnellstraße befand, die sich nicht für Fußgänger eignete. Ein paar freundliche Einheimische erklärten schließlich, wie ich aus dem Irrgarten von Campagnano herauskommen konnte. Auf einer alten Straße gelangte ich direkt in die Ewige Stadt. Trotz des Nieselwetters legte ich die letzten fünfunddreißig Kilometer bis Rom zügig zurück. Am 10. Januar gegen siebzehn Uhr überquerte ich den Tiber.

Ein einfacher polnischer Priester

Beim Anblick der Kuppel von Sankt Peter, die sich über die braunen Dächer von Rom erhob, erfasste mich eine fast kindliche Ausgelassenheit. Ich hatte das Gefühl zu fliegen, schwerelos durch den Raum zu schweben. Wie froh ich doch war, dass mir die Chance geboten wurde, durch all diese Prüfungen zu gehen! Ich strömte über vor Dankbarkeit für Gott, der mich bis hierher an das Wasser des Tibers geführt hatte. Freilich war ich früher schon mehrmals in Rom gewesen, jedoch zum ersten Mal zu Fuß und unter derart strapaziösen Bedingungen. Meine Emotionen in diesem Augenblick hatten nichts mit touristischer Begeisterung zu tun. Den Fuß in die Ewige Stadt zu setzen bedeutete mir weitaus mehr: Von jetzt an glaubte ich fest daran, dass ich trotz aller Hindernisse, die mich noch unweigerlich erwarteten, an das Ziel meiner Reise gelangen würde.

Obwohl es so aussah, als sei der Petersdom zum Greifen nah, war es noch ein einstündiger Fußmarsch, bis ich den Vatikan erreichte. Aber was kümmerte mich das. Meine Erschöpfung war dem Gefühl grenzenloser Glückseligkeit gewichen. Die Wintersonne schüttete feuriges Licht über die Mauern. Noch nie zuvor hatte ich diese wunderschönen Harmonien von Farben und Stilen gesehen: das Weiß und Gold der Antike, das rötliche Orange des Mittelalters, das Grün der Renaissance, das Ockergelb und das Elfenbein des Barock…

Ich folgte der sanft ansteigenden Straße, die unvermittelt auf

Meine Ankunft in Rom am 10. Januar 1999 gegen 18 Uhr.

den Petersplatz mündete, und die Arkaden öffneten sich wie zwei Arme, um den Strom der Gläubigen aufzunehmen. Aus der kalten Wintersonne tauchte ich durch eine dämmerige Vorhalle in das gewaltige Kirchenschiff ein. Durch ein Fenster am entgegengesetzten Ende fiel Licht auf das Grab des armen Sünders von Galiläa, der als erster Papst in die Geschichte einging. Überwältigt von der großartigen Domarchitektur, dachte ich an den langen Weg, den der einfache Handwerker aus Kafarnaum einst zurückgelegt hatte. Einerseits dieses einfache Grab, andererseits die universelle Schönheit der Basilika, die den Vergleich mit der Cheopspyramide nicht zu scheuen braucht. Dann stieg ich zur Krypta hinab, wo ich mich so nah wie möglich an das Grab stellte und den heiligen Petrus bat, mich heil und gesund, mit erneuertem Herzen, in das Land seiner Ursprünge zu führen.

Als ich den Dom wieder verließ, war es Zeit, mich auf die Suche nach einem Nachtquartier zu machen. Der Himmel war klar und wolkenlos, die Luft hatte sich abgekühlt. Neben dem Stazione Termini befand sich ein großes, schon ziemlich abgetakeltes Gebäude mit einem Heim der Caritas. Dort Zutritt zu finden, fiel mir nicht leicht, aber da ich mich nicht abwimmeln ließ, kam ich schließlich doch noch an einen Teller Nudeln. Nach dem Essen bedeutete mir der Anstaltsleiter, ein schlaksiger, großspurig auftretender Kerl, dass ich mich nun zu trollen habe. Ich hatte keine Chance. Obwohl ich ihm sagte, dass ich gar kein Bett wolle, das es nicht gab, sondern ebenso gut auf irgendeinem Tisch oder auf dem Gang lagern könne. Es gab einen langen Flur, der sich über Hunderte von Metern erstreckte und völlig leer stand. Aber alles Bitten war vergeblich: Gegen elf Uhr abends wurde ich ziemlich unsanft vor die Tür gesetzt.

Eine Stunde lang irrte ich völlig durchgefroren durch die schlecht beleuchteten Straßen. Als mein Kreislauf wieder in Gang kam, wurde mir wärmer. Ein transparenter Film aus Glatteis überzog das Pflaster. In der Nähe eines barocken Wohnhauses entdeckte ich eine Telefonzelle. Weit und breit war kein Mensch zu sehen. Daraufhin rollte ich meinen schon etwas abgenutzten Schlafsack aus, um mir ein notdürftiges Lager herzurichten. Meine langen Beine in dieser engen Zelle unterzubringen war nicht so einfach. Ich musste sie dicht an den Körper heranziehen, um nicht immer wieder versehentlich die Tür aufzustoßen. Kaum war ich eingeschlummert, als jemand die Tür aufriss.

Ich schob meine Wollmütze nach oben und erblickte einen Mann in einem langen nachtblauen Mantel. Die Überraschung schien auf Gegenseitigkeit zu beruhen. Er verhielt sich wie ein Kavalier der alten Schule.

»Entschuldigen Sie die Störung«, meinte er höflich, »darf ich wissen, was Sie da machen?«

»Das sehen Sie doch, ich versuche zu schlafen«, erwiderte ich etwas ärgerlich.

»Kann ich etwas für Sie tun?«

»Nein, es ist alles in Ordnung«.

»Aber Sie können doch in dieser Zelle nicht die ganze Nacht verbringen! Kommen Sie mit, ich habe Platz genug.«

So lernte ich Agostino kennen. Ein Wahlrömer und Vorsitzender einer politischen Partei. Sein Mitgefühl, das er einem Streuner wie mir entgegenbrachte, war für mich jedoch der beste Beweis, dass er sich nicht allein als Vertreter der zuweilen zynischen Politikerzunft begriff. Er war zweifellos ein Mensch mit den besten Absichten.

Agostino gewährte mir seine Gastfreundschaft, obwohl er nicht wusste, ob ich ein ehrlicher Mensch oder ein Betrüger war.

Seine noble Erscheinung war die eines Ritters, der sich aus purem Zufall in unsere moderne Welt verirrt hatte. Während des Libanon-Konflikts legte er seine Professur an der Universität La Sapienza nieder, um das Hilfswerk für die zivilen Opfer des Bürgerkriegs zu organisieren. Trotzdem sollte die romantische Seite des Lebens über all seinen Aktivitäten nicht zu kurz kommen: Im Bombenhagel von Beirut lernte er eine attraktive Frau kennen – und heiratete sie. Ihre gemeinsame Wohnung auf dem Aventinhügel hatten sie mit Antiquitäten und vergoldeten Standuhren dekoriert. In einem Regal entdeckte ich zwei Elefanten aus Bronze, die eine Reihe erlesener Bücher flankierten. In allen Zimmern waren die Wände bis zur Decke mit Büchern in italienischer, französischer, englischer, griechischer und lateinischer Sprache bedeckt. Agostino liebte die Poesie so sehr, dass er während unserer Diskussion hin und wieder den Sessel verließ, auf einen Hocker stieg und in seiner Bibliothek nach einer Quelle oder einem Zitat suchte. Hatte er das Buch gefunden, schlug er sofort die richtige Stelle auf und las mir mit gedämpfter Stimme daraus vor. Bücher bereicherten ihn, ohne dass er darüber den Blick für die Realität verlor.

Tee trinkend saßen wir in großen bequemen Ledersesseln und erörterten kirchengeschichtliche Themen: die lutherische Reformation, die gegenreformatorische Bewegung des Jesuiten Ignatius von Loyola, die ab 1520 herausgegebenen antiprotestantischen Katechismen, vergessene Enzyklopädien und lateinische Patrologien. Die Belesenheit meines Gastgebers und die Art und Weise, wie er sich in seiner persönlichen Lebensführung von christlicher Ethik leiten ließ, beeindruckten mich sehr.

Später dachte ich: »Was für eine seltsame Reise! Da bin ich schon so oft in Rom gewesen, aber erst jetzt, wo ich zu Fuß und ohne Geld als Pilger hier bin, ist es mir vergönnt, einen so interessanten Menschen wie Agostino kennen zu lernen.« Diese Offenheit gehört zu den faszinierendsten Aspekten des Wallfahrens. Wer bereit ist, den Wegen der Vorsehung zu folgen, wird erfahren, dass jeder Tag unendlich viele Überraschungen für uns bereithält.

Zwei Tage nach diesem denkwürdigen Abend traf ich mich mit meiner Frau. Marie und ein paar Freunde aus dem Languedoc waren nach Rom gekommen, um mich zu sehen. Wir besorgten uns ein einfaches Quartier im Haus des Ordine Teutonico in der Via Nomentana. Von unserem Zimmer aus blickten wir auf einen üppigen Garten, während der Wind in den Blättern der drei Palmen spielte. Die spartanisch anmutende Einrichtung war für mich genau das Richtige. Saubere Betttücher, eine heiße Dusche, drei Mahlzeiten am Tag... für meine Verhältnisse war das geradezu paradiesisch! Marie war froh, dass es mir gut ging. Sie hatte wohl befürchtet, ich könnte nach meiner nun schon siebenwöchigen Abwesenheit gesundheitlich und seelisch angeschlagen sein. Unter diesen Umständen konnte sie nun besser akzeptieren, dass ich mein Vorhaben zu Ende führen wollte.

Sie brachte mir ein schönes Weihnachtsgeschenk mit. Da ich durch den Überfall in Vauvert meinen Reisepass und meinen Ausweis verloren hatte, konnte ich mich an den Grenzen nicht mehr ausweisen. Folglich begab sich Marie vor der Abreise mit meiner Geburtsurkunde zur Polizeipräfektur, um dort meine heikle Situation vorzutragen. Man kann es kaum glauben, aber die zuständige Sachbearbeiterin erklärte sich tatsächlich dazu bereit, trotz meiner Abwesenheit einen neuen Pass für mich auszustellen. Obendrein gab sie Marie ein Blankodokument, weil das einzige Passbild, das von mir existierte, zu Hause nicht mehr auffindbar war. Klang unsere Geschichte vom ausgeraubten Pilger in den Ohren dieser Sachbearbeiterin etwa zu unglaubwürdig, um frei erfunden zu sein? Wie dem auch sei – mein Passbild wurde erst in Rom in mein nagelneues Reisedokument geklebt.

In Frankreich hatte ich mich noch kurz vor meiner Abreise flüchtig mit einem Mann getroffen, der sich für meine Wallfahrt nach Santiago de Compostela interessiert hatte. Ich hatte ihm von meinem bevorstehenden Jerusalem-Projekt erzählt. »Ich arbeite bei einem Rundfunksender«, sagte er. »Wenn es Ihnen Recht ist, würden wir Sie einmal pro Woche in unsere Sendung im Rundfunk einschalten. Sie berichten uns, was Sie erlebt haben und wie weit Sie gekommen sind. Ich denke an ein kurzes Interview, drei Minuten höchstens. Das würde sicher viele Hörer interessieren.« Es gab nichts, was gegen seinen Vorschlag sprach, und insgeheim hoffte ich, dass diese Berichte zum Seelenfrieden meiner Frau beitragen würden und dass sie mein Vorhaben so leichter akzeptieren könnte. Dadurch wüsste Marie immer, wo ich mich gerade aufhalte, und sie würde ab und zu meine Stimme hören, ohne mitten im Gespräch unterbrochen zu werden, wie das bei unseren sporadisch geführten Telefonaten leider oft der Fall war. Und ein wenig hegte ich wohl auch die Hoffnung, diesem oder jenem Hörer mit meinen kleinen Beiträgen etwas geben zu können. Wir kamen überein, dass ich jedes Interview durch die Nennung der Stadt und des Landes, in dem ich mich jeweils befand, einleiten solle. Da ich jedoch ohne einen Pfennig Geld unterwegs war, hatte ich bis Rom noch kein einziges Mal die Möglichkeit gehabt, den Radiosender zu kontaktierten und um Rückruf zu bitten. Absurderweise konnte ich ausgerechnet jetzt, wo Marie bei mir war, und auch nur mit ihrer Hilfe mein erstes Rundfunkinterview geben.

Da meine Route durch den Balkan führen sollte, nutzte ich die Tage in Rom, um bei der französischen Botschaft Erkundigungen über die politische Lage in diesem Gebiet einzuziehen. Der wohl schönste Renaissancepalast der Ewigen Stadt ist französischer Staatsbesitz: Der Palazzo Farnese, den Michelangelo vollendet hatte, bildet ein perfektes Quadrat, unterhalb einer kurvenreichen Autostraße zwischen dem Tiber und der Piazza Campo di Fiori gelegen. Ein Polizist ließ mich in den Hof. Ich wartete eine geschlagene Stunde, bis der Militärattaché mich in seinem Büro empfing.

Dieser Berufssoldat, der sich unter den vertäfelten Wänden wie ein Fremdkörper ausnahm, empfing mich mit der typischen Herablassung seiner Zunft, ohne mir das geringste Entgegenkommen zu zeigen. Wahrscheinlich hielt er mich für einen bedauernswerten Spinner, als er erfuhr, dass ich in dieser Jahreszeit und obendrein auf dem Höhepunkt der Kosovo-Krise den Balkan zu Fuß zu durchqueren wollte.

»Falls Sie lebensmüde sind, ist dies der kürzeste Weg in den Tod.«

Er hatte keine Zeit zu verlieren und ließ es mich spüren. Immerhin hatte der kurze Dialog meine letzten Zweifel zerstreut. Ich musste meine Route ändern.

Meine ursprüngliche Route sollte über Kroatien, Bosnien-Herzegowina und Montenegro führen, dann nach Süden ins Bergland des Kosovo und durch Makedonien nach Griechenland. Es kündigte sich ein Feuersturm auf dem Balkan an, und so sah ich mich in diesem Januar des Jahres 1999 gezwungen, umzudisponieren. Anstatt von Rom aus weiter nach Venedig und Dubrovnik zu gehen, entschloss ich mich für den Weg durch Süditalien bis nach Brindisi, wo ich mit dem Schiff zur Peloponnes übersetzen wollte. Von dort aus sollte die Route weiter durch die Türkei und Syrien führen bis nach Jerusalem. Die Änderung kam mir im Grunde gar nicht einmal so ungelegen, weil sie mir die Möglichkeit gab, in Montecassino, in San Giovanni Rotondo bei Padre Pio und in Monte San Angelo Station zu machen.

Der heilige Benoît-Joseph Labre aus Frankreich pilgerte des Öfteren nach Rom, wo er im Alter von zweiunddreißig Jahren in Armut starb. Schon in frühester Jugend trat er als Novize ins Kloster ein. Doch angesichts seiner übertriebenen Askese entließ ihn der Abt bald darauf: »Das Klosterleben ist nichts für Sie, wir müssen uns trennen.« Nach einigen weiteren unfruchtbaren Versuchen entschloss sich Benoît-Joseph Labre, Wanderpilgerer zu werden. Über Jahre hinweg pilgerte er von einem Wallfahrtsort zum nächsten und machte so ziemlich alle Wallfahrten, die man damals überhaupt machen konnte, er ging zum Montecassino, dem Mont Saint-Michel, nach Compostela und Jerusalem. Zwischen zwei Pilgerfahrten blieb er eine Weile in Rom, wo er in einer Mauernische des Kolosseums hauste.

Benoît-Joseph Labre war ein Meister der Selbstlosigkeit, und er war mir ein großes Vorbild für meine eigene Pilgerreise. Deshalb war mir der Besuch in der Kirche, in der er zuletzt gepredigt hatte, ein so großes Anliegen. Zu seinem Gedenken und zum Gedenken der vielen Menschen, die hier der Christenverfolgung zum Opfer gefallen waren, wollte ich auch das Kolosseum besichtigen. In der Via dei Serpenti Nummer 2 verweilte ich lange vor dem Sterbelager dieses Mannes, der in der asketischen Lebensweise des herumziehenden Pilgers seine Erfüllung fand.

Bereits seit meiner Ankunft in Rom hegte ich eine leise Hoffnung, Audienz beim Papst zu erhalten. Johannes Paul II., der einen Hang zum kontemplativen Leben hat, hat des Öfteren gesagt, er habe immer wieder gezweifelt, wofür er sich entscheiden sollte: für das Leben eines Seelsorgers oder für ein dem Gebet geweihtes Leben in klösterlicher Abgeschiedenheit.

Vor der Bronzetür standen zwei blau uniformierte Schweizergarden mit Pluderhosen, weißer Halskrause, schräg aufgesetzter schwarzer Kappe und Hellebarde, mit der martialischen Miene von Gardisten, die Langeweile haben. Der wachhabende Offizier in seiner Loge sah mich durch seine in Metall gefassten Brillengläser an und nickte etwas skeptisch, als ich ihm mein Anliegen vortrug. In seiner Unschlüssigkeit tat er schließlich das, was ihm als guter Soldat das Vernünftigste schien – er rief seinen Vorgesetzten zu Hilfe. In kürzester Zeit tauchte ein selbstbewusster

Kommandant der päpstlichen Garde auf. Der knorrige, hoch gewachsene Frédéric begriff meine Situation rasch, und es war ihm ein aufrichtiges Bedürfnis, mir zu helfen. Er riet mir, mich an den päpstlichen Privatsekretär zu wenden, Monsignore Stanislao Dziwich.

Die Audienz wurde mir für den folgenden Morgen gewährt.

Könnte sich ein Mensch, der nach Jerusalem pilgert, mehr wünschen als den geistlichen Beistand eines Mannes, der in der Nachfolge des heiligen Petrus steht? Von nun an lief alles völlig problemlos, als erledigten sich die Dinge ganz von selbst ohne mein Zutun, als würde mein Optimismus alle Hindernisse aus dem Weg räumen. Das bestätigte mir wieder einmal, wie wichtig unsere innere Einstellung ist: Wenn wir in Einklang mit uns selbst sind, lösen sich die Schwierigkeiten oft von selbst.

Fünfzig Tage Selbstverzicht unter härtesten Bedingungen haben mich zu dieser Einsicht geführt. Es gelang mir allmählich, weniger an mich selbst zu denken und mich mehr auf Gott hin zu öffnen. Im Verlauf dieser beschwerlichen Lehrzeit hatte ich nicht nur meinen Körper, sondern auch Geist und Seele trainiert. Langsam kam ich zu der Erkenntnis, dass meine geistige Öffnung mit den äußeren Ereignissen in Beziehung stand. Alle Geschöpfe und Erscheinungen im Universum stammen aus dem Urgrund, alles kommt aus Gott. Wenn wir unseren Geist üben, können wir uns innerlich wandeln und zugleich unsere Wahrnehmung der Realität verändern, denn es gibt nichts, was unabhängig ist.

Wie vereinbart, präsentierte ich mich zusammen mit Marie am Samstagmorgen vor der Bronzetür. Unser Termin war für sieben Uhr angesetzt, und wir waren etwas zu früh. Der Vatikan war in gleißendes Morgenlicht getaucht. Es war eisig kalt, aber das konnte unsere Vorfreude auf das Kommende nicht beeinträchtigen.

Ein Schweizergardist überprüfte unsere Personalien und führte uns dann in einen Wartesaal; nach und nach trafen weitere Gäste ein. Als unsere Gruppe vollzählig war, eskortierten uns drei Gardisten über eine prächtige Marmortreppe zu den päpstlichen Gemächern. Hier mussten wir uns auf dem Gang noch einen Moment gedulden. Eine der drei Nonnen, die den Alltag des Papstes organisieren, kam geräuschlos auf uns zu und führte uns in eine zeitgenössische Kapelle. Auf der rechten Seite eine Krippe mit dem Jesuskind unter dem silbernen Kometen als Reminiszenz an das letzte Weihnachtsfest. Die Decke mit bunten Glasfenstern sah aus wie ein unbewegliches Kaleidoskop. Einige Priester warteten schweigend; daneben eine Gruppe kirchlicher Würdenträger mit feierlicher Miene. Wahrscheinlich handelte es sich um Kardinäle oder um Bischöfe. Hinter uns stand noch ein gutes Dutzend anderer Laien, die sich scheu etwas abseits hielten.

Ein Strauß aus gelben und weißen Blumen schmückte den von zwei Gemälden flankierten Altar: Zur Rechten verkündete der Apostel Paulus den Heiden die christliche Botschaft, und das linke Bild zeigte den Apostelfürsten Petrus mit dem Himmelsschlüssel. Eine Ikone mit der schwarzen Madonna von Tschenstochau symbolisierte die innige Verbindung, die der Papst zu seinem Heimatland Polen unterhält.

Kurz darauf kam der Papst herein; er ging langsamen Schritts zum Altar, kniete nieder und verrichtete ein langes Gebet. Dann legte er die priesterlichen Gewänder an: die weiße Alba als Zeichen der Reinheit, darüber das Messgewand und zuletzt die Stola als Symbol seines Bischofsamts. Die Messe begann.

Johannes Paul II. pflegt die Messe jeden Tag in einer anderen Sprache zu zelebrieren; für uns sprach der Heilige Vater die Worte Christi in der winzigen Kapelle auf Englisch.

Dies war meine zweite Begegnung mit dem Papst. Die erste

kurze Begegnung lag bereits fünfzehn Jahre zurück, aber die Teilnahme an seiner täglich zelebrierten Messe erschien mir ein Privileg. Die liturgischen Handlungen vollzog der Papst ohne jede Eile und mit großer Sorgfalt; die Zeit schien stillzustehen. Hin und wieder verfiel er an seinem Betpult in Meditation. Mit geschlossenen Augen und gefalteten Händen versank er in sein Gebet.

Danach näherte sich der Heilige Vater erneut dem Altar, nahm Brot und Wein, segnete beides und sprach dabei leise die Worte Christi während des Letzten Abendmahls.

Ich sah das Ziel meiner Pilgerreise vor mir. Alles um mich herum weitete sich zu einer strahlenden Vision, mit der ich untrennbar verbunden war. Vor meinem seelischen, geistigen und leiblichen Auge erschien an der Stelle des Oberhaupts der katholischen Kirche ein einfacher polnischer Priester, der in diesem Moment in Einheit mit Christus selbst das Sakrament des Letzten Abendmahls vollzog.

Nach der Messe empfing uns der Papst in seinen Privatgemächern zu einem persönlichen Gespräch. Sein geschwächter, von Krankheit gezeichneter Körper kontrastierte mit seinem lebhaften, scharfsinnigen Geist.

Ich kniete vor ihm nieder, an meiner Seite eine zutiefst ergriffene Marie. Johannes Paul II. schenkte uns ein wohlwollendes Lächeln, um die Atmosphäre aufzulockern. Seine gute Laune überraschte uns.

Der Papst, der fließend Französisch spricht, bezeugte mir ein reges Interesse und fragte nach den Einzelheiten meiner Reise. Als er sich nach meiner Reiseroute erkundigte, erzählte ich ihm, dass mein ursprünglicher Plan, über Venedig, Kroatien und Albanien zu gehen, durch die kritischen Ereignisse auf dem Balkan vereitelt worden war und dass ich deshalb mit dem Schiff nach Griechenland übersetzen würde.

»Sie haben gut daran getan, Ihre Route zu verändern, mein Sohn.«

»Auf diese Weise werde ich San Giovanni Rotondo einen Besuch abstatten, Heiliger Vater.«

»Eine ausgezeichnete Idee. Padre Pio war ein sehr guter Freund von mir. Er war ein bemerkenswerter Mensch, dessen Wohltätigkeit in der zeitgenössischen Kirche Vorbildcharakter hat.«

»Ich bin sehr froh, diese Orte zu sehen, weil mich sein Leben sehr fasziniert.«

»Dann wird es Sie freuen zu hören, dass Padre Pio am 2. Mai heilig gesprochen wird.«

Seine Augen funkelten vor Vergnügen, als er mir das sagte.

Ebenso begeisterte ihn meine Absicht, in Monte San Angelo Station zu machen, weil er diesen Ort sehr liebte.

»Und natürlich werde ich auch in Montecassino Station machen«, ergänzte ich die Liste.

Johannes Paul II. sah sich aufmerksam meinen Pilgerstock an, während ich ihm die eingeschnitzten Symbole erläuterte.

»Dies, Heiliger Vater, ist eine Jakobsmuschel. Sie erinnert mich an meine erste Pilgerreise nach Santiago de Compostela. Das ist jetzt drei Jahre her.«

»Von wem sind diese Schnitzereien, mein Sohn? Haben Sie das selbst gemacht? Eine wunderschöne Arbeit.«

»Mein ältester Sohn Frédéric hat das geschnitzt. Diese Lilie hier symbolisiert die Reinheit des Herzens; sie steht für den Weg und auch für das Ziel des Pilgers. Und hier hat mein Sohn unseren Herrn Jesus Christus am Kreuze dargestellt. Die seitlich ausgestreckten Arme umschließen den ganzen Stock. Das bedeutet, dass er das ganze Universum umfängt und niemanden vergisst.«

Monsignore Dziwich machte sich bemerkbar, weil die Zeit drängte. Aber Johannes Paul II. hatte nicht die Absicht, mich zu unterbrechen und ignorierte die Zeichen seines Sekretärs. Als ich mit meinen Erläuterungen fertig war, überreichte der Papst jedem von uns lächelnd einen Rosenkranz aus Bernsteinperlen mit seinem persönlichen Kreuz.

»Ich beglückwünsche Sie zu Ihrem Vorhaben, mein Sohn, und ich kann Sie nur ermutigen, es bis zum Ende durchzuhalten.«

Während ich noch kniete, bat ich den Papst, mir einen letzten Dienst zu erweisen.

»Bitte segnen Sie mich, damit ich wohlbehalten am Ziel meiner Reise ankomme.«

Der Papst sah mich an und schloss die Augen; er schien sich seine Worte genau zu überlegen. Dann hob er langsam die rechte Hand, in der er noch meinen Pilgerstock hielt, und segnete mich.

Drei heilige Hügel

Der Ausdruck »ins kalte Wasser« springen, wenn wir in eine noch unbekannte Dimension vorstoßen, ist nicht ganz zutreffend, denn das flüssige Element ist uns ja durch die neun Monate im Mutterleib vertraut.

Meiner Meinung nach muss ein Pilger vielmehr dazu bereit sein, jeden Tag aufs Neue den Sprung ins Leere zu wagen, ohne fliegen zu können. Alles in einem sträubt sich dagegen, diesen Gewaltakt zu vollführen, aber es gibt keine andere Möglichkeit, als sich blindlings in den Abgrund zu stürzen. Am ersten Tag wird man vielleicht einen Ast finden, an den man sich klammert, am zweiten Tag hängt man sich an eine Wolke, die zufällig vorbeifliegt, am dritten Tag wird unser Fall durch die weiche Schneedecke eines Berggipfels gedämpft, und so geht es weiter … zweihundertvierzig Tage lang – ohne Kletterhaken, ohne Sicherheitsnetz. Als einziges Rüstzeug der persönliche Wagemut, den es täglich neu zu erproben gilt, weil man sich ständig mit Situationen konfrontiert sieht, die man so noch nie erlebt hat.

Als ich nach acht Tagen Pause am 19. Januar 1999 Rom verließ, fühlte ich mich wieder am Rande eines Abgrunds. Wieder einmal hieß es Abschied nehmen von den Bequemlichkeiten der Zivilisation und sich wie ein Blatt im Wind treiben lassen. Mehrere Tage lang hatte ich nach jeder Rast die größten Schwierigkeiten, in Gang zu kommen und zu meinem alten Schritttempo zurückzufinden.

In Finocchio war der erste Halt. Von dort aus gelangte ich über Colleferro nach Frosinone. Mal übernachtete ich bei einem Priester, mal in einem Bettlerheim, mal rückte ich ein paar Holzstühle zu einem provisorischen Lager zusammen, mal lag ich auf einem zu kurzen Sofa.

Ich denke immer noch voller Dankbarkeit an eine Familie, die in der Nähe von Frosinone eine Tankstelle betreibt und mir ihre Gastfreundschaft gewährte. Mein Magen knurrte, als ich nach einer langen Wanderung über die Hügel an einer ausgestorbenen Straße die Tankstelle erreichte. Ein verwittertes, rotes Aushängeschild baumelte lose herunter, und auf halb abgerissenen Plakaten wurde für eine Schönheitscreme geworben. Ich setzte mich auf meinen Rucksack und gönnte mir gerade ein paar Oliven und ein Stück salziges Brot, als ein spindeldürrer junger Mann auf mich zukam. Die Hände in den Taschen seines Blaumanns vergraben, kaute er lässig auf einem Grashalm.

»Guten Tag, wie geht's?«

»Danke, ausgezeichnet, und selbst?«, erwiderte ich und lächelte ihm zu.

Er hatte den Blick auf die trostlose Landschaft gerichtet. In seiner Verlegenheit druckste er ein bisschen herum, bevor er mit der Sprache herausrückte. »Also na ja, ich und meine Frau, wir haben uns gedacht, dass Sie mit uns essen können; und da drin ist es auch wärmer.«

»Also dann kann ich nur sagen, dass ich mit Vergnügen akzeptiere.«

Ich räumte meine Sachen zusammen und folgte ihm in das Haus, das gleich hinter der Tankstelle lag. Giancarlo und Mirella, die Besitzer, stammten beide aus demselben Dorf in Kalabrien. Sie hatten zwei pausbäckige Kinder, Eugenio und Dionisio, fünf und sechs Jahre alt. Auch in dieser Abgeschiedenheit im Bergland von Latium hatten die beiden Eheleute die heiligen Regeln der Gastfreundschaft nicht vergessen. Die Begegnung mit ihnen gehört für mich zu den schönsten Erinnerungen an diese einsame, tagelang dauernde Etappe bis zur Abtei von Montecassino.

Vor den Kulissen einer wilden Berglandschaft liegt das Städtchen Cassino, das ich gegen achtzehn Uhr erreichte. Der graue, wolkenverhangene Himmel kündigte Regenwetter an. Die Nacht fiel wie ein schwerer, schwarzer Vorhang über die Kalkfelsen. Das lang gestreckte Tal verbreiterte sich an einer Stelle zu einem Halbrund, in dessen Mitte sich, auf einer kegelförmigen Anhöhe, die dunkle Masse des Klosters Montecassino abzeichnete – der Hauptsitz des Benediktinerordens. Die Nacht war kalt und erhaben, eine alles umfassende Stille lag über dem Ort.

Es war eine stockdunkle Nacht. Das weitläufige Kloster sah verlassen aus. Nachdem ich zwanzig Minuten immer wieder vergeblich den Klingelzug betätigt hatte, musste ich einsehen, dass mich niemand hörte. Nach fünfundvierzig Kilometern Fußmarsch an diesem Tag war ich am Ende meiner Kräfte. Obendrein fing es an zu nieseln, was alles noch verschlimmerte. Gerade fing ich an, mich nach einem Felsloch umzusehen oder nach einer alten Zeltplane, die ich als Regenschutz benutzen könnte, als von dem etwas tiefer gelegenen Parkgelände Motorengeräusche zu mir heraufdrangen.

Ich ging hinunter, und als ich näher kam, sah ich eine Gruppe von Uniformierten; offenbar handelte es sich um höhere Offiziere, die wieder zu ihrem Stützpunkt zurückmussten. Oberst Imbornone, ein eher kleinwüchsiger Mann mit ausdruckslosem Gesicht nahm sich meiner Sache an. Gewohnt sich Respekt zu verschaffen, befahl er einem der Offiziere, die Telefonnummer des Klosters ausfindig zu machen. Nach mehreren erfolglosen Anrufen sandte der Oberst schließlich einen Funkspruch ans Hauptquartier, der umgehend beantwortet wurde. Kurz darauf öffneten sich die Tore des Klosters, und ein bleichgesichtiger Mönch namens Stefano erschien.

Ich folgte Pater Stefano durch die leeren Wandelgänge. Der Schatten des heiligen Benedikt in Bronze, die Arme gen Himmel gestreckt, verdunkelte die Bögen im Kreuzgang. Die Atmosphäre wirkte nicht besonders einladend. Verlassene Höfe und leere Korridore zeichneten sich in der Dunkelheit ab. Die strenge Architektur hatte etwas Einschüchterndes. Das seit seiner Gründung im 6. Jahrhundert viermal zerstörte und wieder aufgebaute Kloster Montecassino ist einer unverwüstlichen uralten Eiche gleich, die Wind und Wetter trotzt. Große Ehrfurcht vor Gott erfüllte diesen Ort.

Hier verfasste der heilige Benedikt, inspiriert durch die Lehren des Epiktet, seine *Regula Monachorum*, die so genannte Benediktregel. Sie sollte das gesamte christliche Ordensleben neu organisieren. Noch tausendsechshundert Jahre danach werden die Regeln dieses berühmten Gesetzgebers und Begründers des abendländischen Klosterlebens streng befolgt.

Heute schreckt das klösterliche Leben die meisten Menschen verständlicherweise ab. Von außen gesehen weiß jeder, was er verlieren würde, aber niemand kann wissen, was man dabei gewinnen kann: Gottes ununterbrochene Gegenwart. Dabei ist dieses Leben in totaler Entsagung alles andere als steril und könnte uns, je nach individueller Veranlagung, früher oder später zu innerer Ausgeglichenheit und geistiger Klarheit führen. Es ist wie mit einem Glas schmutzigen Wassers, das man eine Weile stehen lässt: Die Trübteilchen setzen sich ab, und unser inneres Wesen kommt zum Vorschein. Wie ein reines Kristallgefäß sind wir dann bereit, uns mit dem Nektar der himmlischen Liebe zu füllen.

Über mehrere Treppen und endlos lange Korridore gelangten wir schließlich zu meiner Zelle, die wie jede Mönchszelle auf einen grandiosen Innenhof führte. Nachdem ich meinen Rucksack abgestellt hatte, geleitete mich mein Mentor durch ein wahres Labyrinth von Gängen ins Refektorium.

Im Bergland von Genua hatte mich bereits das Refektorium von Nostra Signora dei Monti beeindruckt. Aber in diesem hier hätten ohne weiteres zehn der genuesischen Refektorien Platz gefunden. Unter den hohen vertäfelten Decken saßen rund dreißig Mönche an Tischen aus massiver Eiche und teilten das Abendessen – oder vielmehr sie nahmen es ein, denn von »teilen« konnte keine Rede sein: Jeder saß allein an einem der Tische, die in größeren Abständen voneinander aufgestellt waren. Niemand sprach, jeder war mit seinem kargen Mahl beschäftigt und lauschte der Lesung aus der Heiligen Schrift. Die religiösen Bilder an den Wänden waren der einzige Schmuck. Alle Mönche trugen die traditionelle schwarze Mönchskutte aus grobem Wollstoff, die in der Taille zusammengehalten wird, und darüber einen weiten Kapuzenumhang, der an den Seiten offen ist.

Vor mir befand sich ein Gedeck aus drei rustikalen Tellern und einem Trinkglas. Eine Flasche Wein, eine Wasserkaraffe und Brot. Ein Novize, der von Tisch zu Tisch ging, kontrollierte, ob wir alles hatten, was wir brauchten.

Am nächsten Morgen weihte mich Don Stefano in das Klosterleben ein: Schweigen und Beten. Er ging mit mir in die Abteikirche. Der in konzentrischen Kreisen angeordnete Mosaikfußboden glänzte hell. Goldgirlanden zierten das Deckengewölbe des Hauptschiffs. Die Darstellungen von Abraham und Moses in den Lünetten erstrahlten im frühen Sonnenlicht. Don Stefano zelebrierte eine Messe allein für mich. Wie ich später erfuhr, entsprach es dem Wunsch des heiligen Benedikt, den Hauptaltar erhöht anzulegen, als das Kloster gebaut wurde. Seine Gebeine wurden unter dieser Steinplatte beigesetzt.

Diese Messe widmete ich aus ganzem Herzen all meinen Brüdern und Schwestern, insbesondere denen, die im Westen leben. Nach der landläufigen Meinung hat ein Mann bestimmte Voraussetzungen zu erfüllen, wenn er glücklich werden will: dazu gehören eine hübsche Frau, eine brillante berufliche Karriere, ein schönes Haus, ein luxuriöses Auto, ein Skiurlaub im Winter, ein Badeurlaub im Sommer… Das alles zu erreichen ist mit einem hohen Aufwand an Zeit und Kraft verbunden: »Wenn ich das alles habe, bin ich glücklich!« Nach meinem Dafürhalten hängt das wahre Glück nicht von Äußerlichkeiten ab. Wahres Glück genügt sich selbst. Glück beinhaltet jedoch, dass wir von Altem Abschied nehmen, um für Neues offen zu sein. Aber die Suche nach dem Absoluten darf wiederum nicht bedeuten, dass wir uns aus allen Bezügen und Zusammenhängen zurückziehen. Ganz im Gegenteil! Es sind ja nicht die Dinge an sich, die es zu verändern gilt, sondern der Blickwinkel, aus dem wir sie wahrnehmen. Mir selbst war vor allem daran gelegen, eine Familie zu gründen und Erfolg in meinem Beruf zu haben. Das geistliche Leben sollte mir kein Ersatz sein, und ich hatte nie die Absicht, »Pilger auf Lebenszeit« zu werden. Ich möchte wieder in mein altes Leben zurück, um das, was ich gelernt habe, in meinen Alltag zu integrieren. Das geistliche Leben ist nicht unvereinbar mit materiellem Wohlstand. Diesen Punkt kann die westliche Welt offensichtlich am wenigsten begreifen.

Von Cassino aus wanderte ich weiter in Richtung San Giovanni Rotondo, in den Ausläufern des Gargano in Apulien. Noch rund zweihundertdreißig Kilometer trennten mich von der Stadt, in der Padre Pio so lange gelebt hatte und in der er gestorben ist. Mit sehr kurzen Pausen dazwischen brauchte ich eine Woche, um diese Strecke zurückzulegen.

Von Foggia nach San Giovanni Rotondo erwartete mich ein langer, beschwerlicher Weg. Auf der gesamten Strecke kämpfte ich gegen ein heftiges Schneetreiben an. Besonders riskant war der Abschnitt durch das Gebirge. Die Gipfel lagen bereits unter einer dicken Schneedecke. Als der Schnee am späten Nachmittag nachließ, kam es zu einem Temperatursturz. Auf dem Weg durch einen kleinen Weiler entdeckte ich ein Thermometer, das außen an einem Fenster befestigt war: minus neun Grad.

In den Bergen ging ich zunächst die schmale Straße entlang, die sich in spitzen Kehren nach oben wand. Die Strecke erschien mir jedoch so lang, dass ich mich für eine Abkürzung entschied. Ich bog in einen Eselspfad ein, der sich auf und ab über die Hänge schlängelte. Zwei Kilometer kämpfte ich mich durch den Schnee, der mir weit über die Waden reichte, bis mir plötzlich ein Steinschlag den Weg versperrte. Ich war gefangen: hinter mir eine glatte Bahn aus Eis und Schnee, vor mir eine unüberwindliche Mauer aus Felsbrocken. Meine Müdigkeit, der Frost und die heraufziehende Abenddämmerung verschlimmerten meine Lage noch. Möglicherweise fand hier nicht nur meine Wallfahrt ein Ende, sondern auch mein Leben.

In meiner Not begann ich zu beten und flehte Gott um Beistand an. Nach einer Weile spürte ich, dass ich ruhiger wurde und Vertrauen fasste. Ich wusste, dass auch dieser Moment der größten Verzweiflung einen Sinn hatte. Niemand ist wirklich gefangen …

Plötzlich legte sich der Wind, und ich entdeckte eine Lücke in der Mauer. Mühsam kletterte ich über die Felsbrocken und gelangte auf die andere Seite. Meine Hände und Füße fühlten sich taub an. Nach zehn Minuten erreichte ich auf dieser »Abkürzung«, die mir den Weg verlängert und mir fast das Leben verkürzt hätte, wieder die Straße.

Ich entdeckte die humorige Seite der »positiven Indifferenz«, innerlich auf Distanz zu gehen, um die Lücke in der zunächst so unüberwindlich erscheinenden Mauer zu finden. Oder auch als eine Art innerer Gelassenheit, die uns über die Hindernisse hilft ... Diese Form von Humor ist ein Schlüssel. Wie durch Magie lösen sich die kritischen Situationen, wenn man entspannt ist, von selbst.

Bis San Giovanni waren es noch mindestens fünf Kilometer. Meine Beine waren schwer wie Blei. Ich schleppte mich weiter, und nach einer Stunde sah ich die strahlenden Lichter einer Stadt, die sich in die Ausläufer des Gargano schmiegte. Aber ich war immer noch nicht am Ziel; Padre Pios Kloster befand sich am entgegengesetzten Ende des Ortes, sodass ich noch eine Zeit lang auf der vereisten Umgehungsstraße unterwegs war. Es war zehn Uhr abends, als ich endlich das Kloster erreichte. Und wieder war mir das Glück wohlgesinnt. Ich traf ein junges Ehepaar, Pietro und Antonietta Mimmo. Er war Elektriker, und sie half ehrenamtlich in der Pfarrgemeinde. Sie gewährten mir ihre Gastfreundschaft in dieser Nacht.

In San Giovanni fand ich Zeit und Muße, mich näher mit dem Leben des Padre Pio zu befassen. Als Kind einfacher Bauern kam er Ende des 19. Jahrhunderts in dem italienischen Dorf Pietrelcina zur Welt; mit seinem Charisma und seinen geheimnisvollen Kräften zog er die Menschen in Italien und in aller Welt in seinen Bann. Bereits als Kind beseelte ihn der Wunsch, als Kapuzinermönch für das Wohl der Armen zu sorgen. Im Alter von vierundzwanzig Jahren wurde er zum Priester geweiht, obwohl er auf Grund seiner schwachen Gesundheit immer wieder über längere Zeiten hinweg ans Bett gefesselt war. Eines Tages im September des Jahres 1918 traten die blutenden Wundmale Christi an seinem Körper auf – an Händen, Füßen und an der rechten Seite. Er war der erste Priester, bei dem dieses Phänomen festgestellt wurde. Während der Messe trat das Blut aus diesen Wundmalen, die zu den ungeklärten Rätseln der Kirche und der Wissenschaft gehören. Anders als man vielleicht erwarten würde, begegnet die Kirche solchen Erscheinungen mit Skepsis und kritischer Distanz. Die nachgewiesenen Stigmen des Padre Pio darf man wohl als Zeichen seiner inbrünstigen Selbstaufopferung interpretieren.

Padre Pios große Popularität beunruhigte die lokale Hierarchie. Man schickte ihn in die Verbannung, um ihn mundtot zu machen, aber das Volk ergriff die Partei seines Priesters. Seine Vorgesetzten untersagten ihm, die Messe zu zelebrieren, und die Gläubigen und die Pilger, die ihn zu Tausenden aufsuchten, sollten ihren Beichtvater verlieren. Da er gehorsam war, beugte er sich. Als die Kirche feststellte, dass all dies seiner Popularität keinen Abbruch tat, wurden die Sanktionen wieder aufgehoben. Man kann sich über den Widerstand der Kirchenoberen gegen einen der größten Mystiker des 20. Jahrhunderts eigentlich nur wundern.

Nicht ein einziges Mal hatte Padre Pio versucht, seine Macht auszuspielen oder seinen Einfluss in irgendeiner Weise zu missbrauchen. Er blieb bescheiden und mischte sich unter das Volk nach dem Vorbild des heiligen Franz von Assisi, dem Vater seines Ordens. Um sein Gelübde zu erfüllen und die Not der Bedürftigen zu lindern, gründete er nach Kriegsausbruch ein Armenkrankenhaus, wo die Patienten kostenlos behandelt wurden. Heute ist es eines der besten Krankenhäuser Italiens. Padre Pio kam 1916, auf dem Höhepunkt des Ersten Weltkriegs, nach San Giovanni Rotondo. Damals war der Ort nur ein öder Marktflecken mit dreitausend Seelen. Jetzt leben rund fünfzigtausend Menschen in dieser Stadt.

In der alten Kirche, in der Padre Pio einst die Messe zelebrierte, lernte ich den Kapuzinermönch Padre Rinaldo kennen. Er besorgte mir ein Zimmer in einer Familienpension. Außerdem gab er mir ein paar Bücher über Padre Pio; ich habe aber nur einen Band mit Briefen aufbewahrt. Bei der Lektüre dieser Texte samt der umfangreichen Korrespondenz des Paters mit den Gemeindemitgliedern beeindruckte mich vor allem die ausgewogene Mischung aus Mitgefühl, einem gesunden – zuweilen etwas rüden – Menschenverstand und großer Weisheit. Diese Briefe legen Zeugnis ab von seiner Denkweise und seiner Liebe. Für Padre Pio wäre es undenkbar gewesen, dass sich eine Religion in das Gewand der Intoleranz und Ausgrenzung drapiert. Einer seiner Briefe ist mir bis heute wörtlich im Gedächtnis geblieben. Er hilft mir dabei, die Prioritäten in meinem Leben richtig zu setzen.

»Das irdische Leben ist nur eine Stufe auf dem Weg zum ewigen Leben; wenn wir das vergessen, richten wir unsere Gefühle ausschließlich auf diese Welt, in der wir nur vorübergehend verweilen. Wenn wir sie dann verlassen sollen, erschrecken wir und ängstigen uns. Deshalb glauben Sie mir: um auf dieser ›Wallfahrt‹ das Glück zu erfahren, müssen wir uns immer vor Augen halten, dass wir eines Tages in unsere Heimat kommen, wo wir bis in alle Ewigkeit leben.«

Padre Pio wohnte ein halbes Jahrhundert lang in einer winzigen Zelle, die nur mit einem einfachen Bett und ein paar Devotionalien ausgestattet war. Dort tat er im Sommer 1968 im Alter von einundachtzig Jahren seinen letzten Atemzug.

Am Morgen des 3. Februar, einem Mittwoch, lag San Giovanni Rotondo immer noch unter einer Schneedecke. Von der Aura des Padre Pio erfüllt, brach ich auf nach Monte San Angelo. Nach einigen Kilometern stieg die Straße steil an. Aber der Hang war so vereist, dass ich ständig wegglitt und wieder ein Stück zurückrutschte. Um überhaupt noch einen Schritt vor den anderen setzen zu können, musste ich ganz am Rand der Straße laufen, wo der Schnee noch locker war. Zum Glück hatte mir Marie noch Bergschuhe nach Rom mitgebracht. An diesem Vormittag kamen nur zwei Autos vorbei. Die ganze Gegend wirkte wie ausgestorben.

An den Ausläufern des Gargano entlang führte die Straße nach Monte San Angelo, wo ich gegen Mittag eintraf. Es herrschte klare Sicht über die Bucht von Manfredonia. Der Legende nach soll der heilige Lorenzo, Bischof von Siponte, im 5. Jahrhundert den Erzengel Michael auf einem Felsen über der apulischen Ebene gesehen haben. Vor dem achteckigen Glockenturm der Basilika erhebt sich eine riesige Statue des Erzengels, der sein goldenes Schwert gen Himmel reckt. Das erhobene Schwert des heiligen Michael ist das Symbol seiner permanenten Achtsamkeit, die uns vor Übel und Egoismus schützen soll. Deswegen hatte ich den Erzengel zu einem Schutzheiligen meiner Wallfahrt bestimmt.

Von Apulien nach Griechenland

In Monte San Angelo nahm ich Abschied von Schnee und Eis. Auf dem Weg nach Manfredonia hinunter zur Adriaküste wurde das Wetter so mild, dass ich mich nach und nach aus meinen warmen Schichten schälte und in luftiger Kleidung weiterging.

An den Obstbäumen trieben Knospen; der Frühling hielt Einzug. Olivenhaine neigten sich in parallel zueinander verlaufenden Reihen zum Meer hinab. Rosarote Wolken schwebten am Horizont, und durch das blaugrüne Gewebe von Himmel und Meer zog sich ein Faden aus strahlendem Gold.

Die Natur bot mir Nahrung in Hülle und Fülle; es fehlte mir an nichts. Unsere Fähigkeit, die Fülle des Moments zu genießen, leidet so oft unter dem Strudel des Lebens. Gehen, atmen, schauen … in Frieden genießen. Das Unsichtbare entdecken. Das Glück war in allen Dingen, in der Natur, in der Stadt, in meinem Enthusiasmus und in meiner Verzweiflung. Selbst die Langeweile störte mich nicht mehr; allmählich fand ich Gefallen an ihrem schalen Geschmack, der mich immer abgestoßen hatte. Allerdings dauerte dieser Zustand nicht an; urplötzlich konnten solche Glücksmomente wieder in meinen normalen Gemütszustand umschlagen. Ich versuchte mich in Geduld zu üben, ohne die Dinge zu forcieren.

Über Marguerita di Savoia, Trani und Molfetta erreichte ich nach vier Tagen die Industriezone vor Bari. Hier ließ mich mein Orientierungssinn vollkommen im Stich; dreimal verirrte ich mich in einem der Vororte. Die Rettung erschien in Gestalt eines Priesters aus Nigeria. Don Lawrence Ekwe brachte mich schließlich zum Franziskanerkloster San Antonio. In Bari besichtigte ich die S.-Nicola-Basilika, wo mich der Prior Padre Giovanni und der Pförtner Giacomo begrüßten.

Giacomo wirkte irgendwie traurig. Etwas unbeholfen kam er auf mich zu, um mir einen Rat zu geben.

»Sie sollten in Mola di Bari Station machen.«

»Das habe ich vor, wieso?«

»Fragen Sie dort nach dem Priester Don Fedele Sforza; er ist die Kontaktperson für die Wallfahrer auf dem Weg ins Heilige Land. Er wird Ihnen gerne weiterhelfen.«

Daraufhin ging er ans Telefon und kam mit zufriedener Miene zurück.

»Alles in Ordnung. Er erwartet Sie morgen Abend in der Hauptkirche.«

Als ich am 11. Februar in der voll besetzten Kirche in Mola di Bari ankam, war das Wetter so schauderhaft, dass ich keinen trockenen Faden mehr am Leib hatte. Der Pfarrbezirk der Chiesa Matrice bereitete ein kirchliches Fest mit Fackelzug vor. Als ich mich tropfnass mit Pilgerstock und Rucksack näherte, formierte sich gerade der Zug. Einige der Anwesenden bemerkten mich.

»Da ist er! Da ist er!«, flüsterten sie sich zu.

Die Neuigkeit verbreitete sich wie ein Lauffeuer.

»Schaut her, da kommt er!«

Die Menge teilte sich, um mich hindurch zu lassen, und jemand gab mir durch eine Gebärde zu verstehen, ich solle in den Chorraum gehen. In der Kirche wimmelte es nur so von Gläubigen; Menschen jeder Altersgruppe und sozialer Herkunft drängten sich in den Seitenschiffen und auf den Bänken. Anscheinend hatten sich alle Einwohner des kleinen Fischerdorfs in der Chiesa Matrice versammelt.

Bis auf die Haut durchnässt, ging ich zum Chor, wo mich der Priester bereits erwartete. Don Fedele Sforza stellte mir unzählige Fragen und übersetzte meine etwas stockend vorgetragenen Antworten anschließend für die Gemeinde. Die Neugier der Anwesenden war so groß, dass Don Fedele die Fragerunde irgendwann abbrechen musste. Als wir die Kirche verließen, streckten die Kinder und auch einige Erwachsene die Hände nach mir aus, um mich zu berühren. Dann setzte sich die Prozession langsam in Bewegung, und ich befand mich an der Spitze, Arm in Arm mit dem Priester. Eine volle Stunde zogen wir im strömenden Regen singend durch die Straßen von Mola di Bari. Dieser ergreifende Moment kollektiver Frömmigkeit entschädigte mich reichlich für meine Einsamkeit der letzten Tage.

Der Padre brachte mich in einer geräumigen Wohnung unter, in der auch der Bischof zu nächtigen pflegte, wenn er die Gemeinde besuchte. Ein alter Ofen verbreitete behagliche Wärme, und es duftete angenehm nach Wachs. Ich verbrachte die Nacht unter einem gemütlichen Daunenbett und brach am nächsten Morgen nach Monopoli auf.

Sauber und ordentlich angelegte Terrassen mit Zitrusfrüchten säumten einen verschlungenen Wanderpfad, der zwischen Meer und Autobahn verlief. Es hatte aufgehört zu regnen, und ein kräftiger, sehr feuchter Wind zerriss die letzten Wolkenpakete. Gegen Mittag hielt ich an, um mich an meinem kleinen Imbiss zu stärken, den mir eine Frau aus der Pfarrgemeinde mitgegeben hatte. Weil es so windig war, suchte ich mir einen geschützten Platz neben einer Kaktusfeigenhecke. Da jagte plötzlich ein großer amerikanischer Wagen – wahrscheinlich ein Cadillac – auf der Straße an mir vorbei. Als der Fahrer mich sah, brachte er den Wagen trotz des hohen Tempos mit einer Vollbremsung zum Stehen und ließ ihn langsam zu mir zurückrollen.

Der Mann stieg aus dem Auto. Er war tiefbraun gebrannt und trug einen blauen Alpaca-Anzug. An seinen Fingern glänzten Ringe aus massivem Gold. Die kleine schwarze Pistole in seiner Hand war direkt auf mich gerichtet. Er kam näher, ohne ein Wort zu sagen, stürzte sich auf mich und drosch auf mich ein. Da ich mich nicht wehrte, sagte er irgendwann in gebrochenem Englisch: »Keine Bewegung, oder du bist tot.« Eine elegant gekleidete Frau stand in der Nähe und beobachtete die Szene ohne das geringste Anzeichen innerer Anteilnahme. Ihr ausdrucksloser Blick konzentrierte sich ausschließlich auf das, was es zu Ende zu führen galt. Auf dem Rücksitz des Wagens saßen zwei Kleinkinder; sie waren fünf oder sechs Jahre alt und warteten brav. Mit routinierten Gesten leerte der Mann, der offensichtlich ein Profi war, meinen Rucksack auf den Boden und inspizierte meine armselige Habe samt meiner Papiere. Das teuflische Duo verschwand ebenso rasch, wie es erschienen war, und ließ mich inmitten meiner verstreuten Besitztümer allein zurück.

So präzise und sicher, wie dieser Mann vorgegangen war, musste ich annehmen, dass er etwas Bestimmtes suchte. Vielleicht hatte er mich mit einem Drogendealer oder einem Kunsthehler verwechselt?

Bis heute kann ich mir diesen Zwischenfall nicht erklären: der Cadillac, die beiden Kinder, die gepflegte Erscheinung der Täter, bei denen es sich allem Anschein nach um Profis handelte … im Verhältnis zu dem, was ich ihnen bieten konnte, erschien mir die Inszenierung viel zu aufwändig. Hätte mir der Mann gleich gesagt, was er suchte, hätte ich ihm meine Sachen, die für ihn völlig wertlos waren, auch freiwillig überlassen. Ich wäre ihm sogar bei einem Reifenwechsel zur Hand gegangen.

Überraschenderweise verspürte ich nicht den geringsten Groll. Die ganze Szene erschien mir unwirklich, ich hatte das Gefühl, in einem Film, in einer Art Wachtraum zu sein. Ich fühlte mich eigentlich nicht persönlich betroffen. Obwohl ich alle Einzelheiten sehr bewusst wahrgenommen hatte, ließ mich der Zwischenfall gleichgültig.

Meine »positive Indifferenz«, die parallel zu meinem Gottvertrauen wuchs, äußerte sich durch einen fortschreitenden inneren Gleichmut. Der Vorfall in Monopoli diente mir als Barometer: Im Gegensatz zu meiner ersten Erfahrung ähnlicher Art hatte mich diese neue Attacke nach wenigen Monaten weder erschüttert noch ängstlich oder wütend gemacht. Diese »positive Indifferenz« ist eine Einstellung, die sich als Offenheit und Neugier auf alles, was uns im Leben widerfährt, begreift. In diesem Zustand ist Reichtum nicht besser als Armut, aber Armut ist auch nicht besser als Reichtum, Einsamkeit ist nicht besser als Freundschaft, Gesundheit ist nicht besser als Krankheit. Es ist ein Zustand, in dem wir alles akzeptieren, was uns das Leben beschert. Diese Erkenntnis war für mich wie eine Befreiung!

In diesem Ablösungsprozess erreichen wir irgendwann eine Stufe, in der wir die Schwierigkeiten des Lebens nicht mehr als Hemmnisse begreifen. Anstatt ärgerlich oder besorgt zu sein, wissen wir diese Ereignisse fortan als wertvolle Prüfungssituationen auf unserem Weg zur Selbsterkenntnis zu schätzen.

Drei Tage später erreichte ich die Hafenstadt Brindisi, wo ich Don Peppino kennen lernen durfte. Er war ein großzügiger offener Mensch mit viel Temperament, der die Gemeinde von San Vito mitzureißen wusste. Don Peppino war Pfarrer aus Leidenschaft und außerdem Leiter der Casa Betania, wo er den Armen Asyl gewährte. Aber auch Don Peppinos ehrenamtliche Helfer Vincenzo und Fulvio waren äußerst entgegenkommend. Ich blieb zwei Tage bei ihnen. Dann setzte ich mit der Fähre zur Peloponnes über.

Dass ich so ohne weiteres über das Ionische Meer nach Griechenland kam, habe ich einer Zufallsbekanntschaft zu verdanken. Als ich zwei Wochen zuvor in Foggia bei Regenwetter vor einer Ampel wartete, sprach mich ein Autofahrer an. »Verzeihen Sie, sind Sie Pilger? Ich habe Sie an Ihrem Stock erkannt … Hab' ich es doch gewusst! Wollen Sie nicht einsteigen und mit mir einen Kaffee trinken? Ich würde mich gerne mit Ihnen unterhalten.« Da ich es nicht eilig hatte, akzeptierte ich sein Angebot, und kurz darauf saßen wir gemütlich bei einem Cappuccino in Paolos kleiner Stammkneipe.

»Sie haben also tatsächlich alles hinter sich gelassen, um ins Heilige Land zu pilgern, Donnerwetter!«

»Wenn man schon diesen Entschluss fasst, sollte man den alten Ballast über Bord werfen, um sich unterwegs nicht unnötig zu belasten.«

»Ihr Projekt ist wirklich fabelhaft. Welche Strecke wollen Sie denn nehmen?«

»Zunächst gehe ich nach Griechenland, von dort aus in die Türkei und dann über Syrien, den Libanon und Jordanien nach Jerusalem.«

Paolo, der eine Zigarette nach der anderen rauchte, machte eine theatralische Geste und starrte mich fassungslos an.

»Sie müssen wirklich ein frommer Mensch sein. Ich finde das ausgesprochen interessant, was Sie da machen, aber ich glaube nicht, dass ich so etwas könnte.«

»Warum nicht? Sie müssen es nur aus ganzem Herzen wollen. Natürlich müssen Sie davon überzeugt sein, dass Sie daraus einen Nutzen ziehen – für sich selbst und möglichst auch für die anderen.«

»Genau das ist mein Problem; ich sehe eigentlich nicht, was es mir bringen könnte. Ich glaube zwar an Gott, aber ich bin kein Katholik mehr.«

Paolo bekannte, dass er schon als Kind auf Grund seiner negativen Erfahrungen mit einem Gemeindepfarrer von seinem Glauben abgekommen war. Aber mit seiner Bereitschaft, diese Dinge mit mir zu diskutieren, bezeugte er auch sein Bedürfnis, sich mit sich selbst und mit Gott zu versöhnen. Warum hätte er mich sonst ansprechen sollen?

»Man darf eine Konfession nicht nach dem Verhalten eines einzelnen Pfarrers beurteilen. Die Menschen sind, wie sie sind, sie werden von ihren Leidenschaften beherrscht; ein Priester ist auch nur ein gewöhnlicher Mensch. Natürlich muss ich Ihnen Recht geben; es gibt leider nur wenige Menschen, die bereit sind, ihre Lebensführung im Alltag mit dem Gebot christlicher Nächstenliebe in Einklang zu bringen.«

»Aber nach welchen Kriterien soll man denn eine Religion beurteilen, wenn nicht nach dem Verhalten derer, die sich von Amts wegen verpflichtet haben, diese Lehre zu verbreiten?«, fragte er nachdenklich. »Es könnte Widersprüche geben zwischen dem, was sie sind, und der Lehre, die sie verbreiten sollen.«

»Ich würde mir zunächst einmal die Frage stellen, ob ich mit Hilfe dieser Religion zu Gott und zu meinen Mitmenschen ein besseres Verhältnis aufbauen kann. Anders ausgedrückt, ob sie mir dabei hilft, glücklicher zu sein?«

So diskutierten wir eine volle Stunde lang, aber ich schien ihn nicht so recht überzeugen zu können. Nachdem wir uns getrennt hatten, kam Paolo mir noch einmal nachgelaufen: »Schreiben Sie sich meinen Namen und meine Telefonnummer auf, Jean. Ich bin der Hafenkapitän von Brindisi. Für den Fall, dass Sie ein Ticket für die Fähre nach Griechenland gebrauchen können!«

So kam ich also zu meinem kostenlosen Ticket für das Schiff von Brindisi nach Patras. Am Abend des 17. Februar ging ich an Bord der *Laurana*, um Italien zu verlassen.

Diogenes und Paulus

Es war zweiundzwanzig Uhr, als die *Laurana* ablegte. Das dumpfe Dröhnen der riesigen Heizkessel brachte die Spanten zum Vibrieren. Ich stand auf dem Oberdeck, versunken im Anblick des großen Wassers und der endlos langen Lichterkette der apulischen Dörfer an der Adriaküste. Die schäumenden Wellen in dieser Vollmondnacht ließen mich daran denken, dass der Mond das durch die Erdkugel verdeckte Sonnenlicht wieder auf unseren Planeten zurückwirft – wie ein überdimensionaler Spiegel im All.

Nach einem Zwischenstopp auf der Insel Korfu legte die Fähre am Nachmittag des nächsten Tages in Patras an der Küste der Peloponnes an. Sprache, Sitten und Bräuche der Griechen – alles war mir fremd. Ohne ein einzige Münze in der Tasche versuchte ich meine ersten Kontakte in diesem mir völlig unbekannten Land herzustellen. Die hübsche Angestellte eines Reisebüros am Hafen überreichte mir eine rudimentäre Karte von Griechenland und den Plan der Stadt. An den Kais dümpelten uralte Schleppschiffe vor sich hin, während die Fischer an Bord ihre schweren Netze ausbesserten und zusammenlegten. Ich flanierte an den Abstellgleisen entlang, wo ausgediente Güterwaggons offenbar ihren endgültigen Ruheplatz gefunden hatten.

Patras hatte einen geradlinigen Grundriss mit breiten Straßen und neoklassizistischen Häuserreihen, die rechtwinklig aufeinander zu führten. Ein schweres Erdbeben zu Beginn des 20. Jahrhunderts hatte die Stadt zerstört. Danach war sie in modernem Stil eilig wieder hochgezogen worden.

Ich ging in Richtung der katholischen Kirche von Patras, die sich unweit des Hafens im Zentrum befinden sollte. Als ich in die Maisonosstraße kam, erkannte ich bereits den weißen Glockenturm und das große Eingangstor von Sankt Andreas. In Griechenland, wo der Katholizismus kaum Spuren hinterlassen hat, nahm sie sich sehr ungewöhnlich aus. Das Innere verzierten zahlreiche Gemälde mit Szenen aus dem Leben der Apostel.

In der Kirche kam ich dazu, meine unterbrochene Morgenandacht fortzusetzen. In ihrer Verblüffung, einen Landstreicher wie mich in einer Seitenkapelle auf den Knien versunken im Gebet zu sehen, näherten sich ein paar Einheimische, die mich mit einer Mischung aus Neugier, Skepsis und Verwunderung beobachteten. Jemand musste wohl dem Pfarrer die Neuigkeit überbracht haben, denn kurze Zeit später tauchte er auf und fragte mich: »Was suchen Sie hier?«

Ich erzählte ihm alles und stieß mit meinem Vorhaben wieder einmal auf großes Interesse.

»Kann ich Ihnen irgendwie behilflich sein?«

»Ich wäre Ihnen unendlich dankbar, wenn Sie mir ein Quartier und etwas zu essen besorgen könnten …«

»Sie sind mein Gast!«

»Würde es Ihnen etwas ausmachen, mir von Griechenland zu erzählen, ehrwürdiger Vater. Erzählen Sie mir etwas von Ihrem Land und von den Griechen, die mir so fremd sind. Ich wäre Ihnen auch sehr dankbar, wenn Sie mir ein paar griechische Wörter beibringen können, damit ich mich unterwegs durchschlagen kann.«

»Einverstanden.«

Am Abend richtete mir Pater Marc Vidalis das Bett her, in dem auch der Bischof auf seinen Pastoralreisen schlief. Das Zimmer war geräumig und das Bett bequem. Der 45-jährige Pater Vidalis hatte die meiste Zeit seines Lebens in der Kathedrale von Athen verbracht. Er sehnte sich nach dieser Stadt, in der er geboren war, und fühlte sich wie im Exil in dieser Provinzstadt, obwohl Patras ein bedeutender Verkehrsknotenpunkt war. Während des Abendessens erzählte er mir von Griechenland, griechischen Sitten und Bräuchen, griechischen Träumen und Dämonen. Dann brachte er mir Rudimente des Griechischen bei und stellte mir einen Basiswortschatz zusammen. Dieser sollte mir über mehrere hundert Kilometer hinweg in den nächsten sechsundfünfzig Tagen gute Dienste leisten.

»Die Griechen sind sehr gastfreundlich, Sie werden sich wohl fühlen.«

»Dessen bin ich mir sicher. Aber jetzt würde mich noch die Situation der katholischen Kirche in diesem Land interessieren.«

»Wie Sie wissen, ist Griechenland die Bastion der Orthodoxie. Hierzulande gibt es nur etwa zehn römische, dafür aber Tausende von orthodoxen Kirchen. Nachdem die Orthodoxie im Lauf der jahrhundertelangen ottomanischen Besetzung als Bewahrerin der nationalen Identität eine zentrale Rolle gespielt hatte, kann ein Grieche nach landläufiger Auffassung heutzutage nur orthodox sein. Wer katholisch ist, macht sich verdächtig, weil die Griechen die Katholiken des nationalen und vaterländischen Verrats bezichtigen.«

Anhand einer detaillierten griechischen Landkarte zeichneten wir meine Wegstrecke bis zur türkischen Grenze *grosso modo* nach und legten mehrere Etappenziele fest: In Athen sollte ich mich in der Michel-Boda-Straße bei den Jesuiten melden und in Thessaloniki bei den Lazaristen. Danach gingen wir gemeinsam die Stufen zur Dachterrasse hoch. In der sternklaren Nacht projizierten die byzantinischen Kirchenkuppeln kreisförmige blaue Schatten auf die verwinkelte Dachlandschaft. Wie zwei alte

Freunde sagten wir mit einer Stimme die glorreichen Geheimnisse des Rosenkranzes auf.

Nach einer erholsamen Nacht im bischöflichen Bett folgte ich am nächsten Morgen der Küstenpromenade, immer an der Bucht von Korinth entlang. Ein köstlicher Zitronenduft erfüllte die Luft. Als ich morgens in Patras losging, fiel noch ein feiner Nieselregen, aber im Lauf des Vormittags öffnete sich der Wolkenvorhang, und die strahlende Sonne verwandelte diese Etappe in einen sommerlichen Wanderausflug. Durch die unablässige Wiederholung eines Gebets wie das Vaterunser versuchte ich meinen Geist zu disziplinieren. Während ich so dahinlief, stellten sich meine Schritte auf den Rhythmus des Atems ein, und wie ein Refrain strömte das Gebet aus mir heraus. So sammelte ich meinen Geist, der sich sonst in alle Richtungen zerstreut hätte. Ich betrieb eine Art geistigen Frühjahrsputz, um Herz und Verstand schön ordentlich zu einem offenen, übersichtlichen, hellen Raum zu vereinigen. Zunächst ermüdete mich dieses unaufhörliche Aufsagen derselben Wortfolgen, und ich musste meine ganze Konzentrationsfähigkeit aufbieten, um bei der Sache zu bleiben, doch mit der Zeit wurde mir das Aufsagen zu einer lieben Gewohnheit, bei der ich mich an der Schönheit der Schöpfung weiden konnte. Die Natur offenbarte sich in einem Reichtum an Farben, Dimensionen, Formen und Düften, der mir bis dahin verborgen war. Die Geräusche, selbst der ohrenbetäubende Lärm des Straßenverkehrs, verwoben sich in meiner Wahrnehmung zu einer Symphonie höchster Vollendung. Jeder Gegenstand erschien in unauflöslicher Einheit mit dem Ganzen. Jeder Baum, jeder Stein, jedes Haus war an seinem Platz und erinnerte mich an die prächtigen Schlösser, von denen ich manchmal träume.

Soweit ich weiß, bedient man sich auch in anderen Traditionen der Kraft des unablässigen Betens; ich denke an die Aufzählung der neunundneunzig Namen Allahs im Islam oder auch an das Aufsagen magischer Formeln, der Mantras, im Buddhismus …

Nach einer Straßenbiegung erschien ein größerer Ort – Psathopirgos, meine erste Station. Er lag an einem Hang, der sich von der Nationalstraße sanft zur Meerenge von Korinth hinab neigte. Kaskaden gleich reihten sich die weißen Häuser bis ans Meer, und unter den Weinlauben entlang der malerischen Gassen gelangte ich an den Hafen. An der Anlegestelle vor einer Fähre, die mit dicken Tauen an der Kaimauer befestigt war, drängte sich eine Menschenmenge, während die Hafenarbeiter noch große Paletten mit Obst in den weit geöffneten Schiffsbug luden.

Nach der Hitze des Tages herrschten jetzt angenehm frische Temperaturen. Ich war so müde, dass ich schon Anstalten machte, mir unter den goldenen Kuppeln einer Kirche mein Lager herzurichten, als ein dunkel gekleidetes Paar auf mich zukam, beide um die sechzig Jahre alt. Sie warnten mich: »Hier ist es zu kalt zum Schlafen.« Zumindest glaubte ich mir das mit Hilfe meines frisch erworbenen griechischen Basisvokabulars zusammenreimen zu können. Mit einer entsprechenden Geste gaben sie mir zu verstehen, dass ich in einem kleinen Straßencafé, direkt gegenüber der Kirche, auf sie warten solle.

Vier oder fünf Männer spielten schweigend Karten. Einer von ihnen, der ein völlig zerfurchtes Gesicht hatte, stand auf und sah mich fragend an:

»Englisch, Deutsch, Französisch? Kann ich Ihnen etwas zu trinken anbieten?«

»Ja, ein Glas Wasser bitte. Gibt es hier einen Dorfpriester?«

»Nein, wir haben keinen Popen, wieso wollen Sie das wissen?«

Er war etwas misstrauisch, aber nachdem ich mich vorgestellt hatte, wurde er herzlicher.

»Ich habe ein Restaurant in der Nähe, Sie können dort etwas essen.«

Dann brachte mir Constantin, der eine natürliche Autorität ausstrahlte, ein Glas Wein.

»Hier, probieren Sie ihn, ich mache ihn selbst. Ihr Franzosen könnt ja die guten Dinge des Lebens genießen… nicht übel, oder? Mit eurem Burgunder nimmt er es doch allemal auf?«

Mein Schweigen wurde mir von Constantin als Zustimmung ausgelegt. Schließlich hatte er ja nur vom Burgunder gesprochen, und solange er davon Abstand nahm, ihn mit meinem Gaillac zu vergleichen, hütete ich mich, ihm zu widersprechen, auch wenn sein Wein übrigens in der Tat nicht schlecht war. Ich konnte wahrhaft froh sein, denn Constantin verhalf mir zu meiner ersten Begegnung mit Einheimischen und griechischer Lebensart. Er war auch äußerlich ein ungewöhnlicher Mann; aus irgendeinem Grund, der mir nicht bekannt ist, fehlte ihm auf einer Seite der Unterarm. Was ihn jedoch nicht davon abhielt, die zweihundert Meter von der Bar bis zu seinem Restaurant auf einem knatternden Mofa zurückzulegen; er lenkte es geschickt mit der einen Hand. Seine Frau Anatolie, die ihrem Mann an Herzlichkeit nicht nachstand, bekochte uns. Als ich mich von ihnen verabschiedete, gaben sie mir noch ein paar Oliven, groß wie Taubeneier, und ein paar riesige Zitronen mit auf den Weg, die ich in meinen Rucksack stopfte.

Etwas später sah ich, wie das Paar, das mich vor der Kirche angesprochen hatte, durch die Tür kam. Meine Gastgeber waren in Begleitung ihrer Kusine Dimou Dimitra, die eine Zeit lang in Frankreich gelebt hatte. Zu viert brachen wir auf und gingen zu einem hübschen, kleinen Haus, das sich in einer Gasse hinter der Kirche verbarg.

Den Abend verbrachten wir im Wohnzimmer vor dem Kamin; alte Stiche zierten die Wände. In bequemen Sesseln aus Rohrgeflecht tranken wir einen Ouzo nach dem anderen. Vor jeder neuen Runde wurde mir von einem meiner Gastgeber eine Episode aus der griechischen Antike erzählt, und ich hatte fast den Verdacht, als wollten sie den Ausländer, der da vor ihnen saß, vorsichtig an ihr Land gewöhnen.

Am nächsten Morgen servierten sie mir einen türkischen Kaffee, der einen schönen dicken, sämigen Satz in der Tasse hinterließ; die Zukunft konnte mir leider niemand deuten. Meine neuen Freunde gaben mir noch etwas Geld auf die Reise mit. In Frankreich und in Italien hatte ich Geldspenden immer abgelehnt, aber da sie insistierten, nahm ich die Banknote, deren Kaufwert mir entging, doch gerne an. Fortan konnte ich solche spontanen Geldgeschenke leichter akzeptieren.

Von Psathopirgos aus waren es noch mehr als hundert Kilometer bis Athen. Zwischen Meer und Zitronenhainen führte der Weg durch flaches Land; ab und zu tuckerte ein Schiff unter einer Wolke von Seemöwen durch die Bucht von Korinth.

Korinth war für mich die Stadt eines klassischen Philosophen, dessen Selbstlosigkeit legendär ist. Der Lebenskünstler Diogenes in der Tonne, auch als Diogenes der Kyniker bekannt, brauchte fast nichts zum Leben. Eine Schale Wasser, ein Sonnenstrahl genügten ihm. Er hatte die Selbstgenügsamkeit zur Lebensart erhoben, lebte in totaler Askese, und sobald er ein Almosen erhielt, hielt er Ausschau nach jemandem, der es nötiger brauchte als er. Er lehrte seine Schüler, alle Ereignisse des Lebens völlig wertneutral anzunehmen. Wenn er mit seinen Reden oder Handlungen zuweilen gegen die Regeln des öffentlichen Anstands verstieß, erfüllten sie doch alle nur den Zweck, seinen Mitmenschen eine grundlegende Lebensweisheit jenseits aller Konventionen zu vermitteln. Die Selbstgenügsamkeit des Diogenes von Sinope ist für mich das Sinnbild einer Freiheit, die aus dem Inneren kommt und daher über alle Entbehrungen wie Kälte, Hunger, Schmutz, Einsamkeit und Isolation triumphiert...

Eines Tages stellte sich ein junger Korinther bei Diogenes vor und wollte sein Schüler werden. Der Meister der kynischen Schule erwiderte ihm: »Ich nehme dich als Schüler unter der Bedingung, dass du dir einen Hering auf den Rücken binden lässt und damit über die Agora flanierst.« Empört lehnte der junge Mann dieses Ansinnen ab. Da sprach Diogenes: »Ein Hering hat unsere Freundschaft zerstört.« Diogenes hatte nicht die Absicht, den Jungen zu demütigen; er wollte lediglich prüfen, ob er die Kraft aufbringen würde, die er brauchte, um sich Tag für Tag auf die Suche nach dem Ideal der Philosophie zu begeben. Unter uns gesagt: ein Pilger hat zwar keinen Hering auf dem Rücken, aber er stinkt manchmal so!

Ich folgte der Straße, die am Saronischen Golf entlangführte, den Blick auf einen Inselbogen im Süden des Attischen Meeres gerichtet, bis ich die Ausläufer der Hauptstadt erreichte. Unaufhaltsam vorbeirollende Blechlawinen füllten die Straßen Athens mit einem ohrenbetäubenden Hupkonzert und Motorenlärm. Hier war der Smog so dick, dass ich fast nicht mehr durchatmen konnte. Nach einer längeren Odyssee fand ich schließlich die Michel-Boda-Straße und das Haus des Jesuitenordens. Es lag im Zentrum von Athen in der Nähe der katholischen Kathedrale. Als ich dort am 22. Februar abends eintraf, wurde mir ein herzlicher Empfang bereitet. Meine Erwartungen, die Pater Vidalis in Patras in mir geweckt hatte, wurden nicht enttäuscht.

Ein philippinischer Priester von zierlicher Statur wies mir meine Zelle zu. Rund ein Dutzend Geistliche hatten hier ihren ständigen Wohnsitz. Sie betreuten die internationale katholische Gemeinschaft von Athen. Drei Ordensbrüder aus Polen waren allein für die große polnische Gemeinschaft zuständig.

Eine fröhliche Menge strömte zum Gottesdienst in die Kirche;

wie sich herausstellte, war es die polnische Gemeinde. Sie drängten sich dicht an dicht im Hauptschiff, im Gestühl oder blieben vor dem Eingang auf der Straße und in den Anlagen, wo es ebenfalls von Menschen nur so wimmelte. Unter den Anwesenden waren junge Paare mit blonden Kindern, die ebenfalls schweigend an der Messe teilnahmen. Diese aufrichtige Frömmigkeit bewegte mich. Selbst die Gläubigen, die draußen geblieben waren, knieten nieder und bekreuzigten sich unter den verwunderten Blicken der vorbeieilenden Passanten.

In Athen besichtigte ich den Areopag. Auf dieser Steintribüne hatte der heilige Paulus den Athenern die christliche Botschaft verkündet.

Auf der Französischen Botschaft hatte sich ein schöner Berg Post für mich angesammelt. Ich saß auf einer Bank vor dem Olympiastadion und las jeden Brief von Anfang bis Ende durch, während der Wind leise in den Blättern spielte. Zunächst las ich voller Vorfreude die Briefe meiner Angehörigen und meiner Freunde. Dann kam meine zahlreiche Zuhörerpost. Die Länge der Briefe variierte von mehreren Seiten bis hin zu einem Satz. Die einen waren dazu bestimmt, mir Mut zuzusprechen, in anderen Briefen wurde dieser oder jener Angehörige meiner Fürbitte empfohlen. Während der Lektüre all dieser Briefe ging mir im Kopf herum, dass die Erfahrung des Leidens allen Menschen gemein ist, was ich im Hochgefühl meiner Wallfahrt vergessen hatte. Ich, der ich nach landläufiger Meinung in unserer Konsumgesellschaft als arm und bedürftig gelten musste, fühlte mich durch die Gnade meiner Wallfahrt so leicht und glücklich, als habe mich jemand von dem Gewicht des menschlichen Leids befreit. Durch die Lektüre dieser Briefe musste ich mich wieder mit dem Leid meiner Mitmenschen auseinander setzen; es bohrte sich wie ein Messer in mein Herz, das in letzter Zeit immer weiter und größer geworden war. Eine trauernde Mutter bat mich, ihren achtjährigen Sohn, der vor einigen Monaten von einem Auto überfahren worden war, in mein Gebet einzuschließen. »Kein Tag vergeht, ohne dass ich an ihn denke, an seine Züge, an seine Stimme (…) Bitte gedenken Sie unser.« Ein Rentner lag im Krankenhaus von Clermont-Ferrand mit Knochenkrebs im Sterben. Da er nicht mehr lesen konnte, hörte er nur noch Radio und hatte dadurch von meiner Wallfahrt erfahren. Er bat mich, bei meiner Ankunft in Jerusalem für ihn zu beten. Die Litanei des Leidens wollte kein Ende nehmen.

Als ich weiterzog, kam ich jeder einzelnen Bitte nach. Ich bat Gott, er möge den Schmerz von ihnen nehmen. Anscheinend kann man im Verlauf einer Pilgerschaft in bedingungsloser Liebe und Hinwendung zu Gott die Fähigkeit entwickeln, die hoffnungslosen Lebenssituationen der Anderen ins Gegenteil zu verkehren. Hätte meine Wallfahrt auch nur in einem Fall eine Linderung bewirkt, wäre sie nicht ganz umsonst gewesen.

Die Albaner von Amfissa

Am 24. Februar verließ ich Athen in Richtung Thiva, der Stadt, die auf den Ruinen des alten Theben errichtet wurde. Nachdem ich die letzten Vororte im Norden von Athen hinter mich gebracht hatte, kam ich durch eine fruchtbare Landschaft mit Kiefern- und Birkenwäldern. In Theben übernachtete ich in einem Hotel namens Mélétiou. Der Pope Stephanos kam für die Kosten auf.

Die orthodoxen Geistlichen empfingen mich sehr unterschiedlich. Oft stempelten sie mich zum »Heterodoxen« ab und gaben mir zu verstehen, dass ich gut daran täte, mich bekehren zu lassen. Während sich einige Popen mir gegenüber sehr freundlich verhielten, zollte mir die Mehrheit der orthodoxen Geistlichkeit jedoch kaum Aufmerksamkeit, und oft genug wurde ich davon gejagt, ohne dass ich mich überhaupt hätte vorstellen können. Aber nach einer gewissen Zeit nahm ich dieses Verhalten nicht mehr persönlich. Intoleranz ist wie eine Krankheit, unter der in erster Linie diejenigen zu leiden haben, die davon befallen sind.

Bewaldete Hügel wechselten sich mit kargen, steinigen Landstrichen ab. Mein Weg führte mich in ständigem Auf und Ab über steile Hänge. Nach einer zweitägigen strapaziösen Wanderung gelangte ich in die antike Stadt Levádhia am Fuß des Helikon-Gebirges. Sie ist in der Form eines Amphitheaters gebaut. In der Nähe befinden sich die magischen Quellen Lethe und

Mnemosyne. Ohne die Quelle des Vergessens eines Blickes zu würdigen, labte ich mich an der Quelle der Erinnerung, damit mir alles, was mir auf meiner Reise widerfahren sollte, in unauslöschlicher Erinnerung bliebe. Noch die unangenehmste Erfahrung war mir so kostbar, dass ich mich nicht von ihr trennen wollte.

Ich hatte schon so viel über das authentische Klosterleben in Ossios Loukas gehört, dass ich mich spontan zu einem Abstecher entschloss. Also ging ich wieder hinunter an den Golf von Korinth und durch die Ausläufer des Parnass zur Westflanke des Helikon. Isolierte Steinformationen, Platanen und Kastanienbäume säumten den Weg. Hoch oben am Himmel schillerten zerfranste Wolkenschleier; beim Anblick dieser Symphonie des Lichts war meine Müdigkeit vergessen.

Das Kloster ist Lukas dem Styroten geweiht, der im 10. Jahrhundert ein Einsiedlerdasein führte und durch seine Prophezeiungen bekannt wurde. Der byzantinische Bau liegt inmitten von Gärten, in denen die Mönche die verschiedensten Pflanzen kultivieren. Vor dem Klostermuseum flanierten Touristen mit gezückten Fotoapparaten oder großen Videokameras, die sie sich vors Gesicht hielten. Ein junger Pope namens Hyeronimos hieß mich willkommen. »Sie können bestimmt hier bleiben und in einer Zelle übernachten, ich sehe da kein Problem. Aber versprechen kann ich nichts, bevor unser Hegumenos Georg nicht seine Zustimmung erteilt hat.« Hyeronimos bot mir an, mich durch das Museum von Ossios Loukas zu führen, was ich nur zu gern akzeptierte.

Das Kloster beherbergte eine Sammlung prächtiger, mittelalterlicher Ikonen. Meine Kenntnisse über diesen byzantinischen Bildtypus waren sehr begrenzt, ihre geistliche Symbolik war mir verschlossen. Deshalb war ich froh, Einblick in die Ikonenverehrung zu bekommen.

Das Klostermuseum war fast leer, die meisten Touristen hatten den Rückweg angetreten. Der junge Pope führte mich von einem Raum in den anderen und zeigte mir die in Gold gefassten Christus- und Heiligendarstellungen.

»Für uns Orthodoxe ist die Ikone der bildhafte Ausdruck der Theophanie, der Gotteserscheinung«, sagte er.

»Nach der Lehre meines Glaubens ist die irdische Existenz von Leid, Veränderung und Tod gekennzeichnet. Wir betrachten das Leben als eine Prüfung, der wir uns nach dem Plan Gottes zu unterziehen haben, und Gott wird uns erst nach unserem Tod erscheinen.«

»Wir glauben, dass wir das Übernatürliche schon jetzt in seiner göttlichen Reinheit in der Schönheit der Ikonen wahrnehmen können.«

»Wir hingegen sind der Meinung, dass das Göttliche nicht zum Gegenstand der menschlichen Fantasie, der Kunst oder des Verlangens gemacht werden soll.«

»Aber wenn sich das Göttliche zeigt,« fragte er mich, »würden Sie es dann trotzdem ablehnen?«

»Sie meinen, wenn ich eine solche Erscheinung zu Lebzeiten hätte?«

»Genau.«

»Ich akzeptiere, dass mir Gott erst nach meinem Tod erscheinen kann. Sind wir nicht hier auf Erden in einer Art Exil? Selbst das Glück ist unvollkommen, weil es vergänglich ist; kaum stellt es sich ein, pfffft – ist alles wieder vorbei. Wer wäre nicht bereit, das alles hinter sich zu lassen und ins Reich Gottes zu gelangen?«

Der junge Pope hielt vor einem herrlichen Marienbild inne; das perlenbesetzte Antlitz zeigte eine anrührende Mischung aus vollendeter Grazie und Sanftmut. Ganz versunken in ihren Anblick, sagte der Pope leise nach einer langen Pause:

»Gottes Reich ist in einem Blick…«

»Glauben Sie das wirklich?«

»Auch im irdischen Leben kann uns das Göttliche in Ansätzen erscheinen. Ein Funke davon ist in den Ikonen zu erkennen.«

»Die katholische Tradition begreift die Kunst als eine Lobpreisung Gottes, lehnt es jedoch ab, Kunstwerken verborgene Kräfte zuzuschreiben. In der Orthodoxie dagegen wird anscheinend das meditative Element und die Intensität des Ausdrucks betont. Ich selbst brauche kein Bild, um mir etwas vorzustellen. Zum Meditieren reicht mir die Erinnerung an einen Satz, ein Wort oder auch an die Bergpredigt.«

Als die Zeit des Abendgebets nahte, stellte mich der Pope Hyeronimus dem Hegumenos vor. Der Klostervorsteher bot mir einen Platz an seiner Tafel an. Er war ein kraftvoller, robuster Mann mit einem langen, grau melierten Bart. Er strahlte eine große Autorität aus, was ihm als Oberhaupt dieser großen Klostergemeinschaft zugute kommen mochte. Später wies er mir eine sehr schöne Zelle zu, in der es allerdings recht kalt war. In einer Wandnische lagen kleine Äste und Zweige von Olivenbäumen, mit denen ich ein kleines Kaminfeuer anzündete. Das Holz gab ein prasselndes, bläuliches Feuer. Es erschien mir wie eine Sünde, so kostbares Holz als Brennmaterial zu vergeuden. Nach einer Weile verbreitete es einen mildwürzigen, aromatischen Duft in der Zelle und erwärmte das dicke Gemäuer.

Bevor ich am nächsten Morgen wieder den Rucksack schulterte, verabschiedete ich mich und dankte den Mönchen von Ossios Loukas für ihre Gastfreundschaft. Unterhalb des Parnass verlief ein weitläufiges Tal, das über und über mit Olivenbäumen bedeckt war. Hellrosa und dunkelrote Oleanderbüsche klammerten sich an die Hänge, und dazwischen leuchteten vereinzelt die dunkelgrünen Flecken von Kermes- und Korkeichen. Eine aromatische Kräutermischung erfüllte die Luft mit zahlreichen Düften: wilder Spargel, Oregano, Thymian und Rosmarin. Während ich so dahinging, riss in mir urplötzlich ein Schleier, und ich hatte den Eindruck zu fliegen; mein Herz hüpfte vor Freude, und ich wurde von einem einzigen Taumel des Glücks erfasst. In meinem Inneren schien ein sprühendes Feuerwerk auszubrechen, und ein Gefühl des vollkommenen Glücks durchströmte mich. Als ich um die Mittagszeit Levádhia erreichte, schenkte mir der Bäcker Papantonis drei Orangen und ein paar Honigkuchen. Dann kam ich durch ein Wintersportgebiet, in dem das Dorf Arahova lag. Die Häuser mit ihren rote Dächern klammerten sich an den Felsen, umgeben von einer malerischen Gebirgslandschaft.

Am späten Nachmittag durchquerte ich Delphi, wo ich die Atmosphäre des antiken Orakels in mich aufsaugte. Vor der untergehenden Sonne schien die steil aufragende Klippe wie in Feuer getaucht. Von hier aus waren es noch fünfzehn Kilometer bis zum Kloster des Propheten Elias. Von weit hinten, jenseits des glitzernden Wassers der Bucht von Korinth, grüßte die Peloponnes zu mir herüber.

Völlig entkräftet kämpfte ich mich über die letzten Ausläufer des Parnass; ich war so müde, dass mich die Füße nicht mehr tragen wollten. Es war Ende Februar, und nachts wurde es noch sehr kalt. Das Kloster stieg als dunkle Fläche im Licht des aufgehenden Mondes aus dem Dunkel auf. Ich entdeckte eine schwere hölzerne Tür in der Mauer. Alles war still. Fünfzehn-, zwanzigmal klopfte ich mit der flachen Hand an die Tür, bis sich ein Guckloch öffnete und das Gesicht einer Nonne undefinierbaren Alters erschien. Sie sah mich argwöhnisch an.

»Gehen Sie bitte weiter«, sagte sie mit tonloser Stimme. »Das hier ist ein Frauenkloster.«

»Ich kann nicht mehr laufen, Schwester, ich bin seit heute früh unterwegs.«

»Es tut mir sehr Leid, aber wir müssen uns an die Regel halten.«

»Ich werde Sie nicht stören; ich kann auch unter einem Baum in der Nähe des Klosters schlafen.«

»Nein, nein, die Regel ist sehr strikt; im Umkreis von fünf Kilometern werden keine Männer geduldet.«

»Ich kann einfach nicht mehr, ich bin völlig erschöpft. Ich werde ja wieder gehen, aber könnten Sie mir wenigstens etwas zu essen geben?«

Daraufhin erwiderte sie:

»Aber selbstverständlich. Ich werde Ihnen etwas herrichten.«

Die Klappe fiel zu. Kurz darauf kam sie zurück und überreichte mir eine Mahlzeit aus Brot, Oliven, Tomaten und einem Teller Bohnen.

Nach dieser Stärkung fühlte ich mich sofort besser. Immerhin war ich an jenem Tag bereits vierundvierzig Kilometer gelaufen. Die Nonne, die mich noch etwas unruhig beobachtet hatte, wirkte sehr erleichtert, als ich endlich wieder aufbrach. Der Rucksack auf meinen wund gescheuerten Schultern war die reine Marter! Müde kämpfte ich mich voran, begleitet vom unregelmäßigen Stakkato meines Pilgerstocks, der auf den Asphalt schlug. Plötzlich hielt ein Kombi mit französischem Nummernschild am Straßenrand. Der Fahrer, ein bärtiger Mann mittleren Alters mit zurückgekämmtem dunklem Haar, sagte mürrisch, er könne mich ein Stück mitnehmen. Aus purer Höflichkeit wollte ich ihm erklären, was ich um zehn Uhr abends auf dieser einsamen Straße zu suchen hatte, als er mir unfreundlich ins Wort fiel.

»Das interessiert mich nicht; das ist Ihre Sache!«

Ich schwieg, sah auf die Straße und hing meinen Gedanken nach. Nach ein paar Kilometern hellte sich seine Miene auf. Er schlug einen etwas freundlicheren Ton an.

»Haben Sie schon gegessen?«

»Ja, vor dem Klostereingang.«

»Und wo wollen Sie übernachten?«

»Das weiß ich noch nicht, aber ich werde schon einen Platz finden; ein Felsloch reicht mir schon.«

»Ach so…«

Wir fuhren durch das schlafende Amfissa und durchquerten noch ein paar Vororte, bis er vor einem Häuschen hielt und den Motor abstellte.

»Es ist kein Palast, aber hier haben Sie wenigstens ein Dach überm Kopf.«

Wir durchquerten einen winzigen mit Balken, Brettern und Blechkisten voll gestellten Garten, der an eine mehr schlecht als recht zusammengeschusterte Baracke aus Ziegeln und Wellblech grenzte. Zehn Albaner, die sich ohne Visum in Griechenland aufhielten, hausten hier, auf drei mal vier Meter, in einem Raum.

Der Zorn meines Chauffeurs war verraucht; er fragte mich nach meinem Namen und stellte mich vor. Er hieß Nicolas und verwaltete das Gut der Schwestern des Propheten Elias. Er kümmerte sich um zweitausend Olivenbäume und sechs bis sieben Hektar Rebland, eine harte, ermüdende Arbeit, die übrigens auch der Grund für seine anfängliche schlechte Laune war.

»Es tut mir aufrichtig Leid, dass ich vorhin so unfreundlich war. Aber dieser Tag war eine einzige Katastrophe.«

»Ich bitte Sie, das macht doch nichts.«

»Diese Männer mussten Albanien verlassen, weil sie dort keine Existenzgrundlage mehr haben, es gibt keine Arbeit und niemand hält sich an Gesetze. Hier leben sie unter elenden Bedingungen, aber was soll man machen? Sie versuchen so gut es eben geht ein bisschen Geld für ihre Familien zu verdienen, die sie in Albanien zurückgelassen haben.«

Nicolas nahm ihre Hilfe so oft wie möglich in Anspruch – für die Arbeit in den Olivenhainen und im Weinberg. Darüber hinaus kümmerte er sich um sie, gewährte ihnen Kost und Logis, und wenn jemand krank wurde, ließ er heimlich einen Arzt kommen und kam für die Medikamente auf.

»Die Griechen sind ziemlich grob zu den Albanern; am schlimmsten ist es bei den Behörden, die ihre Notlage ausnutzen und sie erpressen«, erklärte er mir.

Ein Albaner bot mir in sehr rudimentärem Englisch an, auf einem Hocker Platz zu nehmen. An diesem Abend stellte ich wieder einmal fest, dass die Großzügigkeit der Menschen mit zunehmender Armut wächst. Dass sie mittellos waren, hinderte meine Zimmergefährten nicht daran, mich zu bewirten. Obwohl ich ihnen mehrmals versicherte, dass ich nicht hungrig sei, musste ich mit ihnen am Tisch Platz nehmen. Sie füllten Wasser in einen Kochtopf, den sie über ein Kohlebecken stellten. Nach einer Weile nahm ein hohlwangiger »Küchenchef« mit Drei-Tage-Bart ein Päckchen Spaghetti, riss es auf und ließ den Inhalt ins sprudelnde Wasser gleiten. Auf der zweiten Kochstelle erhitzte er die Tomatensauce in schon ziemlich alt aussehendem, dunklen Öl.

Schweigend verzehrten wir die Spaghetti und tranken einen würzigen Wein dazu, direkt aus der Flasche, die reihum gereicht wurde. Der Mann, der ein paar Brocken Englisch konnte, wischte sich den Bart an seinem Ärmel ab. Er hieß Gasmir.

»Schmeckt gut?«, fragte er stolz.

Dann stellte er mir seine Leidensgefährten vor; die Namen klangen fremd in meinen Ohren: Sèsvet, Loulesimme, Ramazan. Als illegale Einwanderer hatten sie ein Zweckbündnis geschlossen, um in dieser feindseligen Umgebung zu überleben. Es blieb ihnen keine andere Wahl, als von zwei Übeln das kleinere zu wählen. Entweder sie blieben in Griechenland, wo sie sich ohne

Arbeitserlaubnis mit Gelegenheitsarbeiten gerade so über Wasser halten konnten, oder sie kehrten nach Albanien in die Anarchie zurück.

Auch die kritische Lage im Kosovo war Gesprächsthema. Meine Albaner machten die serbischen Machthaber für die kritische Lage verantwortlich; der Anteil ihrer Landsleute an der Gesamtbevölkerung betrug dort neunzig Prozent. Sie wollten wissen, wie ich in Frankreich lebe. Als ich realisierte, wie gut ich es hatte, schämte ich mich vor ihnen. Eingepfercht auf engstem Raum mit zehn Betten tauschten wir unsere Erfahrungen aus. Wir fühlten uns sehr nah, obwohl uns doch eigentlich Welten trennten. Die Stimmung war so gut, dass sich selbst der erschöpfte Nicolas nicht zum Gehen entschließen konnte. Seit dieser Begegnung begreife ich auch, warum Albanien den Beinamen »Land des Adlers« hat. Selbst im tiefsten Elend haben sich diese Männer ihre Menschenwürde bewahrt.

Der Abend war schon weit vorgerückt, als einer der Albaner den Vorschlag machte, zu Bett zu gehen. Nicolas wies mich darauf hin, dass ich das Haus am nächsten Morgen schon sehr früh verlassen müsse.

»Wir haben dieses Haus unrechtmäßig besetzt. Niemand darf wissen, dass wir hier sind, und damit die Nachbarn keinen Verdacht schöpfen, muss hier ab sechs Uhr früh alles leer sein.«

»Vielen Dank für alles, Nicolas.«

»Viel Glück noch auf der Reise, Jean.«

Die sanitären Anlagen mit der Toilette und dem so genannten Badezimmer befanden sich draußen in einem Verschlag. Die Vorbesitzer hatten das herkömmliche türkische WC durch eine Toilettenschüssel ersetzt, was für die hiesigen Verhältnisse wahrhaft luxuriös gewesen sein musste. Allerdings war von dieser alten Pracht inzwischen nicht mehr viel übrig. Es stank nach Fäkalien und Urin. Auf dem Boden und an den Wänden waren noch ein paar Reste grüner Kacheln zu sehen, ansonsten hatte sich alles in eine abstoßende Kloake verwandelt.

Als ich zurückkam, wies man mir ein Bett zu. Es war das Einzige mit einem Bettlaken. Meine leise Hoffnung, dass dieses schmutzige Grau seine natürliche Farbe sei, erfüllte sich leider nicht. Der Stoff starrte regelrecht vor Dreck und kratzte wie Karton. Gleichwohl schlief ich in dieser Nacht fast genauso fest wie in einem der luxuriösen Hotelbetten, an die ich als viel reisender Geschäftsmann gewöhnt war. Bald darauf hob ringsherum ein gewaltiges Schnarchen an, das mich in den Schlaf lullte.

Wenig später schreckte ich durch andere Geräusche hoch. Jemand hatte vor dem Haus geparkt; eine Autotür knallte zu. Ich hörte die kehligen Laute einer Männerstimme, und meine albanischen Zimmergefährten sprangen aus ihren Betten. Anscheinend gab es keinen Grund, sich zu sorgen. Gasmir erklärte mir, ein gewisser Dimitri sei mit seinem verbeulten Mercedes gekommen, um einige von ihnen wieder über die Grenze nach Albanien zu bringen.

Es ging zu wie in einem Bienenstock. Unter Dimitris Aufsicht und nach seinen Anweisungen schleppten wir Kleidungsstücke, Fahrräder und Taschen in allen Größen heran, um sie in den Wagen zu laden! Ein über Monate hinweg angesammeltes Lager unterschiedlichster Gegenstände. Irgendwann hatten wir den Mercedes so voll gestopft, dass man die Türen nicht mehr schließen konnte und die Klappe des Kofferraums blockiert war. Aber Dimitri ließ sich nicht aus der Ruhe bringen; er zog ein dickes Sicherheitskabel aus der Hosentasche und zurrte damit alles rundherum schön fest. Obwohl der Mercedes schon fast aus den Nähten platzte, musste nun auch noch Platz für zwei Mitfahrer geschaffen werden, die zur Feier des Tages ihre besten Kleidungsstücke angezogen hatten. Ob sie tatsächlich über die Grenze gekommen sind, steht in den Sternen. Eine kurze Stadtfahrt hätte ich mir unter diesen Umständen gerade noch vorstellen können, aber Hunderte von Kilometern über schlechte, unbefestigte Pisten?

Dann folgte ein ergreifender Abschied. Unsere beiden Freunde umarmten jeden von uns und drückten uns fest. Die Angst vor dem, was ihnen bevorstand, stand ihnen auf dem Gesicht geschrieben. Einige Tage später sollte ich in einer französischen Zeitung lesen, dass sich das Banditentum in Albanien verschlimmert habe. Ich musste ständig an sie denken. Ob sie wohl jemals heil nach Hause gekommen sind? Diese Frage ging mir wochenlang nicht aus dem Sinn. Ich wünsche ihnen, dass sie alles gut überstanden und ihre Familien wieder gefunden haben.

Großzügigkeit, Tatkraft und ein zäher Überlebenswille kennzeichnete diese jungen Albaner. Sie waren entschlossen, sich ein besseres Leben aufzubauen. Ihre Hoffnung und ihr Vertrauen sollten mir ein Vorbild sein; diese Eigenschaften sind heutzutage so selten geworden, dass es sehr bewegend ist, Menschen zu treffen, die sich ihrer bedienen, um ihre Ziele zu verwirklichen.

Diese kurze Begegnung mit den Albanern im griechischen Bergland gehört zu den denkwürdigsten Erfahrungen meiner Reise. Ich hätte mir vorstellen können, von einer Schlange oder von einem Hund gebissen zu werden; im Gefängnis zu landen, tagelang zu hungern und zu dursten, kein Wasser zu haben, um mich zu waschen … Ich hatte an alles Mögliche gedacht, was mir unterwegs so widerfahren könnte, aber das hätte ich nie für möglich gehalten. Ich hätte nie geglaubt, dass es möglich wäre, eine solch innige Verbundenheit zu völlig fremden Menschen zu empfinden. Was hätte ich nicht getan, um ihnen zu helfen!

Am nächsten Morgen zog ich weiter nach Norden in Richtung Lamia. Nach einer dreitägigen Bergwanderung über den Parnass und den Kalidromo kam ich nach Kardista und Trikala. In dieser Abgeschiedenheit hatte ich kaum noch Kontakte; an manchen Tagen traf ich keine Menschenseele. Obendrein fand ich kaum noch Nahrung. An guten Tagen steckte mir jemand ein Stück Brot, Feta oder eine Hand voll Oliven zu. Bei einem Bauern aß ich eine köstliche Süßspeise, Halva genannt. An manchen Abenden musste ich fasten. Die Nächte verbrachte ich irgendwo unter freiem Himmel in meinem Schlafsack, wie es gerade kam, in einer Felshöhle oder unter den Zypressen… Mein Dasein war auf die elementarsten Tätigkeiten reduziert: Laufen, Essen, Schlafen und Beten. Ich fühlte, wie mein Körper immer leichter, mein Geist immer leerer wurde; die inneren Selbstgespräche hörten auf. Ich erfuhr eine fortschreitende innere Läuterung, und mein Bewusstsein wurde so klar und transparent wie Kristall.

An einem Nachmittag traf ich in Trikala ein, früh genug, um noch einen Aufstieg zu den Felsspitzen der Meteora-Klöster zu wagen. Als ich oben ankam, versank die Sonne hinter den schneebedeckten Gipfeln des Koziakas. Wie aus einem weit geöffneten Schlund stiegen die ockerfarbenen »Zahnkronen« der vierundzwanzig Klöster steil in die Höhe. Die in der Zeit des 7. bis 8. Jahrhunderts errichteten Einsiedeleien bildeten vor langer Zeit einen wahren Klosterstaat. Die meisten Meteoren sind mittlerweile verwaist. Gleichwohl hoffte ich, in einem dieser Klöster noch auf die Spuren lebendiger Mönchstraditionen zu stoßen.

Es war noch hell, als ich das erste Kloster erreichte. Über eine gewundene Treppe, die sich schneckenförmig in den Berg schraubte, erklomm ich den Gipfel. Keine Menschenseele war zu sehen, und ich machte mich wieder an den Abstieg. Das nächste Kloster war zwei bis drei Kilometer entfernt. Ich folgte einem wunderschönen Pfad zwischen hohen Steilwänden. Als ich ankam, zelebrierte ein Priester vor einer Ansammlung von rund hundert singenden Gläubigen den Gottesdienst. Als sie mich erblickten, riefen sie mir zu: »Sie haben hier nichts verloren, Sie sind ein Heterodoxer, Sie sind ein Ketzer, verschwinden Sie!«

Im Dunkeln machte ich mich an den Abstieg nach Trikala. Die wenigen Menschen, denen ich begegnete, konnten mir nicht weiterhelfen, oder wollten es nicht. Schließlich fand ich unter einem Blechdach hinter der Polizeiwache Unterschlupf. Dass mir die Einheimischen den Zugang zu den religiösen Stätten verwehrten, enttäuschte mich. Meine Kontakte beschränkten sich auf Touristen, die den Zauber der Landschaft offensichtlich wichtiger nahmen als den Reichtum des kontemplativen Lebens in den Klöstern. Jeden Tag dachte ich an meine Familie und grübelte, ob der Zweck meiner Reise diese lange Trennung wirklich rechtfertigte. Und nach wie vor quälte mich dieselbe Frage wie vor dem Antritt meiner Reise: Hatte ich das Recht, meiner Frau und meinen Kindern diese lange Trennung zuzumuten?

Das legendäre »Land der Kentauren« erstreckte sich am Ufer des Peneus entlang bis zur Ägäis. Ich war nur noch ein einzelner Schatten, der sich beharrlich in der lang gestreckten Ebene Thessaliens nach Norden in Richtung Makedonien bewegte. In dieser wilden Ursprünglichkeit, wo ich kaum noch eine Menschenseele traf, lernte ich mich von den Früchten der Natur zu ernähren. Ich fand Wildlauch, Löwenzahn, Früchte und Beeren und konnte mich glücklich schätzen, dass ich die langen Sommerferien meiner Kindheit stets auf dem Bauernhof verbracht hatte. Die Straße führte durch Tirnavos, Elassona und Agios Dimitrios im Nordwesten des Olymp. Ich hatte gerade den Pass in Agios Dimitrios, auf 1800 Metern, überschritten, als die Schneefälle aufhörten. Obwohl ich sehr müde war, lief ich zügig weiter, um mir keine Erfrierungen zuzuziehen.

In Katerini wandte ich mich an die Polizeiwache. Der Beamte, um die zwanzig Jahre alt, mit rundem, kindlichem Gesicht, war sehr hilfsbereit. Während ich auf den Kommissar wartete, holte er mir ein Sandwich und Kaffee aus der Bar nebenan. Wir unterhielten uns noch, als ein korpulenter Mann mit kurz geschorenem Haar durch die Tür kam – der Kommissar. Ohne ersichtlichen Grund brüllte er mich an und beschimpfte mich, es fehlte nicht viel, und er wäre handgreiflich geworden. Er verjagte mich aus dem Polizeirevier *manu militari.* Über die Ursache seiner Wut konnte ich nur rätseln! Vielleicht hatte er sich gerade zu Hause über irgendetwas geärgert, vielleicht war ein Unglück in der Familie passiert, oder hatte er vielleicht nur seinem Unmut darüber Luft gemacht, dass er sich nur meinetwegen zwischen zehn und elf Uhr abends noch einmal in sein Büro bemühen musste?

Der junge Polizist lief mir auf der Straße nach, um mir den Weg zu einer Autobahngaststätte zu erklären, die über Nacht geöffnet war: »Sie können sich da einfach reinsetzen; niemand wird Sie stören, weil sie nachts mehrere Schichtwechsel machen.« So hockte ich mich schließlich an einen Tisch in der Ecke, wo ich trotz des grellen Lichts und der anderen Gäste endlich schlafen konnte.

Auf die Empfehlung von Pater Marc Vidalis in Patras suchte ich in Thessaloniki die Lazaristen auf. Gleich nach meiner Ankunft in der makedonischen Hauptstadt machte ich mich auf die Suche nach ihrem Kloster. Triste Hochhäuser wechselten sich mit byzantinischen Bauwerken ab, in denen sich die glanzvolle Vergangenheit dieser berühmten Stadt spiegelte. Die Paläste der Jahrhundertwende direkt am Meer beschworen den einstigen Reichtum und die kosmopolitische Vergangenheit dieser nordgriechischen Metropole herauf, der Weiße Turm schien einem imaginären Feind zu trutzen.

Nachdem ich eine Weile durch die Stadt gelaufen war, fand ich schließlich die Fragonstraße, wo sich der Sitz der Lazaristen befindet, eine der wenigen katholischen Kirchen in Griechenland. Die ganze Anlage öffnete sich durch eine breite Einfahrt zur Straße hin. Ich trat durch das Tor und stand in einem prächtigen Innenhof, in dem silbrig glänzende Laubgewächse, Palmen und Bananenstauden wuchsen ... Vor mir erhob sich die Fassade einer prächtigen Kirche aus den Anfängen des 20. Jahrhunderts; sie ist der heiligen Therese von Lisieux geweiht.

Ein griechischer Priester empfing mich. Pater Johannes hatte die Ausstrahlung eines gütigen, weisen Philosophen des Altertums. Obwohl er schon auf die siebzig zuging, wirkte er so dynamisch und präsent, dass man ihm ohne weiteres dreißig Jahre weniger gegeben hätte. Er sprach fließend Französisch wie die meisten Lazaristen, die ich kenne. Die Leitung unterstand dem Pater Superior Michael. Pater Johannes fühlte ich mich jedoch am nächsten. Seine Aktivitäten erstreckten sich über die ganze Region. Er besuchte regelmäßig Kranke und Bedürftige und organisierte Kleider- und Lebensmittelsammlungen. Sein unermüdlicher Einsatz für die Armen zeugte von einer Lebensführung, die mit dem Gebot der christlichen Nächstenliebe in Einklang stand. Darüber hinaus hatte sich Pater Johannes eine Bescheidenheit bewahrt, die mich für ihn einnahm. Für mich war er das personifizierte Beispiel dafür, dass die Worte nur dann einen Sinn haben, wenn sie in die Tat umgesetzt werden.

Tags darauf rief mich in aller Herrgottsfrüh das griechische Fernsehen an. Sie wollten über mich berichten und baten mich deshalb, ihnen ein Interview zu gewähren, ehe ich weiterzog. Es dauerte nicht lange, bis sie in den Hof der Lazaristen einfielen. Pater Johannes, der sich als Dolmetscher zur Verfügung stellte, schien an dieser unerwarteten Abwechslung Gefallen zu finden. Das ganze Team samt Fotografen und Journalisten mit Schreibblock und Feder blieb volle zwei Stunden. Im Hof herrschte großes Gedränge, und inmitten von Fotografen, Kameraleuten und Redakteuren musste ich Frage und Antwort stehen. Ich muss bekennen, dass mich dieser Rummel nach der völligen Abgeschiedenheit der letzten Wochen ohne den Beistand des Paters doch ein bisschen eingeschüchtert hätte.

Später habe ich erfahren, wie die Journalisten von meiner Ankunft in Thessaloniki Wind bekommen hatten. Ich hatte nämlich noch einen Abstecher in die Bibliothek des Französischen Kulturinstituts gemacht, wo ich die Tageszeitungen durchsah und mich auf einen Kaffee mit dem Institutsdirektor, Jacques Soulillou, traf. Er hatte dann in seiner Begeisterung die Medien informiert.

Nach meinem Auftritt in Thessaloniki brach ich nach Chalkidiki auf. Mehrmals täglich ging ich in eine orthodoxe Kirche, um dort mein Gebet zu verrichten. In der, übrigens sehr angenehmen, Hauptstadt der Region, Poligiros, lernte ich einen Popen kennen, der mich durch seine außergewöhnliche Offenheit faszinierte. Gerade hatte ich meine Andacht beendet, als die Gläubigen in die Kirche kamen. Die Ausstrahlung dieses Popen war von einer Frömmigkeit, die mich zutiefst berührte. Als ich am Ende des Gottesdienstes zu ihm ging und mich bei ihm nach einer Übernachtungsmöglichkeit erkundigte, erwiderte er mir: »Sie sind mein Gast, geben Sie mir die Hand, mein Sohn.« Welche Güte in seinen Worten und Gesten!

Seraphimos Atmadzidis hatte asketische Züge und dunkle Haare, die sich bereits etwas lichteten. Offensichtlich verstand er es, seine Auffassung von Wohltätigkeit auch an die kleine Gemeinde weiterzugeben. Ich sprach mit einigen von ihnen, und es fiel mir auf, dass sie alle von derselben tiefen Gläubigkeit erfüllt waren. Nachdem sich die Kirche geleert hatte, ging Seraphimos mit mir in das Allerheiligste hinter die Bilderwand. Auf meinen scheuen Einwand, dass ich mich nicht unfreiwillig versündigen wolle, entgegnete er: »Nicht doch, glauben Sie mir, das ist überhaupt kein Problem. Im Haus Gottes gibt es keinen Raum, der seinen Kindern nicht zugänglich ist.«

Anschließend brachte er mich in dem gemütlichen Pfarrhaus unter. Eigentlich hatte ich mich nur durch Zufall nach Poligiros verirrt. Bei Tagesanbruch nahm mich Seraphimos im Wagen noch ein Stück in Richtung Athos mit.

Im geistlichen Zentrum der Orthodoxie

Der Berg Athos ist eine landschaftlich unberührte Halbinsel im Osten von Chalkidiki und gilt seit mehr als einem Jahrtausend als das geistliche Zentrum der Orthodoxie. Abgeschnitten vom Rest der Welt, zogen sich die Mönche zu Tausenden in die Einsamkeit des steil aus dem Meer aufragenden Bergs zurück, um sich der Suche nach Gott zu widmen. Dem Profanen mag dieses bedingungslose Streben nach dem Absoluten vielleicht überspannt erscheinen. Trotzdem sollte man sich fragen, was einen Bauern aus der russischen Steppe, einen Polizisten aus Athen, einen Ikonenhändler aus Alexandrien dazu veranlassen kann, sich von seinen irdischen Gütern zu trennen und den Rest des Lebens in dieser Einöde zu verbringen? Was motiviert einen Menschen, alle Zelte hinter sich abzubrechen, um ein klösterliches Dasein unter den Mönchen zu führen, vielleicht sogar ein Heiliger zu werden? Auf diese Fragen hoffte ich während meines Aufenthalts auf dem Berg Athos wenigstens teilweise Antwort zu finden.

Wie ein Finger ragt die Halbinsel Athos weit ins Mittelmeer hinein. Ohne Straßenanbindungen, ist die Landzunge nur vom Wasser aus über das »Himmelsstädtchen« Ouranoupolis zugänglich. An der Mole dümpelte träge ein Boot auf dem silbrig glänzenden Wasser. In meiner Vorfreude auf die Überfahrt nach Athos bezog ich die aufgeregten Rufe und Gebärden der Männer, die sich vor einem Kafenion versammelt hatten, zunächst gar nicht auf mich. Ich drehte mich sogar noch um, in der Annahme, dass jemand hinter mir gemeint war. Aber nein, sie meinten tatsächlich mich, und schon kam mir der kleine Trupp von der anderen Seite der Straße eilig entgegen.

»Sie sind doch der Pilger, der auf dem Weg nach Jerusalem ist! Wir haben Sie im Fernsehen gesehen; kommen Sie, wir trinken etwas zusammen.«

Ich folgte ihnen in das Kafenion, wo man uns eine Runde Ouzo servierte. Sie waren sehr neugierig und wollten alles über mich wissen. Ich profitierte von der Gelegenheit und fragte sie nach den Zugangsformalitäten für Athos. Abgesehen von der öffentlichen Ordnung und Sicherheit entzieht sich der Heilige Berg jedweder Kontrolle des griechischen Staates; seine Autonomie ist in der Verfassung verankert. Ein Rat und eine Versammlung aus den Delegierten der zwanzig Klöster der Halbinsel verwaltet diese einzigartige »Mönchsrepublik«, deren geistliches Oberhaupt der ökumenische Patriarch von Konstantinopel ist.

In Thessaloniki hatte ich bei den Religionsbehörden ein Visum für Athos beantragt, woraufhin mir der griechische Beamte eine handschriftliche Bescheinigung ausstellte und versicherte, dass dies genügen werde. »Wenn Sie das vorzeigen, haben Sie keine Probleme.« Ich ließ das Schreiben herumgehen.

»Das ist der Brief, den mir der Minister mitgegeben hat. Wird man mich damit auf den Berg Athos lassen?«

»Nein, dazu brauchen Sie einen speziellen Passierschein, ein *diamonitrion*.«

»Können Sie mir auch sagen, wo ich den bekomme?«

»Ja, da drüben ist das Konsulat, aber machen Sie schnell, die Fähre wird jeden Moment ablegen.«

Hastig kippten wir unseren Ouzo herunter und liefen dann ein paar hundert Meter weiter zu dem Büro, das für die Ausstellung der Passierscheine zuständig war. Der Beamte sagte mir, dass er mir für die Ausstellung des *diamonitrion* sage und schreibe 11 000 Drachmen berechnen müsse, was für jemanden wie mich, der völlig mittellos war, eine ordentliche Summe darstellte! Daraufhin begannen meine Begleiter, auf den Beamten einzureden.

»Das ist der französische Pilger, der nach Jerusalem unterwegs ist; man hat im Fernsehen und im Rundfunk darüber berichtet. Er hat kein Geld, stellen Sie ihm ein kostenloses *diamonitrion* aus.«

»Ach so, das ist natürlich etwas anderes«, erwiderte der Mann; es hörte sich fast entschuldigend an.

Feierlich nahm er einen Bogen, dessen Schmuckmotiv die Madonna mit dem Christuskind darstellte.

»Bitteschön.« Er überreichte mir das kostbare Dokument.

»Ich wünsche Ihnen einen angenehmen Aufenthalt auf dem Heiligen Berg.«

Im Gegensatz zu einem regulären *diamonitrion*, das nur vier Tage gilt, war meines kostenlos und obendrein von unbegrenzter Dauer. Plötzlich ertönte der letzte Aufruf an die Passagiere des Fährschiffs, und wir mussten rennen, um rechtzeitig anzukommen, bevor die Leinen eingeholt wurden. Ich peilte die Kommandobrücke an und wandte mich an den Kapitän mit der Bitte, mich kostenlos mitzunehmen. Mein Wunsch wurde mir erfüllt.

Die Passagiere waren ausschließlich männlich; Frauen ist der Zutritt zum Berg Athos strikt untersagt. Inzwischen hatte es sich schon herumgesprochen, dass sich ein französischer Pilger an Bord befindet, und während ich mit den Männern, die ich vor der Bar getroffen hatte, aufs Oberdeck ging, wurde der Tross in meinem Gefolge immer größer. Von allen Seiten wurde mir eine liebenswürdige Aufmerksamkeit zuteil, die mich überraschte. Die Menschen berührten mich, manche drückten mich fest. Drei

Jagdpiloten der griechischen Artillerie, mit denen ich zuvor auf der Mole Bekanntschaft geschlossen hatte, standen mir zur Seite. Da ich mein Berufsleben als Pilot begonnen hatte, fühlten wir uns spontan zueinander hingezogen. Meine drei Gefährten gingen also daran, die Fragen der Passagiere zu sammeln, ordneten sie und übersetzten sie mir sinngemäß. Unsere improvisierte Pressekonferenz auf dem Schiffsoberdeck hatte durchschlagenden Erfolg.

Meine drei Piloten befanden sich auf dem Weg ins Esfigmenou-Kloster, wo sie an einer Beerdigung teilnehmen wollten. Der Hegumenos war gestorben. Sie wollten unbedingt, dass ich sie dorthin begleite.

»Der Hegumenos war ein Heiliger, der ein vorbildliches Leben führte«, erzählten sie mir mit der ehrfürchtigen Miene, die ein Grieche aufsetzt, wenn ein religiöses Thema zur Sprache kommt. »Über seine Heiligkeit besteht übrigens kein Zweifel. Die Leiche ist noch biegsam, und die Verwesung hat noch nicht eingesetzt.«

»Wie bitte, habe ich richtig gehört? Die Totenstarre ist ausgeblieben, und die Leiche verströmt keinen Geruch?«

»Genauso ist es, und wenn Sie mitkommen, können Sie sich selbst davon überzeugen.«

Ich war sehr erstaunt über das Gesagte, denn bekanntlich wird jede Leiche innerhalb weniger Stunden nach Eintritt des Todes starr wie ein Brett.

Es war ein strahlender Tag, und das Meer war spiegelglatt. Die Luft war rein wie nach einem Gewitter. Über der Halbinsel erhob sich ein Regenbogen in leuchtenden, deutlich voneinander abgegrenzten Farben weit in den Himmel hinauf und verlor sich in den Wolken. Mein Geist war so weit und klar wie der Himmel, der sich vor meinen Augen öffnete. Die ewigen inneren Monologe waren verstummt; ich fühlte mich entspannt und frisch. Alles war in mir, und jeder Gedanke erschien mir wie das verkleinerte Abbild des ganzen Universums. Leise versenkte ich mich in einen meditativen Zustand, der die Gesetze der Logik außer Kraft setzte.

Nach rund zwanzig Minuten legte die Fähre in einem winzigen Hafen an. Wir stiegen auf einen Lastwagen um. Mehr als zwei Dutzend Menschen drängelten sich auf dem Laderaum. Die Straße war so holprig, dass wir bis auf die Knochen durchgeschüttelt wurden.

Nach der strapaziösen Fahrt hielt unser Lkw zwei Stunden später vor dem Eingang des steil aus dem Meer steigenden Klosters Esfigmenou. Es ist eines der ältesten Klöster der Halbinsel, und wie ich später erfuhr, hatte es sich von der Klostergemeinschaft von Athos abgespalten, nachdem man den Mönchen einen übertriebenen Traditionalismus vorgeworfen hatte.

Wir drangen in den Irrgarten des Klosters ein und kamen an verwaisten Gebäuden vorbei. Die Klosterarchitektur erzählte von einer glanzvollen Vergangenheit: Alle Steinflächen waren noch in bemerkenswert gutem Zustand, die hölzernen Elemente hingegen – Türen, Fenster und Fußböden – waren reparaturbedürftig.

Der Leichnam des Hegumenos war im Mittelschiff der Hauptkirche aufgebahrt, das Gesicht von einem weißen Schleier verhüllt. Der offene, deckellose Sarg war wie eine Bahre mit langen Tragstangen versehen. Ein seltsames Flair umgab diesen Ort, an dem es intensiv nach Myrrhe und Rosen duftete. Der Tod zeigte sich bar jeder Aggressivität. Dieser Mann hatte sich Zeit seines Lebens darauf vorbereitet, und ich konnte spüren, dass er sich schon längst nicht mehr allein über seinen physischen Körper definiert hatte.

Ganze Hundertschaften von Mönchen und Popen standen um den Sarg oder hatten auf den Stühlen Platz genommen. Viele Laien waren aus ganz Griechenland angereist, um dem geistlichen Vater dieses Klosters die letzte Ehre zu erweisen. Man hatte dem Hegumenos sein Priestergewand angelegt, nur die Hände ragten unter den Falten hervor. Die Gläubigen zogen in einer Prozession vorbei und bedeckten die sterbliche Hülle mit Küssen.

Natürlich wollte sich jeder Einzelne selbst von der Biegsamkeit des Toten überzeugen. Einer nach dem anderen ergriff einen Arm, den er unter den Augen der Umstehenden dann hochzog und eifrig hin und her schüttelte. Der Arm schien gummiweich zu sein, was von den Anwesenden mit einem zufriedenen Murmeln quittiert wurde. Auf allen Gesichtern stand Entzücken. Jedermann schien über das Wunder beglückt zu sein.

Ich hatte mich im Gestühl niedergelassen, als ich plötzlich bemerkte, dass sich mir ein Mönch mit schwarzer Kutte und Haube näherte. Seine Haare waren hinten zusammengesteckt. Reinlichkeit schien nicht zu seinen Stärken zu gehören; sein Äußeres wirkte schmuddelig und ungepflegt. Barsch fuhr er mich an: »Sie sind ein Häretiker und haben kein Recht, diese Kirche zu betreten; Sie müssen draußen bleiben.« Ich rief Theodoros um Hilfe. Mein neuer Freund nahm den Mönch beiseite und sprach mit ihm. Dann wandte er sich wieder an mich. »Er will nicht mit sich reden lassen. Am besten, Sie gehen einen Moment hinaus; ich werde inzwischen versuchen, ihn umzustimmen. Wenn er sich dann immer noch weigert, warten wir einfach, bis er verschwindet.« Ich befolgte den Rat und ging hinaus; nach einer Weile erschien Theodoros wieder an der Tür. »Sie können wieder reinkommen, Jean, er ist nicht mehr da.«

Kaum hatte ich die Kirche betreten, als der Mönch wieder auftauchte und mich erneut vor die Tür setzte. »Darf ich wenigstens im Vorraum bei den Katechumenen bleiben, bei den Ungetauften?« Es half alles nichts, er wollte einfach nicht. Ich musste draußen bleiben. Ich war furchtbar enttäuscht.

Nach einer gewissen Zeit fragte ich den Mönch, ob er einen Bissen Brot für mich hätte. Leise vor sich hin brabbelnd führte er mich in eine verdunkelte Küche. Hier roch es nach gegartem Gemüse. Ein gewaltiger Eisenkessel hing von der Decke herab über der Feuerstelle. Der Mönch stellte mir einen Teller Suppe hin, reichte mir Klosterbrot und eine Ecke Ziegenkäse.

Nachdem er mich verköstigt hatte, keimte wieder Hoffnung in mir auf. Vielleicht sollte ich doch noch einmal versuchen, an ihn heranzukommen. Ich wollte einfach die Gründe für sein Verhalten wissen.

»Vielen Dank für die Suppe, das war sehr freundlich von Ihnen. Sagen Sie, warum haben Sie mich eigentlich aus der Kirche verjagt?«

»Sie sind ein Heterodoxer, und Sie haben kein Recht, die Kirche zu betreten,« antwortete er schroff.

»Bin ich denn für Sie kein Christ?«

»Dazu müssen Sie sich wie ein orthodoxer Christ taufen lassen.«

»Aber ich bin doch getauft, und trotzdem verweigern Sie mir den Zutritt.«

»Das zählt nicht«, sagte er und artikulierte jedes Wort. »Sie sind ein Häretiker. Der einzig wahre Glaube ist nun einmal die Orthodoxie. Lassen Sie sich bekehren, das ist Ihre einzige Chance; zeigen Sie Reue, bevor es zu spät ist.«

Wir sprachen Englisch, und als ich ins Stocken geriet, verfiel ich unwillkürlich ins Französische. Mit einer Gebärde gab er mir zu verstehen, dass er mich nicht verstand. Er selbst sprach mit einem Akzent, der mir irgendwie vertraut vorkam.

»Sagen Sie mal, sind Sie Grieche?«, fragte ich ihn.

»Jeder Mönch auf dem Berg Athos hat automatisch die griechische Staatsangehörigkeit.«

»Aus welchem Land kommen Sie denn?«

»Das ist unwichtig. Das Einzige, was zählt, ist die Hinwendung zu Gott.«

»Ist Ihnen meine Frage unangenehm?«

»Überhaupt nicht. Wenn Sie es unbedingt wissen wollen: Ich komme aus Bulgarien.«

Daran zweifelte ich. Um die Wahrheit zu erfahren, trieb ich ihn in die Enge.

»Ich weiß nicht wieso, vielleicht ist es Ihr Akzent, aber ich habe den Eindruck, dass Sie Franzose sind.«

Er schwieg. Ich bohrte weiter.

»Sie sind wirklich nicht Franzose?«

»Doch, aber ich bin schon seit vier Jahren hier und habe die französische Sprache verlernt.«

Jetzt redete ich nur noch Französisch. Und offensichtlich verstand er mich sehr wohl, weil er gut auf meine Fragen parierte. Dieser Mönch, der es selbst mit der Wahrheit nicht gerade genau nahm, erdreistete sich, mir eine Predigt über die Tugenden und die Authentizität des orthodoxen Klosterlebens zu halten!

Die Bestattungszeremonie für den Hegumenos dauerte immer noch an. Ich bezog wieder meinen Posten vor dem Haupteingang der Kirche. Gerade formierte sich der Leichenzug. Als ich mich unter die Laien mischen wollte, tauchte erneut mein alter Widersacher auf und hinderte mich daran. So blieb mir nichts anderes übrig, als mir die Prozession aus der Entfernung anzusehen. Immerhin konnte ich noch rechtzeitig eine kleine Mauer erklimmen und zusehen, wie der Sarg umgedreht und die sterbliche Hülle des Hegumenos in das offene Grab gekippt wurde und mit einem dumpfen Geräusch aufschlug. Dann zog der Trauerzug am Grab vorbei, und jeder warf eine Hand voll Erde auf den Toten, während die beiden dafür ausersehenen Mönche die ausgehobene Erde wieder in das Grab schütteten.

In diesem Moment tauchten auf der anderen Seite der Mauer meine drei Piloten vor mir auf.

»Es tut uns ja so Leid. Haben Sie denn aus dieser Entfernung überhaupt etwas von der Zeremonie mitbekommen?«

»Ja, ich habe alles gesehen. Es war ein großartiges Erlebnis. Ich danke Ihnen, dass Sie darauf bestanden haben, mich mitzunehmen.«

»Schreiben Sie sich unsere Adressen und unsere Telefonnummern auf, Jean; sollten Sie irgendetwas brauchen, rufen Sie uns an. Wir müssen jetzt gehen, die Fähre legt gleich ab. Gott behüte und beschütze Sie.«

»Gott beschütze Sie alle.«

Wir verabschiedeten uns, dann liefen sie eilig zu dem kleinen Boot, das gerade angelegt hatte.

Da es langsam Abend wurde, machte ich noch einmal kehrt, um im Kloster zu übernachten. Das sei unmöglich, erwiderte man mir, der Andrang sei zu groß, das Kloster überfüllt. Angesichts der Größe dieser Anlage zweifelte ich an der Aufrichtigkeit dieser Antwort, insistierte aber nicht.

Esfigmenou befand sich auf der Nordseite der Halbinsel. Der Weg zum nächsten Kloster führte durch eine wilde Landschaft aus Kalkfelsen und niedriger Strauchvegetation. Binnen einer Stunde gelangte ich zum Kloster Hiliandariou. Der Gärtner, ein schmächtiger Mann mit betrübter Miene, stimmte ein Klagelied an über das Schicksal seines Klosters, das wie die Mehrheit der Klöster von Athos langsam ausstarb.

»Es ist eine Tragödie, mein Herr, es ist eine Tragödie«, lamentierte er.

»Was meinen Sie damit?«

Mit bekümmerter Miene begann Mikos, mir die dramatische Lage seiner Skiti zu erläutern.

»Die Mönche werden alt, und niemand will sich heute noch in unserem Kloster ansiedeln. Bald habe ich keine Arbeit mehr. Was soll ich dann tun?«

»Und woran liegt das?«

»Daran ist nur Russland Schuld, mein Herr. Früher lebten viele Russen hier, aber 1917 kam die Revolution und der Berg Athos leerte sich: Sie haben ihre Mönche wieder ins Land zurück geholt.«

»Wie viele Mönche gab es damals hier?«

»Tausende! Im kleinsten Kloster, in Agios Andreas in Kariai, haben einmal dreihundert Mönche gelebt. Und im größten waren es dreitausend!«

Dem Mann standen die Tränen in den Augen. Er hatte diesen Klostergarten schon als junger Mann bestellt; etwas anderes konnte er nicht. Seine Welt brach zusammen, und ich konnte ihm nicht helfen. Auch in der Kirche waren keine Anzeichen religiöser Aktivitäten zu entdecken, alles war verlassen und menschenleer.

Als ich mich in aller Frühe wieder auf den Weg machen wollte, konnte ich den Gärtner nirgendwo entdecken. Dafür tauchte ein anderer Mönch auf, der mir anbot, mich im Wagen zur anderen Seite der Halbinsel mitzunehmen. Genau da wollte ich hin.

»Ich muss ein paar Gäste an die Küste bringen, und wenn es Ihnen Recht ist, nehme ich Sie mit.«

Kurz darauf ging ich über die in Stein gehauene Treppe nach unten; in einem schlammbespritzten Pick-up warteten drei Passagiere. Es waren Polizisten aus Athen, die nach ihrer spirituellen Einkehr in der Einsamkeit in die Zivilisation zurückmussten.

Als ich einstieg, sagte der Mönch zu mir:

»2000 Drachmen.«

»Es tut mir Leid, aber ich bin Pilger und habe kein Geld.«

Nun wurde er ärgerlich.

»Dann müssen Sie eben zu Fuß gehen!«

Die Polizisten hatten unseren Wortwechsel mit angehört und mischten sich ein:

»Was soll das? Wir werden ihn doch hier nicht alleine zurücklassen; Sie müssen ihn mitnehmen!«

»Sie haben bezahlt, aber er weigert sich.«

»Er hat Ihnen doch gesagt, dass er Pilger ist und kein Geld hat; ohne ihn fahren wir auch nicht mit.«

Ärgerlich vor sich hin murrend ließ mich der Mönch hinten aufsteigen, während er die Polizisten im Führerhaus unterbrachte.

Es begann zu regnen, und die Regentropfen glitzerten auf dem Laub. Mit wahrhaft akrobatischer Virtuosität hüpfte der Kleinlaster über die ausgewaschene und mit Geröll bedeckte Piste. Der Regen und der wilde Slalom, den der Mönch mit dem Wagen vollführte, machten mir die Sache nicht gerade erträglich. Obwohl ich mich mit beiden Händen festklammerte, wurde ich ständig von einer Ecke des Kastens in die andere geschleudert. Mein ganzer Körper war noch wochenlang mit blauen Flecken übersät.

Nach einer Weile hielten wir vor einem Kloster, das unter dem Regen wie ein antiker Tempel mitten im Dschungel anmutete. Die drei Polizisten vereinbarten mit unserem Fahrer, eine kurze Pause einzulegen.

Eine Treppe aus grob gehauenem Stein führte zur Kirche hinauf. Aus der morschen Tür waren große Stücke herausgebrochen, und sie ließ sich nicht mehr richtig öffnen, sodass wir uns durch einen engen Spalt ins Innere zwängen mussten. In der Dunkelheit zeichneten sich die Umrisse verschiedener Gegenstände ab, die auf den beschädigten Platten am Boden herumlagen: ein zusammengerollter Teppich, Kisten und Bretter. In einer

Ecke stand einsam ein großer, eiserner Ofen; an der Wand hing eine alte Tapisserie schief an den letzten Nägeln. Alte Ikonen mit der jahrhundertealten Patina der Küsse von Gläubigen, die längst das Zeitliche gesegnet hatten, zierten die Wände. Die Ikonostase präsentierte sich mit einem kunstvollen Skulpturenschmuck. Ich ließ mich in dem schön geschnitzten Gestühl nieder, um die Aura dieser so verfallenen wie anmutigen Kirche auf mich wirken zu lassen.

Als die Polizisten mit dem Mönch in den Chorraum gegangen waren, hatte ich mich abgesondert und befand mich nun allein in einem Seitenschiff. Als ich aus der Kirche kam, war der Pickup verschwunden; der Fahrer hatte mich, wie er später behauptete, schlicht vergessen. Dass er noch einmal zurückkam, hatte ich nur der Intervention der drei anderen Passagiere zu verdanken. Der letzte Abschnitt des Weges bis zum Hafen Dohiariou verlief nicht gemütlicher als der Anfang.

Das Wetter wurde immer schlechter, und ich musste ja auch noch den Schiffskapitän dazu überreden, mich kostenlos mitzunehmen. Einfach war es nicht, aber am Ende ließ er mich dann doch an Bord gehen. Nach einem kurzen, heiseren Aufgurgeln des Schiffsmotors tauchte der Bug plätschernd in die Wellen. Unter einem bleiernen Himmel nahmen wir Kurs auf den Hafen von Dhafni. Unterwegs legten wir in Xenofonda, Agios Pandeleimona und Xeropotamou an. Vor der Russischen Revolution war Xeropotamou, das inzwischen restauriert worden ist, das berühmteste Kloster von Athos.

In Dhafni, dem größten Hafen der Halbinsel, legte das Schiff mit der Längsseite an. Ich schulterte meinen Rucksack und machte mich auf den Weg in das rund fünfzehn Kilometer entfernte Kariai. Eine miserable Straße schlängelte sich in Serpentinen den Berg hinauf, nur ein paar Kurven waren asphaltiert. Es war ein beschwerlicher Aufstieg bei zunehmend schlechtem

Wetter; schon hörte ich die ersten Regentropfen auf meinen Rucksack prasseln. Trotzdem hielt ich immer wieder inne, um den Anblick dieser im Nebel verschwimmenden Landschaft zu genießen. Wir finden so selten Gelegenheit, die Harmonie in den Dingen zu sehen. Aber vielleicht liegt das daran, dass wir so selten innerlich dazu bereit sind, sie so zu sehen.

Kariai, die Hauptstadt von Athos, ist eher ein Dorf. Der Ort befindet sich in einem Hochtal, das ein Schieferberg überragt. Ich irrte durch das chaotische Gassengewirr dieser winzigen Hauptstadt, die nur ein paar hundert Einwohner beherbergt. Die Behausungen hinter den beschlagenen Fensterscheiben schienen mehr als primitiv zu sein. In nüchternen Räumen wurden den Pilgern Devotionalien, Rosenkränze, Kerzen und Ikonen angeboten… Das Leben in Kariai schien sich auf das Elementare zu beschränken, kein überflüssiger Zierrat, keine Zerstreuungen, keine Bewegung. Ich fühlte mich wie in einem Schwarzweißfilm über eine Stadt, in der die Zeit seit Jahrhunderten stillstand.

Nachdem ich mich immer wieder nach dem Weg erkundigt hatte, gelangte ich schließlich zur Skiti Agios Andreas. Ich ging eine Weile vor dem Eingang auf und ab, bis mich schließlich jemand vom Fenster aus bemerkte. Bruder Zacharias öffnete mir das Eisentor, das so dick und schwer war wie die Tür zu den Tresoren einer Bank.

»Herein, herein, Sie müssen Jean Lescuyer sein, wir erwarten Sie schon. Jacques Soulillou hat uns Ihren Besuch angekündigt.«

»Ich bin sehr erfreut, Sie kennen zu lernen.«

»Wie ist es Ihnen unterwegs ergangen? Herr Soulillou sagte uns, dass Sie eine Wallfahrt ins Heilige Land machen. Kommen Sie mit, ich bringe Sie auf Ihr Zimmer, und dann können wir uns unterhalten.«

Zacharias zeigte sich sehr rücksichtsvoll und aufmerksam. Ich hatte schon im Orden der Lazaristen von ihm gehört, und Jacques Soulillou, Leiter des Französischen Kulturinstituts in Thessaloniki, hatte mir nahe gelegt, ihn in Athos aufzusuchen. »Ich rufe ihn an und sage ihm Bescheid, dass Sie da sind. Er ist ein bemerkenswerter Mann und kümmert sich schon seit Jahren um die Restaurierung der Ikonen, die in den Klöstern von Athos liegen.«

Zacharias musste so zwischen vierzig und fünfzig sein; er besaß viel Ausstrahlung und hatte ein edel geformtes Gesicht und liebenswürdige, schlichte Manieren. Seine Haare waren von weißen Strähnen durchzogen; er hatte sie nach orthodoxer Sitte zu einem Knoten nach hinten gebunden.

Nachdem wir ein Tor passiert hatten, öffnete sich der Blick auf einen Gebäudekomplex in ziemlich baufälligem, tristen Zustand.

»Agios Andreas ist sehr groß. Das Gelände umfasst 25 000 Quadratmeter«, erläuterte mir Zacharias, der mit kleinen, raschen Schritten neben mir herging. »Früher lebten rund dreitausend Mönche in diesem Kloster. Es wurde im 19. Jahrhundert von der Russischen Kirche gegründet.«

»Und was ist dann geschehen?«

»Im Jahr 1910 brach ein Streit unter den Mönchen aus, und die Gemeinschaft fiel auseinander. Ein Teil der Mönche wurde als Ketzer verjagt. Dann die Revolution, die Kriege, die Brände …«

Der Ort hatte etwas von den zerstörten Tempeln von Angkor. Die Dächer waren teilweise eingestürzt, die verrosteten Bleche vor den Fenstern hatten sich an vielen Stellen gelöst und Bäume wuchsen auf den Balkonen … Die Skiti Agios Andreas beherbergt die größte Kirche der Orthodoxie nach der Alexander-Newski-Kathedrale in Sofia. Insgesamt umfasst das Kloster sieben Kirchen und Kapellen, aber nur eine davon ist noch in Betrieb.

Pater Pavlos kam vor sechs Jahren als Erster wieder an diese

Stätte, die seit über hundert Jahren leer gestanden hatte. Er war hier geblieben, um die in den Krypten der Klöster des Heiligen Berges dahinsiechenden Kunstwerke zu retten. Die tragbaren Ikonen zählen zu den Heiligtümern der orthodoxen Religion. Viele von ihnen sind im Lauf der Zeit durch die Küsse der Gläubigen in Mitleidenschaft gezogen worden. Allein auf dem Heiligen Berg Athos soll es mehr als achtzehntausend Ikonen geben, die teilweise stark beschädigt sind.

Pater Pavlos und Zacharias gründeten eine Arbeitsgruppe und richteten mehrere Werkstätten im Kloster ein. Sie wurden mit der fortschrittlichsten Computertechnik ausgestattet, um Spektralanalysen, Infrarot- und Ultraviolettaufnahmen zu ermöglichen. Zunächst wurde von jeder Ikone ein Röntgenbild der Farbschichten angelegt. Ich war sehr beeindruckt, dass die Restaurierung religiöser Kunstwerke mit Hilfe eines solchen Aufgebots modernster Technologie vonstatten ging.

»Das hier ist unser Operationssaal«, sagte Zacharias. »Beim Restaurieren muss man sehr methodisch und genau vorgehen. Zwischen dem Aufbringen eines physikalischen Elements und dem Auftragen des nächsten chemischen Mittels muss ein bestimmter Zeitraum eingehalten werden.«

Ich erinnerte mich an meine Begegnung mit Laura, der Abgeordneten des toskanischen Kultusministeriums in Siena, und die geplante Restaurierung der weißrussischen Ikonen.

»Hätten Sie Lust mitzumachen?«, fragte ich Zacharias.

»Die Idee gefällt mir, man muss diese Ikonen retten. Wir sollten mit Pater Pavlos darüber sprechen.«

Während meines Aufenthalts in Agios Andreas führte ich mit Zacharias in der Werkstatt viele Gespräche; das kürzeste dauerte drei Stunden, das längste mussten wir irgendwann in der Nacht abbrechen, weil uns unsere flackernden Taschenlampen daran erinnerten, dass es höchste Zeit war, ins Bett zu gehen. Aus der anfänglichen Sympathie entwickelte sich eine innige, freundschaftliche Zuneigung. Jede meiner Fragen zur Orthodoxie wurde mir von Zacharias klar beantwortet.

»Worin liegt Ihrer Meinung nach der wesentliche Unterschied zwischen dem orthodoxen und dem katholischen Glaubensbekenntnis?«

»Nach dem orthodoxen Glaubensbekenntnis gibt es keine göttliche Einheit von Vater, Sohn und Heiligem Geist«, erwiderte Zacharias. »Dies dürfte die grundlegende Differenz zwischen der orthodoxen und der katholischen Glaubenslehre sein.«

»Können Sie mir erklären, was es mit dem Küssen der Ikonen auf sich hat?«

»Gottes Gnade ist nicht nur im Leib des Heiligen und in seiner Kirche gegenwärtig, sondern auch in den von ihm existierenden figürlichen Darstellungen. All diese Bilder sind wie Gefäße, die sich mit der Gnade Gottes füllen und deshalb Wunder vollbringen können. Folglich verehren wir die Heiligenbilder und küssen sie.«

Bruder Zacharias' Atelier befand sich in einem großen gewölbten Saal mit vielen Zeichentischen mit den Ikonen, an denen er gerade arbeitete: Madonnen, Heilige und diverse andere. Darunter auch zahlreiche biblische Szenen, deren Größe von wenigen Quadratzentimetern bis hin zu mehreren Quadratmetern variierte. Ein spezielles Beleuchtungssystem gestattete variables Licht für die Behandlung der Ikonen. Der zylinderförmige Ofen verströmte eine Wärme, die uns immer wieder dazu veranlasste, die Fenster aufzureißen, obwohl es draußen sehr kalt war. Das Ganze war eine seltsame Melange aus Künstleratelier und Labortechnik, hochmodern und doch irgendwie altmodisch.

In Agios Andreas wohnten und wirkten auch junge Künstler. Der Belgier Thierry Ravelet hatte seine Ausbildung am Instituto per l'Arte e il Ristauro im Palazzo Spinelli in Florenz mit Auszeichnung abgeschlossen, und der Italiener Peppino aus Bari kam von derselben angesehenen Institution, der weltweit größten Ausbildungsstätte für Gemälderestaurateure. Beide waren begnadete Künstler. Nach der Schule ließen sie sich auf dem Berg Athos nieder, um Pater Pavlos, Zacharias, Stephan und den anderen zu helfen. Seit sechs Monaten lebten sie hier, weitab von ihren Familien, ihren Freunden, ihren Freundinnen, und sie gestanden mir, dass sie sich an dieser mystischen Stätte zuweilen doch sehr einsam fühlten. Trotzdem gingen sie mit Feuereifer an die Arbeit, und als ich ihnen in der Werkstatt von Pater Pavlos zusah, fiel mir auf, dass dieser Enthusiasmus mit Ehrfurcht gepaart war. Sie zeigten mir ein paar Stücke, die sie restauriert hatten: Die Arbeit der beiden jungen Experten war einfach fabelhaft; der Vergleich mit den Fotos vor dem Eingriff bestätigte es mir.

Thierry und Peppino gingen nach einer ausgefeilten, künstlerischen Technik vor: Zwischen der Grundschicht und den darüber aufzutragenden neuen Werkstoffen muss absolute Verträglichkeit herrschen. Vor jedem weiteren Eingriff wird alles einer detaillierten Analyse unterzogen, und jeder Eingriff kann jederzeit wieder rückgängig gemacht werden. Die Atmosphäre in diesem Atelier war so emsig wie in einem Bienenstock, den man in der Einsamkeit dieser Halbinsel ausgesetzt hatte.

Vor meiner Ankunft in Athos waren mir die Bestattungsrituale der Orthodoxie noch unbekannt gewesen. Zacharias erklärte sie mir eines Abends:

»Der Leichnam wird in einem einfachen Hemd beerdigt, sodass der Verwesungsprozess rasch vonstatten geht.«

»Wie lange bleibt er unter der Erde?«

»Das ist unterschiedlich, aber sagen wir ungefähr drei Jahre.«

»Und dann?«

»Dann gräbt man das Skelett wieder aus und kocht die Knochen in einer Essiglösung, um sie zu reinigen.«

»Hm …«

»Der Schädel und die Oberschenkelknochen werden natürlich beiseite gelegt.«

»Natürlich.«

»Die Schädel und die Oberschenkelknochen aller verstorbenen Mönche des Klosters werden aufeinander getürmt.«

»Und was macht ihr mit dem Rest?«

»Die anderen Knochen werden in einer großen Grube gesammelt.«

»In einer Grube?«

»Ja, in einer großen Grube. Sie befindet sich gleich neben unserem Schlaftrakt.«

»Und was hat es mit diesen aufbewahrten Schädeln und Oberschenkelknochen auf sich?«

»Es sind die stabilsten und haltbarsten Teile des menschlichen Körpers. Jeder Schädel wird mit dem Namen und den wichtigsten Lebensdaten des Mönches versehen. Und das alles ergibt doch ein ziemlich beachtliches Zivilstandsregister, nicht wahr? Morgen müssen Sie das Beinhaus besichtigen, Jean.«

»Das muss ich unbedingt, Zacharias.«

In der Tat entschloss ich mich am nächsten Tag, mir das Beinhaus der Skiti aus der Nähe anzusehen. Es bestand aus einem frei zugänglichen Raum, der allein schon durch den modrigen Geruch an eine Krypta erinnerte. In der Dunkelheit zeichneten sich die Umrisse parallel zueinander angeordneter Regale ab. Meine Petroleumlampe vor mich her haltend, tastete ich mich behutsam an den Schädelreihen vorbei und stellte mir vor, wie sie mich aus leeren Augenhöhlen anstarrten. Weitere Totenschädel türmten sich unten am Boden. Hinzu kamen hübsch ordentlich aufgereihte Schienbeinknochen. Ein Haufen Knochen war alles, was von den Mönchen nach all den Jahrhunderten übrig war.

Pater Pavlos befand sich gerade auf einer Auslandsreise. Er sollte in drei Tagen wiederkommen, anschließend wollte er gleich nach Athen aufbrechen. Da ich seine Ankunft abwarten wollte und mittlerweile alle Winkel von Agios Andreas erforscht hatte, machte ich mich auf, in der Zwischenzeit noch ein paar andere Klöster auf Athos zu besichtigen.

Zacharias empfahl mir einen Besuch am Kap Akrathos, direkt unterhalb von Athos.

»Sie werden dort auf einen Einsiedler stoßen; er lebt in der Region von Akra Pinnes oberhalb von Aghia Ana. Er ist alt und blind, aber trotzdem kann er sehr gut sehen.«

»Wie geht das denn?«

»Durch die unablässige Begegnung mit Gott im Gebet vollzieht sich im physischen Körper eine Wandlung, denn jede Veränderung im geistig-seelischen Bereich schlägt sich auch im körperlichen Bereich nieder. Der betende Anachoret sieht nicht mehr mit seinen leiblichen Augen, sondern er sieht mit dem göttlichen Licht, das in ihm ist. Sie werden sich selbst davon überzeugen.«

»Das werde ich sicherlich.«

»Und Sie sollten auch einen Freund von mir besuchen: Der Pope Danilo lebt in einer Höhle auf dem Berg Athos in völliger Abgeschiedenheit. Er ist noch sehr jung, nicht einmal dreißig Jahre alt, hat aber ein immenses Wissen. Es heißt, dass er die Dinge in ihrem Zusammenhang begreift und alle Formen des Lebens durchschaut. Es könnte für Sie sehr interessant sein, sich mit ihm zu unterhalten.«

Überraschend zog ein Sturm auf, der mit aller Gewalt über Athos hereinbrach. Ich war gerade erst in Ossios Grigoriou angekommen, als ich nicht mehr weiter konnte. Niemand konnte sich bei diesem Unwetter im Freien aufhalten; das tobende Meer schlug mit lautem Krachen gegen die Felsen; der gesamte Fährverkehr kam zum Erliegen. Achtundvierzig Stunden lang schneite es unaufhörlich. Für diesen Ort, der nur in der Vergangenheit lebte, hatte die Wut der entfesselten Natur katastrophale Folgen. Die meisten Wege wurden einfach weggespült und waren damit unpassierbar. Alles Leben stand still. Ich bedauerte es sehr, dass es mir nicht vergönnt war, den beiden Einsiedlern in ihren Höhlen auf dem Athos einen Besuch abzustatten. Immerhin war dies das Einzige, was ich auf meiner Reise zu bedauern hatte.

Bisher hatte ich auf Athos nur Klöster in bejammernswertem Zustand besichtigt. Umso gepflegter präsentierten sich die beiden Einrichtungen im Süden von Dhafni, Ossios Grigoriou und Simona Petras; dort waren alle Gebäude sorgfältig in Stand gesetzt.

Am ersten Abend des Unwetters stieß ich in der großen Klosterkirche auf einen barhäuptigen Popen mittlerer Größe. Nach dem Gottesdienst flanierten wir gemeinsam durch die Wandelgänge, während der Regen in wahren Sturzbächen auf den gepflasterten Hof niederging. Grelle Blitze zuckten sporadisch am dunklen Himmel. Pater Pavlos sprach gut Französisch. Seine ganze Erscheinung, seine Züge, seine harmonischen Gebärden und seine warme Stimme strahlten Güte aus, sodass ich gleich Vertrauen fasste und ihm einige Fragen zur Orthodoxie zu stellen wagte.

»Ich werde Ihre Fragen sehr gerne beantworten – aber ich werde es mir kaum versagen, Ihnen die Orthodoxie in all ihren Vorzügen zu schildern.«

»Gewiss, das steht Ihnen ja auch zu. Aber welche sind denn nun eigentlich diese Vorzüge, von denen mir immer wieder berichtet wird, seit ich in Griechenland bin, obwohl sie mir noch niemand näher erläutern konnte?«

Wir flanierten unter den hohen Galerien, die uns vor dem herabpeitschenden Regen schützten. Er schwieg zunächst, dann blieb er stehen und sah mich an.

»Der größte Vorzug unserer Tradition besteht darin, dass sie die Gottesschau bereits zu Lebzeiten ermöglicht.«

Einen Moment lang war ich sprachlos ob dieser so ruhig und gelassen geäußerten Antwort.

»Zu Lebzeiten? Wie meinen Sie das? Ich bereite mich darauf vor, dass ich Gott nach dem Jüngsten Gericht schauen kann, so ich Seiner würdig bin. Auf jeden Fall erst nach meinem Tod.«

»Viele Väter der orthodoxen Religion haben Gott gesehen. Obwohl diese heiligen Männer sich rein äußerlich nicht von Normalsterblichen unterscheiden, leben sie in der ständigen Einheit mit Gott. Sie sind untrennbar mit ihm verbunden.«

»Aber wie kann man ein einfacher Mensch sein und gleichzeitig Gott schauen?«

»Diese einfachen Menschen, wie Sie sie nennen, haben die Sünden der irdischen Existenz hinter sich gelassen; durch das Herzjesugebet und eine asketische Lebensweise sind sie von allen Sünden gereinigt und vollziehen den allmählichen ›Aufstieg‹ zu Gott.«

»So Leid es mir tut, aber das kann ich nicht nachvollziehen.«

»Dennoch ist es die Wahrheit, so wie die heiligen Väter sie beschrieben haben. Der Mensch ist in der Lage, den Fluch von Adam und Eva zu brechen, nicht mehr vom Apfel der Dualität zu essen und zum irdischen Paradies zurückzufinden.«

»Aber dann erklären Sie mir doch, Ehrwürdiger Vater, woran sie zu erkennen sind?«

»Die heiligen Väter sehen genauso aus wie wir, aber darauf beschränkt sich die Gemeinsamkeit, weil sich jede ihrer Gesten in

Einheit mit Gott vollzieht. In ihnen ist Er wieder Mensch geworden. Ob sie essen, sprechen oder schlafen, alles vollzieht sich in Einheit mit Gott. Sie werden zum Spiegel der Schöpfung, ein geöffnetes Fenster zum Absoluten.«

»Sie beten ohne Unterlass?«

»Das Beten ist auf ihrer Stufe nicht mehr notwendig. Die Lippen schweigen. Der Vater wird eine Quelle überströmender Freude. Das ist die Einheit aller Dinge. Die Vollendung aller Dinge.«

Auf einer steinernen Bank unter den weißen Bögen sitzend sahen wir in den Hof hinaus, wo der Regen auf den Stein prasselte. Der Pater zog ein kleines in braunes Leder gebundenes Buch aus der Tasche seines Gewands.

»Ich habe hier eine Sammlung von Texten der Wüstenväter. Diese Mönche zogen sich in ihrer Hinwendung zu Gott jahrelang in die Einsiedeleien der Gebirge Vorderasiens zurück. Lassen Sie mich daraus einen Text von Symeon dem Neuen Theologen vorlesen. Er stammt aus dem 11. Jahrhundert und berichtet von der mystischen Erfahrung des Verfassers.«

»... Und inmitten meiner Zelle sehe ich ihn, der außer der Welt ist.
Auf meinem Bette sitze ich und weile außer der Welt.
Ihn aber, der ewig und doch geboren ist,
sehe ich, und rede mit ihm
und wage zu sagen: Ich liebe, denn er liebt mich.
Ich nähre mich von der Betrachtung, ich kleide mich darein;
ihm vereint übersteige ich die Himmel.
Und daß dies wahr und gewiß ist, weiß ich.
Wo aber dann dieser Leib ist, erkenne ich nicht.
Ich weiß, daß hinabsteigt, der unbewegt ist.

Ich weiß, daß von mir geschaut wird, der von Natur unschaubar ist.
Ich weiß, daß er, der aller Kreatur weit entrückt ist,
mich in sich aufnimmt und in seinen Armen verbirgt,
und ich finde mich außer der ganzen Welt.
Hinwieder schaue ich Sterblicher, und in der Welt ein Geringer,
den ganzen Schöpfer in mir:
und dieweil ich im Leben bin, umfange ich in mir das ganze blühende Leben und weiß, daß ich nicht sterben werde.
In meinem Herzen ist er, und wohnt im Himmel: hier und dort sehe ich ihn in gleichem Leuchten.«

»Man darf sich nicht beirren lassen«, fuhr er fort. »Die Orthodoxie wird gerne als starres, moralisches Regelwerk abgetan. Sie strebt jedoch nach der Gottwerdung des Menschen.«
Dieser Pope hatte es geschafft, mir einen Zugang zur Orthodoxie zu vermitteln, er hatte mir einen neuen Blickwinkel eröffnet.

»Durch das Herzjesugebet offenbart sich dem Menschen das Antlitz Gottes. Zunächst nur sehr vage, aber doch real, und je weiter man in seinen Frömmigkeitsübungen fortschreitet, desto klarer kristallisiert sich diese Erscheinung heraus. Die auf die äußere Welt gerichteten Leidenschaften besänftigen sich, und der Anwärter ist nicht mehr den Empfindungen von Stolz, Hass und Fleischeslust ausgeliefert. Auf der nächsten Stufe wird er dann vom heiligen Geist erleuchtet.«

»Also körperlich?«

»Ja, er empfängt die Gnade Gottes in Form des ungeschaffenen Lichts. Das lässt sich anhand zahlreicher Beispiele belegen. Diese Mönche sind von einem hellen Lichtschein umgeben; sogar ihre Zelle füllt sich mit der Aura des farbigen Lichts.«

Gespannt lauschte ich seinen Worten. Grollender Donner skandierte unsere Sätze, und unter den Blitzen, die in regelmäßigen Abständen über den Himmel zuckten, entfaltete sich die Schönheit des Klosters in seiner Vollendung. Vor dem Hintergrund dieser entfesselten Naturkräfte schien unsere lange Diskussion sich in überirdischen Dimensionen zu bewegen.

Am Ende versicherte ich Pater Pavlos, er habe mich mit seinen Ausführungen zutiefst berührt.

»Ich bete zu meinem Schutzengel, er möge mich erhellen, und ich bete zum Heiligen Geist, er möge mir helfen, diese sehr verlockenden Gedanken, die Sie mir freundlicherweise auseinander gesetzt haben, zu begreifen. Eines jedoch, ehrwürdiger Vater, ist mir im Verlauf dieses Gesprächs trotzdem schon klar geworden. Ich glaube nicht, dass ich Gott unbedingt zu Lebzeiten sehen muss. Ich bin ein alter Mann, ich bin sechzig Jahre alt und werde mich nicht mehr allzu lange gedulden müssen. Würde ich jetzt noch zum orthodoxen Glauben übertreten, wäre dieser Glaube Neuland für mich; ich wäre ein Tourist in einem fremden Land. Sie werden sicher verstehen, wenn ich sage, dass es ein schlechtes Geschäft wäre, und zwar nicht nur für mich, sondern auch für die orthodoxe Religion.«

Der Regen war allmählich in Schnee übergegangen, und als wir uns voneinander verabschiedeten, war es nach Mitternacht.

Um drei Uhr morgens weckten mich die Klänge des so genannten *simondron*. Ein Mönch schlug mit Hilfe eines Holzklöppels in einem bestimmten Rhythmus auf dicke Holzklötze, die an Stricken aufgehängt waren, um die Mönche zur ersten Andacht zusammenzurufen. Ohne Beleuchtung, im dichten Schneetreiben, machte ich mich auf den Weg in die Hauptkirche. Ich betete für alle Menschen, die ich während meiner Wallfahrt kennen gelernt hatte, und ich betete auch für die Mönche von Ossios Grigoriou. Ich bemerkte eine Marienikone im schwachen Licht einer kleinen Lampe. Im Unterschied zu den orthodoxen Gläubigen, die sich verneigen, kniete ich nieder und bekreuzigte mich, bevor ich mit meinen Andachtsübungen begann.

In der heraufziehenden Dämmerung kehrte ich in meine Zelle zurück. In der Tat ist es üblich, sich nach diesem zweieinhalbstündigen Gebetsgottesdienst noch einmal schlafen zu legen, bevor man zur Tagesordnung übergeht. Nach einer Stunde Ruhen traf ich meine Vorbereitungen für den Aufbruch. In dem großen Refektorium hoch über dem Meer bot man mir *loukoum* an. Ich betrat den schönen Saal, in dem sich schon eine zehnköpfige Reisegruppe aus Athen eingefunden hatte; sie waren auf Athos, um von Kloster zu Kloster zu wandern. Der Wind peitschte über die hoch aufschäumende weiße Brandung. Die Halbinsel lag unter einer dichten Schneedecke. Es war ein gespenstischer Anblick, der die ruhigsten Gemüter aufgewühlt hätte.

Wir warteten ab und sahen in den Sturm hinaus, der immer noch stärker wurde. Ein älterer Herr wurde langsam ungeduldig.

»Ich hoffe bloß, dass später noch ein Schiff anlegt, wir können doch hier nicht den ganzen Tag herumsitzen und warten!«

»Bei diesem Sturm ist es praktisch unmöglich, dass ein Schiff anlegt,« entgegnete jemand.

Ein junger Mönch setzte den Spekulationen schließlich ein Ende:

»Der gesamte Fährverkehr ist für heute eingestellt. Sie müssen bleiben, bis sich das Wetter bessert.« Daraufhin gingen wir alle wieder in unsere Zellen.

Der heftige Sturm und das Schneetreiben hielten den ganzen Tag an. Ich vollzog meine Betübungen, die ich über den Tag verteilte, und verbrachte den größten Teil des Tages in der Kirche, die sich nur zur Stunde des Gottesdienstes füllte. In bestimmten Abständen rief uns das *simondron* zur Messe zusammen, oder auch zum Essen, das wir im Refektorium einnahmen.

Am nächsten Tag besserte sich die Wetterlage. Der Wolkenvorhang riss auf und ließ einen Streifen blauen Himmels sehen, es war ein Hoffnungsstrahl. Aber die Dünung war immer noch sehr stark. Um neun Uhr morgens wagte sich dann trotzdem eine Fähre bis an die Anlegestelle von Ossios Grigoriou vor. Gegen die starken Winde und die hohen Wellen ankämpfend, konnte das Schiff nach mehreren Versuchen in einem riskanten Manöver an der Betonmole vertäut werden. Alle gingen rasch an Bord. Die anschließende Überfahrt nach Dhafni hätte wohl noch dem hart gesottensten Seebären zugesetzt.

Als sich der Sturm endlich gelegt hatte, stieg ich durch die makellos weiße Schneelandschaft nach Kariai hoch. Der steile Pfad lag unter einer dichten Schneedecke. Obwohl der Weg in einigen Abschnitten durch den Regen ausgewaschen war, präsentierte sich die Natur in jungfräulicher Reinheit. Die einzigen Spuren im Schnee stammten von mir. Bei meiner Rückkehr in die Skiti Agios Andreas erfuhr ich von Zacharias, Pater Pavlos sei wegen des schlechten Wetters in Thessaloniki aufgehalten worden.

Er rief mich in der Mittagspause an.

»Es tut mir Leid, dass ich unsere Verabredung nicht einhalten kann. Die Straße ist wegen des Unwetters nicht mehr passierbar, und in zwei Tagen soll ich an der Sorbonne einen Vortrag über die Ikonenrestaurierung halten.«

»Ich saß zwei Tage lang in Ossios Grigoriou fest.«

»Hören Sie gut zu. Ich hoffe, dass ich Sie in Frankreich besuchen kann. Ich finde Ihren Vorschlag hinsichtlich der Ikonen aus Weißrussland sehr interessant und möchte mit Ihnen darüber sprechen. Wir müssen in Kontakt bleiben.«

»Einverstanden.«

»Es tut mir aufrichtig Leid, dass wir uns nicht sehen konnten! Für mich ist jeder Besucher, der nach Agios Andreas kommt, wie ein Gottesgeschenk.«

»Ich bewundere sehr, was Sie machen.«

»Ach wissen Sie, mein Sohn, es ist doch nur, um Gott die Ehre zu erweisen. Wann brechen Sie nach Jerusalem auf?«

»Morgen, ehrwürdiger Vater.«

»Gott möge Sie auf Ihrem Weg beschützen.«

Die Synode von Alexandroupolis

Am 19. Februar verließ ich Athos. Der Abschied fiel mir schwer. Während meines kurzen Aufenthalts hatte ich eine Ahnung von dem großen Reichtum der orthodoxen Spiritualität bekommen, und ich nahm mir fest vor, eines Tages an diesen geheimnisvollen Ort wiederzukehren. Je weiter ich auf dem schmalen Küstenstreifen zwischen Ägäis und Bulgarien nach Osten ging, desto größer wurde der Einfluss des Islam, und zu den Kirchtürmen, die gen Himmel ragten, gesellten sich immer öfter auch Minarette. Seit ich in Patras angekommen war, hatte ich mich unter den Griechen sehr wohl gefühlt. Ich fürchtete jedoch, im Norden des Landes und vor allem in Thrakien unangenehme Überraschungen zu erleben. Ich nahm an, das Nebeneinander zweier Konfessionen, der Orthodoxie und des Islam, würde einen gewissen Risikofaktor darstellen; die Kämpfe zwischen Protestanten und Katholiken in Irland oder die Konfrontation zwischen Serben und Albanern im Kosovo waren schließlich das beste Beispiel dafür …

Wie sich jedoch herausstellen sollte, waren meine Sorgen unbegründet. Wohin ich auch kam, wurde ich herzlich aufgenommen – egal welcher Konfession die Menschen waren. Zu meiner Verwunderung schien diese Mischung ein freundschaftliches Verhältnis sogar zu fördern, ja ich hatte den Eindruck einer gegenseitigen Befruchtung zwischen dem Islam und dem Christentum. Meist waren die Menschen hier sehr hilfsbereit, wenn ich um Essen oder Auskünfte bat. Auf der Strecke von Thessaloniki bis zur türkischen Grenze hatte ich das Gefühl, noch ein anderes Griechenland zu entdecken – noch unternehmungslustiger und offener.

Kavalla liegt an der Küste, gegenüber der vorgelagerten Insel Thasos. Gleich nach der Ankunft besuchte ich dort die orthodoxe Hauptkirche Sankt Paulus. Die zwei Popen, Vater und Sohn, nahmen mich sofort auf, als sie erfuhren, dass sie einen Pilger vor sich hatten. Tags darauf ging ich dann in die katholische Kirche Sankt Paulus. Kavalla hat in der Tat zwei Kirchen dieses Namens; sowohl die katholische als auch die orthodoxe Kirche wollten dem »Apostel der Heiden« die Ehre erweisen.

Wie froh ich war, als ich Pater Johannes aus Thessaloniki dort wieder sah! Wir fielen uns buchstäblich in die Arme.

»Erzählen Sie mir, wie es Ihnen in Athos ergangen ist!«

»Es war herrlich, und ich habe mir geschworen, eines Tages an diesen wunderschönen, geheimnisvollen Ort zurückzukehren und länger zu bleiben.«

Unser gegenseitiger Respekt war von großer Zuneigung geprägt. Wir machten es uns eine Stunde im Pfarrhaus bequem, um uns gegenseitig unsere Eindrücke von Athos zu erzählen.

Nach und nach trafen die Gläubigen zur bevorstehenden Messe ein. Pater Johannes zelebrierte sie vor einer kleinen Gemeinde von gerade zwanzig Personen. Die Kirche wurde nur von den Lazaristen aus Thessaloniki genutzt, sonst stand sie meistens leer.

Als der Gottesdienst zu Ende war, organisierte ein Mitglied der Gemeinde ein gemeinsames Essen. Bei dieser kleinen Tischgesellschaft ging es so lebhaft zu, dass ich das Gefühl hatte, seit Jahren einer von ihnen zu sein.

Bald darauf zog ich weiter in Richtung des antiken Philippi, wo der Apostel Paulus die erste christliche Gemeinde Europas gegründet hatte. Die Schläge meines Herzens gaben meinem Gebet den Rhythmus vor, und ich fühlte mich so leicht wie die Luft, die mich umgab. Nachdem ich eine zehn Kilometer lange Strecke zügig hinter mich gebracht hatte, erreichte ich die antike Stätte, die sich beiderseits einer schmalen Straße erstreckte: der Via Egnatia, im Römischen Reich die wichtigste Verbindung mit Konstantinopel.

Das Neue Testament enthält den Brief des Apostels Paulus an die Philipper, deren aufkeimenden Glauben er zu stärken versuchte. Sein Werk ist von zentraler Bedeutung für die Geschichte des Christentums. Er war der Erste, der sich berufen fühlte, die christliche Lehre unter den nichtjüdischen Völkern zu verbreiten und in die Welt hinauszutragen.

Die Besichtigung dieser ersten frühchristlichen Siedlung Europas bewegte mich zutiefst. Wer könnte sich der Faszination dieser harmonischen Einheit römischer und christlicher Baukunst entziehen? Die Schönheit dieser Ruinen und Bauwerke aus hellem Stein beruht auf ihrer außergewöhnlichen Harmonie. Andächtig verweilte ich vor dieser Verbindung antiker und christlicher Kultur, aus der sich die abendländische Welt entwickelte.

Die Straße nach Porto Lagos führte über die Hügel hinunter an die Küste und stieg in Richtung Komotiní wieder an. Eine sumpfige Ebene, ähnlich der Camargue, erstreckte sich bis ans Meer, das von weitem in der Sonne glitzerte. Es herrschte klares Wetter, und der Himmel war wolkenlos. Kurz vor Porto Lagos führte eine Straße durch die riesigen Sümpfe, und ich ging zwischen spiegelnden Wasserflächen weiter.

Mitten in der Lagune tauchte ein imposantes Kloster auf. Gerade wollte ich eine Holzbrücke passieren, als ein orthodoxer

Mönch vor mir auftauchte. Bei meinem Anblick hielt er sich die Hand mit weit gespreizten Fingern vor die Augen. »Fort! Fort!« Als ich mich nicht von der Stelle rührte, schimpfte er weiter. »Fort mit Ihnen, Ungläubiger, und sehen Sie uns nicht an!« Dabei bekreuzigte er sich fortwährend mit der anderen Hand. Ich war offen gesagt ziemlich verblüfft. Mit solcher Feindseligkeit hatte ich an einem so friedlichen Ort nicht gerechnet. Die kleine Schar, die ihn begleitete, suchte schreiend hinter seinem Rücken Schutz. Sie hielten mich wohl für den Leibhaftigen selbst. Das Verhalten des Menschen kann einem zuweilen Rätsel aufgeben…

Noch lange begleitete mich der Geruch des Meeres. Komotiní thronte in einer Ebene unterhalb der Rodopen. Als ich ankam, ging ich gleich in die Hauptkirche. Ein Pope namens Demetrios hieß mich willkommen und ließ mir in einem Hotel ein Zimmer reservieren.

Das »Hellas« hatte ein ausgesprochen gemütliches, gastfreundliches Flair. Das Ambiente wurde von dicken Teppichen, Ledersesseln und vor allem durch die Ausstrahlung des Besitzers, Herrn Kyriaki, bestimmt. Meine Ankunft fiel auf einen Mittwoch. Es war achtzehn Uhr fünfundvierzig. Ich hatte gerade noch fünfzehn Minuten, um mich bei der französischen Rundfunkanstalt zu melden, wo ich allwöchentlich ein kurzes Interview gab. Aber da der Besitzer nur Griechisch sprach, konnte ich mich nicht verständlich machen. »Herr Kyriaki, ich muss mich telefonisch in Paris melden und um Rückruf bitten.« Aber es war vergeblich.

Herr Kyriaki gab mir ein Zeichen, dass ich mich einen Moment gedulden solle. Er wählte eine Nummer und reichte mir dann erwartungsvoll den Hörer.

Eine junge Frau sprach mich auf Französisch an.

»Was haben Sie denn auf dem Herzen, Monsieur? Ich bin die

Nichte von Herrn Kyriaki, und ich soll Sie fragen, wie wir Ihnen helfen können.«

Ich erklärte ihr mein Problem und reichte den Hörer dann wieder dem Onkel zurück. Dem ging endlich ein Licht auf, und so konnte ich in letzter Minute doch in die Sendung geschaltet werden.

Als ich mich am nächsten Morgen wieder auf den Weg machte, herrschte Hochbetrieb auf den Straßen. Alles war in Aufruhr. Es war der 25. März 1999, der Nationalfeiertag in Gedenken an die Revolution von 1821. Eigentlich war es weniger eine Revolution als vielmehr ein Aufstand gegen die vier Jahrhunderte währende türkische Herrschaft. Die Menschen jubelten und feierten, als hätten sie gerade erst gestern ihre Unabhängigkeit wiedererlangt! Die Männer stolzierten in ihren besten Anzügen mit geschwellter Brust umher und strichen sich das Lippenbärtchen. Meist folgten ihnen ihre schwarz gekleideten Ehefrauen und ein ganzer Tross Kinder. Krakeelende kleine Jungen in Miniaturanzügen und edlen schwarzen Krawatten flitzten um die Erwachsenen herum, und kleine Mädchen in abstehenden weißen Tüllkleidchen schleckten brav an ihren Eiswaffeln. Überall wurden kleine Banner mit den griechischen Landesfarben geschwenkt: neun waagerechte weiß-blaue Streifen und am oberen Rand ein weißes Kreuz auf azurblauem Grund. Dazu sangen sie die griechische Nationalhymne. Uniformierte Soldaten, Pfadfinder und Schüler defilierten zum Klang der Fanfaren unter Bravo-Rufen an der applaudierenden Menge vorbei. Die ganze Stadt war auf den Beinen.

Als ich am Abend Alexandroupolis erreichte, hatten die Fotografen Aufnahmen des Festzugs ausgestellt. Vor den Schaufenstern standen scharenweise Männer herum, um sich die Nummern der Aufnahmen zu notieren, während andere die Fotos nur lachend kommentierten.

Auf Empfehlung von Pater Johannes, den ich vor einigen Tagen gesehen hatte, sollte ich dem orthodoxen Erzbischof von Alexandroupolis meine Aufwartung machen und dem Generalvikar Hantimos Coukouroudis seine Botschaften überbringen. »Er ist sehr tolerant, wie Sie sehen werden. Er hat große Achtung vor den Katholiken. Richten Sie ihm meine besten Grüße aus!«

Am Tag nach meiner Ankunft ließ ich mich beim Erzbischof als Pilger im Auftrag von Pater Johannes anmelden und bat um eine Unterredung mit dem Generalvikar. Es traf sich, dass genau zu diesem Zeitpunkt eine Synode mit den Priestern aller Diözesen abgehalten wurde. Während ich noch wartete, dass der Vikar seine Ansprache beendete, kam ein Pope auf mich zu.

»Guten Tag, Sie sind katholischer Pilger?«

»Ja, ich gehe zu Fuß nach Jerusalem.«

»Wie schön! Das ist ein wunderbarer Frömmigkeitsbeweis!«

Neugierig näherten sich drei weitere Priester und mischten sich in das Gespräch ein.

Einer der Popen sah mich durch runde in Metall gefasste Brillengläser an und riet mir: »Sie sollten den Weg über Férai nehmen; von dort aus sind es nur noch wenige Kilometer bis zur türkischen Grenze.«

»Eigentlich wollte ich noch weiter nach Norden gehen, bis Orestiada, und dort die Grenze überschreiten.«

»Aber nicht doch, das wäre ein unnötiger Umweg. Sie haben noch eine weite Strecke vor sich, machen Sie sich die Sache doch nicht schwerer, als sie ist!«

Mit großer Anteilnahme sprachen mir die Priester in jeder Hinsicht Mut zu.

»Vergessen Sie alles, was man Ihnen über die islamische Gesellschaft gesagt hat. Sie haben nichts zu befürchten, ganz im Gegenteil. Sie werden auf sehr gütige und hilfsbereite Menschen treffen.«

Der Generalvikar unterbrach seine Sitzung und bat mich in

den großen Saal, in dem die Synode stattfand. Er stellte mich der Versammlung vor und wollte dann alles Mögliche über meine Wallfahrt wissen. Meine Erwiderungen wurden von den Anwesenden mit beifälligem Gemurmel quittiert. Danach erteilte mir der Generalvikar seinen Segen und küsste mich feierlich.

Ich muss sagen, dass dieser Moment einen der Höhepunkte meines Aufenthalts in Griechenland darstellte. Er war gleichsam meine Entschädigung für die vielen negativen Erfahrungen mit anderen orthodoxen Geistlichen. Von diesem Zeitpunkt an durfte ich mit der uneingeschränkten Unterstützung aller Popen rechnen, die ich noch auf dem Weg bis zur Landesgrenze treffen sollte.

In der Nähe der orthodoxen Kirche in Férai stieg ich auf einen kleinen Hügel und beobachtete den Sonnenuntergang hinter den türkischen Bergen. Ich war glücklich, wusste ich doch, dass ich dem Gelobten Land immer näher kam. Mein Optimismus kehrte zurück, nachdem ich mich den ganzen Nachmittag mit selbstquälerischen Gedanken getragen hatte. Dieser Ballast drückte mich viel mehr als der Rucksack mit meinen paar Habseligkeiten. Ständig musste ich von neuem meine inneren Widerstände bekämpfen!

Hier auf dem Balkan, wo im Verlauf von Jahrtausenden mehr Blut vergossen worden war als in jedem anderen Land der Welt, bat ich Gott, die zerstörerischen Kräfte derer, die das Leben nicht achten, aufzuhalten.

Während die Sonne unterging, listete ich aus dem Gedächtnis alles auf, was ich über die Türkei erfahren hatte, und verglich es mit früheren Informationen, die mich von der Reise durch die Türkei abhalten sollten. So entschloss ich mich, entgegen meiner ursprünglichen Absicht, nun doch die Türkei zu durchqueren. Es ist schon überflüssig genug, sich mit Problemen zu belasten, die in der Zukunft auf einen warten, noch überflüssiger ist es jedoch, sich über Dinge zu beunruhigen, die nur in der Vorstellung existieren. Mir wurde bewusst, dass meine Ängste in den meisten Fällen keine konkreten Ursachen hatten. Und dass meine Ängste nicht von den Ereignissen selbst, sondern vor allem von einer mangelnden Flexibilität und Offenheit angesichts des Unbekannten herrührten. Oft ist es ja so, dass wir mit unseren Ängsten Probleme geradezu anziehen; wir sollten uns jedoch immer vergegenwärtigen, dass es nicht der Abgrund ist, der uns in die Tiefe zieht, sondern unser Schwindelgefühl. Wer sich innerlich anspannt, wird sich nur noch tiefer in eine schwierige Situation hineinverstricken. Wenn ich ganz ehrlich sein wollte, musste ich zugeben, dass die Erdbebenhäufigkeit das Schlimmste war, was mich dort erwartete!

Ich blieb allein auf dem Hügel, bis es dunkel wurde. Ich erkannte, dass mein unaufhörliches Beten auch psychische Veränderungen in mir bewirkte. Ungelöste Muster aus der Vergangenheit, Erinnerungen, aufgestauter Groll, all dies verlor an Einfluss und verflüchtigte sich, weil ich mich nicht mehr daran festklammerte. Ich spürte, wie sich diese Knoten und Verhaltensmuster nach und nach einfach so ohne mein Zutun lösten. Später begab ich mich in die orthodoxe Kirche am Fuß der Anhöhe; die weit geöffneten Türen empfingen die Gläubigen zum Gottesdienst. Ich betete nach meiner eigenen Tradition. Am Ende der Messe kam der Pope Theodoros mit einem jungen Kollegen auf mich zu. »Wir haben Sie auf der Synode gesehen und noch viel von Ihnen geredet. Wir waren sehr angetan. Haben Sie ein Quartier für die Nacht? Machen Sie sich keine Gedanken, wir werden schon etwas für Sie finden.« Mit der tatkräftigen Hilfe einiger Mitglieder der Gemeinde richteten sie mir dann ein Lager im Büro her.

Trotz seines sicheren Auftretens konnte der Pope Theodoros mir nicht verbergen, dass ihn etwas beunruhigte.

»Ist etwas geschehen, ehrwürdiger Vater? Es quält Sie doch etwas?«

»Ja, meine Familie ist in großer Sorge. Einer meiner Söhne ist auf einer Mission im Kosovo; er befindet sich mitten im Krisengebiet, und wir haben nichts von ihm gehört.«

»Ich verstehe Ihre Sorge. Aber ich bin mir sicher, dass ihm nichts zugestoßen ist.«

»Meine Frau steht die größten Ängste aus, und auch für mich ist diese Ungewissheit unerträglich.«

»Leider steht es nicht in meiner Macht, direkt etwas für Ihren Sohn zu tun. Aber vielleicht helfen wir ihm durch ein Gebet – für ihn und alle Beteiligten in diesem Konflikt, der hoffentlich bald ein Ende findet?«

»Ja, Sie haben Recht.«

Der Pope Theodoros kniete neben mir nieder und fiel dann in mein Bittgebet für seine Familie mit ein. Das Beten bringt denen, die es tun, Erleichterung; und denen, für die gebetet wird, kann auf unerklärliche Weise geholfen werden. Auch dem, der noch nie zuvor gebetet hat, wird das Gebet auf eine unerhoffte Weise Trost und Hoffnung spenden.

Ohne die innere Sicherheit, die ich im Verlauf meiner Betpraxis gewonnen habe, hätte ich nie wahres Glück erfahren. Ein Glück jenseits von Erfolg und Misserfolg, von Schmerz und Vergnügen; ein Zustand unwandelbaren Seins. In meinem Gebet fand ich Harmonie, alles war mir Recht. Mein Egoismus wurde von der Sorge um meine Mitmenschen verdrängt.

An der griechisch-türkischen Grenze kam der Leiter der Zollaufsichtsbehörde, ein elegant gekleideter Herr in Zivil, auf mich zu. Sechs Beamte begleiteten ihn. Er sprach mich ungezwungen an.

»Sie sind doch der Jerusalempilger? Wir haben etwas im Fernsehen über Sie gesehen.«

»Ja, das bin ich.«

»Seien Sie willkommen.«

»Ich danke Ihnen. Sagen Sie mal, was erwartet mich eigentlich hinter der Grenze? Muss ich mich in Acht nehmen?«

»Sie haben nichts zu befürchten; Sie werden gut durchkommen.«

»Sind Sie sicher? Muss ich gewissen Leuten nicht misstrauen? Ich komme zum ersten Mal in die Türkei.«

»Sie haben keinen Grund zur Sorge, die Türken sind sehr gastfreundlich, sie sind wie wir! Es gibt wirklich keinen Grund zur Sorge.«

Er sagte das mit einer Selbstverständlichkeit, die mir Vertrauen einflößte.

»Nehmen Sie doch Platz und essen Sie einen Bissen.«

Jemand goss mir einen Kaffee ein, und kurz darauf wurde mir ein halbes Brathühnchen serviert. Alle waren sehr aufmerksam mir gegenüber.

»Sagen Sie mir Bescheid, falls Sie noch etwas brauchen. Wenn Sie fertig sind, halte ich einen Wagen an, der Sie über die Grenze mitnimmt.«

»Aber ich kann doch zu Fuß gehen.«

»Das sollten Sie besser nicht tun; es wird davon abgeraten, das *no man's land* zwischen Griechenland und der Türkei zu Fuß zu durchqueren. Aber lassen Sie nur, ich kümmere mich darum.«

Ich bedankte mich bei ihm. Ein Wagen nahm mich bis zur türkischen Zollstation mit. Übrigens wurde ich – entgegen meinen Befürchtungen, die ich zu Beginn der Reise noch hegte – an allen Grenzen immer sehr freundlich behandelt.

Stiller Dialog

Der Leiter des Fremdenverkehrsbüros an der Grenze stattete mich mit Landkarten und Informationsmaterial zu den antiken Stätten aus; sogar eine Liste mit dem türkischen Grundwortschatz von zirka hundert Wörtern war dabei, was mir meine ersten Kontakte mit den Einheimischen erleichterte. Dann hielt er einen Mann an, der draußen gerade vorbeikam. Nachdem die beiden ein paar Sätze gewechselt hatten, wandte er sich wieder an mich. »Das ist ein Freund von mir. Er ist Busfahrer und fährt gleich nach Keşan, um dort Passagiere vom Busbahnhof abzuholen. Ich habe mit ihm abgemacht, dass er Sie bis nach Keşan mitnimmt. Das ist der sicherste und bequemste Weg für Sie.«

So lernte ich allmählich die Türken kennen, obwohl die Kontakte auf Grund meiner ungenügenden Kenntnisse ihrer Sprache eingeschränkt waren. Zur Verständigung stand uns nichts weiter als die Zeichensprache in Verbindung mit der entsprechenden Mimik zur Verfügung, trotzdem stellte sich bei mir rätselhafterweise bald ein Gefühl der Vertrautheit ein. Die Arbeit an meinem Selbst trug allmählich Früchte. Ich stellte fest, dass ich die Fähigkeit besaß, mich immer wieder aufs Neue auf fremde Kulturkreise einzustellen, und zwar mit einer Leichtigkeit, die ich mir nie zugetraut hätte. Mit diesem wachsenden Vertrauen reifte auch die Erkenntnis, dass man die andere Seite des Spiegels nur erreichen kann, wenn man die Angst vor dem Sprung in die Leere überwindet; in der Tat sind unsere Ängste fast immer unbegründet.

Es war schon später Nachmittag, und ich musste mich auf die Suche nach einer Schlafgelegenheit machen. Da ich in einem islamischen Land war, entschloss ich mich, in einer Moschee um Asyl zu bitten. Der etwas rundliche, freundlich lächelnde Imam schien bereit zu sein, mir zu helfen, verstand aber kein Wort von dem, was ich ihm sagte. Weder er selbst noch einer der anwesenden Gläubigen konnten eine Sprache sprechen, die mir geläufig war. Etwas enttäuscht über diese verpasste Gelegenheit zog ich weiter. Auf meinem Weg in die Innenstadt kam ich an einer Polizeiwache vorbei. Vielleicht sollte ich es hier versuchen? Ich hatte ohnehin keine andere Wahl ... An den Wachtposten vorbei ging ich hinein. Im ersten Stock liefen mir zwei Personen über den Weg, die in einem rudimentären Englisch radebrechten. Kurz darauf betrat ein Offizier den Raum. Es war der Polizeikommissar persönlich; er leitete die Abteilung zur Terrorismusbekämpfung. Seinem berühmteren Namensvetter, der einst unter Napoleon Bonaparte die Kavallerie angeführt hatte, stand dieser Güveng Murat, was den Elan anging, in nichts nach. Er war nicht groß, hatte glänzendes schwarzes Haar und Augen, mit denen er seinem Gegenüber auf den Grund der Seele zu schauen schien. In einer freundlich-entspannten Atmosphäre erzählte ich ihm alles von mir – wo ich herkam, durch welche Länder ich gegangen war und wo ich jetzt hin wollte. Vier oder fünf Stunden lang saßen wir zusammen. Alle wollten erfahren, was mich dazu getrieben hatte, diese weite Reise zu unternehmen und dafür die lange Trennung von meiner Familie und meiner Heimat in Kauf zu nehmen.

»Warum machen Sie eine solche Reise?«

»Weil ich Gott Dank schulde und mich selbst von mir loslösen will.«

»Nicht um andere Länder kennen zu lernen?«

»Dieser Punkt kommt erst an zweiter Stelle. Zuallererst möchte ich mich selbst erkennen, indem ich mich allen positiven oder negativen Situationen des Lebens aussetze, wie sie gerade kommen, und Gott dabei ehren und dienen.«

»Sie sind der erste ausländische Pilger, der hier vorbeikommt. Macht es Ihnen denn nichts aus, so viele Monate lang ganz allein und ohne Geld unterwegs zu sein?«

»Doch, das fällt mir oft sehr schwer. Aber irgendwann erreicht man einen Punkt, wo man sich keine unnötigen Sorgen mehr macht und nur noch den Moment lebt.«

»Und was erhoffen Sie sich davon?«

»Meine Pilgerschaft lässt mich offener werden für andere, und sanftmütiger.«

»Wie meinen Sie das?«

»Ich bin nicht aufgebrochen, um meine unmenschliche Seite auszuleben, sondern um dieses Unmenschliche in mir abzumildern. Ich würde mir wünschen, dass ich auf diese Weise einen Beitrag dazu leisten kann, die Unmenschlichkeit der Welt zu verringern, so gering dieser Beitrag auch immer sein mag.«

»Ist denn jeder Katholik dazu verpflichtet, eine Wallfahrt zu machen? Ist das vorgeschrieben?«

»Nein, das kann sinnvoll sein, aber es wird nicht verlangt.«

Mein Vorhaben schien sie brennend zu interessieren. Statt Misstrauen spürte ich, dass sie mir sehr freundlich gesinnt waren. Nachdem wir uns eine Weile über unsere jeweiligen Religionen ausgetauscht hatten, brachte mich Güveng gegen zehn Uhr abends in eine Pension. Bevor er ging, musste ich ihm versprechen, am nächsten Morgen noch einmal bei ihm vorbeizuschauen.

Der nächste Tag stand im Zeichen des größten islamischen Feiertags: das Opferfest Kurban Bayrami, das an das Opfer Abrahams erinnert. In jenem Jahr fiel es direkt mit dem Palmsonntag zusammen. Als ich um acht Uhr morgens wieder auf die Wache kam, sah alles ganz anders aus als am Vorabend. Die Polizisten hatten sich in Schale geworfen. Statt Uniform trugen sie schwarze Krawatten und dreiteilige Anzüge. Im Flur stand ein langer Tisch, voll mit den unterschiedlichsten Speisen. Alles was in der Stadt Rang und Namen hatte, war eingeladen. Trotz der Säkularisierung spielt der Islam bis heute im türkischen Alltag eine wichtige Rolle. Ich musste mich reihum mit jedem Gast unterhalten, und erst als alle Festreden gehalten und die Gläser leer getrunken waren, fuhr mich Güveng Murat im Jeep bis an den Ausgang der Stadt. »Unsere Vororte sind wahre Irrgärten, in denen Sie sich nur verlaufen würden. Ich wünsche Ihnen für Ihren Aufenthalt in der Türkei noch viel Glück.«

Unter einer grauen Dunstglocke lief ich in Richtung Malkara. Saftige grüne Weiden zogen sich wie Teppiche über die Hänge. Das feuchte Grün spross aus der duftenden Erde. Auf der sanft auf- und absteigenden Straße schritt ich zügig voran, ohne dass es mich ermüdete.

Nach einer Kurve stürzten plötzlich drei wütend bellende Hunde mit bedrohlich gefletschten Zähnen auf mich zu. Die großen, struppigen Tiere waren offensichtlich bissig und aggressiv, und ich war fieberhaft am Überlegen, wie ich es anstellen sollte, mich aus meiner misslichen Lage zu befreien. Um mir die Bestien vom Leibe zu halten, schlug ich immer wieder mit meinem Stock kräftig auf den Boden. Das dumpfe Geräusch, das die Metallspitze dabei erzeugte, hielt sie auf Abstand. Dabei schrie ich Zeter und Mordio, bis sie nach zehn Minuten von mir abließen. Leider währte der Frieden nicht lang. Kaum war ich ein Stückchen weitergegangen, als die drei aggressiven Biester schon wieder vor mir standen und mich drohend anknurrten, als hätten sie in der Zwischenzeit neuen Mut gefasst. Jedenfalls hatte ich den Eindruck, dass sie diesmal nicht klein begeben würden und unter allen Umständen ihre Trophäe in Form eines saftigen Bissens aus meiner Wade von mir forderten.

In meiner Not begann ich inbrünstig zu beten. Ich schloss die Augen und bat flehentlich um Rettung. Meine Angst löste sich, und ich spürte, wie es in mir weiter und freier wurde. Ich fühlte mich leichter und spürte, wie sich mein Gesicht durch ein strahlendes Lächeln erhellte.

Die drei Hunde bellten nicht mehr. Der Größte von ihnen, vermutlich der Anführer des Rudels, saß auf den Hinterbeinen, hielt den Kopf schief und sah mich an. Stille legte sich über diesen einsamen Landstrich. Nichts rührte sich, es gab nur noch mich und die streunenden Hunde, die sich plötzlich in völlig harmlose, freundliche Weggefährten verwandelten. Diese plötzliche Wendung der Dinge überraschte mich; sie bestätigte mir auf spektakuläre Weise, welche Macht dem Gebet und dem hingebungsvollen Vertrauen zukommt. So paradox es erscheinen mag: Je mehr man »loslassen« kann und sich in Einklang mit Gott befindet, desto rascher kehren sich Situationen, die man als bedrohlich empfindet, in ihr Gegenteil um. Ich glaube fest daran, dass wir unsere Umgebung allein dadurch, dass wir die Angst überwinden, zum Besseren beeinflussen können. Auf gewisse Weise spiegelt unsere Umgebung unsere eigene Einstellung wider.

Hunde greifen nur Menschen an, die Angst haben, heißt es. Auch Menschen, deren Mut nicht unbedingt ihre herausragende Eigenschaft ist, verhalten sich Schwächeren gegenüber besonders aggressiv. Es nützt jedoch nichts, den Starken zu spielen; denn Stärke wird von außen nur dann wahrgenommen, wenn sie von innen heraus kommt.

Aber vielleicht hat das alles auch ganz banale Gründe. Da ich seit zehn Tagen keine Wäsche mehr gewaschen hatte, muss ich wohl ziemlich gestunken haben. Konnte es sein, dass mir dieser Stallgeruch die Höllenhunde vom Leib gehalten hat? Nichts ist unmöglich. Oder sollte ihnen beim Anblick meines alten, knochigen Gestells der Appetit vergangen sein?

Um die Mittagszeit legte ich eine Rast ein, um mich zu stärken. Die Polizisten in Keşan hatten mir eine Wegzehrung mitgegeben. Der Wind blies jedoch so heftig, dass ich meine Mahlzeit unterbrechen und alles wieder einpacken musste. Die Kälte setzte mir gehörig zu, Hände und Füße fühlten sich schon taub an.

Während des Gehens schlang ich die Arme fest um den Oberkörper, um mich ein bisschen zu wärmen. Auf einmal erblickte ich einen jungen Schafhirten, der seine Herde auf einem stoppeligen Feld weiden ließ. Trotz der schneidenden Kälte trug er nur eine dünne blaue Jacke, die stellenweise ausgerissen war. Seine Kleidungsstücke waren entweder zu lang oder zu kurz. Sein dichter blonder Haarschopf hatte schon seit Ewigkeiten keine Schere mehr gesehen. Als er mich sah, strahlte er mich an.

Da wir uns nicht verständigen konnten, zog ich meine Vokabelliste hervor und so entspann sich ein kleiner Dialog aus einer Mischung einiger Wörter, Zeichen und Gebärden.

»Guten Tag.«

Ich gab ihm zu verstehen, dass ich ganz durchgefroren war.

»Kalt heute«, sagte ich und rieb mir dabei die Arme.

»Ja, es ist kalt.«

Er ahmte das Geräusch des Windes nach.

»Ich heiße Jean.«

Dann zeigte ich auf ihn:

»Dein Name?«

»Turgut«, erwiderte er und wies mit dem Finger zu sich hin.

»Verstanden.«

»Aus welchem Land kommst du?«

»Frankreich.«

»Frankreich«, wiederholte er nachdenklich. Dann lachte er auf; es war ein fröhliches, kindliches Lachen … und es war ansteckend.

Höchst vergnügt versicherten wir uns gegenseitig, wie froh wir doch darüber waren, uns zu sehen, zumal an diesem Ort, wo man Wind und Wetter so schutzlos ausgesetzt war.

»Autobus?«

»Kein Autobus, ich komme aus Frankreich und gehe zu Fuß.« (Ich mimte einige Schritte.)

Mit Hilfe eines Stöckchens zeichnete ich eine rudimentäre Karte in das aufgeweichte Erdreich und zeigte ihm, durch welche Länder ich schon gegangen war. Er war sehr beeindruckt.

»Nach Istanbul, diese Richtung?«

»Ja, ja.«

In der Ferne, hinter den Hügeln, entdeckte ich ein paar einfache Behausungen.

»Dein Dorf?«

»Ja. Hungrig?«

Ich versuchte zu sagen, dass ich wegen der Kälte nicht gegessen hatte. Daraufhin holte der Hirte ein zusammengefaltetes Tuch aus der Tasche, in das so etwas Ähnliches wie belegte Brötchen gewickelt war. Er bot mir eins davon an.

»Danke.«

Das Brötchen war mit einer undefinierbaren fettigen Fleischmasse gefüllt, die einen undefinierbaren, merkwürdigen Nachgeschmack hatte. Von Zweifeln gepackt, griff ich nach meiner Wortliste.

»Was ist das?« Ich zeigte auf sein Sandwich.

»Iskembé, iskembé, sehr gut!«

Während ich mir immer noch kauend den Kopf zerbrach, was

er damit wohl meinen könnte, streckte ich ihm meine Vokabelliste hin, in der Hoffnung, dass er das gesuchte Wort finden möge.

»Ach du Schreck«, entfuhr es mir dann, »iskembé – das sind ja Kaldaunen vom Lamm!«

Ich musste schallend lachen, und er lachte gleich mit. Wir konnten gar nicht mehr aufhören. Wenn uns jemand gesehen hätte, hätte er uns für zwei Verrückte gehalten. Wir fühlten uns frei.

Mir war noch ein Rest Reispudding von meiner abgebrochenen Mahlzeit übrig geblieben, und ich bot sie ihm an. Er nahm ihn mit Begeisterung. Wir tafelten wie zwei Könige. Turgut reichte mir seine Wasserflasche zum Trinken. Die Zeit dehnte sich ins Unendliche. Mit weit geöffneten Augen, die vor Rührung sicher ganz rot waren, atmete ich tief durch. Ich freute mich meines Lebens, hier neben meinem Bruder sitzend, für den ich tiefste Freundschaft empfand.

Seine Herde, die in der Nähe weidete, wurde allmählich unruhig, und als er sah, dass sich einige Tiere vom Rest absonderten, griff er nach seinem Hirtenstab, pfiff seinem Hund und verabschiedete sich von mir. Ich schulterte meinen Rucksack und winkte ihm nach.

Ein Satz aus dem kleinen Prinzen von Saint-Exupéry fiel mir ein. »Der Fuchs hat Recht«, sagte ich zu mir selbst. »Die Sprache ist die Quelle der Missverständnisse.« Unterwegs dachte ich noch an eine andere Stelle der Erzählung. Ich hatte sie als Bub auswendig gelernt:

> »Man kennt nur die Dinge, die man zähmt, sagte der Fuchs. Die Menschen haben keine Zeit mehr, irgend etwas kennenzulernen. Sie kaufen sich alles fertig in den Geschäften. Aber da es keine Kaufläden für Freunde gibt, haben die Leute keine Freunde mehr.«

Am späten Nachmittag erreichte ich Halic Köy, die ersten Ausläufer von Malkara. An einer Straßenkreuzung befand sich ein Café. Innen war Licht. Hinter den beschlagenen Fensterscheiben wurde das Opferfest gefeiert. Ein Mann erschien in der Tür und kam auf mich zu.

»Sie sind fremd hier? Kommen Sie rein und trinken Sie einen Schluck mit uns.«

»Ich weiß Ihre Einladung zu schätzen, aber ich muss noch ein Stückchen gehen.«

»Ach was, bei dem Wetter! Es kann jeden Moment regnen, da kann man doch nicht draußen sein.«

Ehe ich etwas erwidern konnte, zog mich der Mann in die Bar, aus der Musik zu hören war. Eine kleine Festgesellschaft hatte sich zum Tee versammelt; man plauderte miteinander oder spielte Backgammon an kleinen Resopaltischen. Frauen waren nicht zu sehen. Die verräucherte Luft war zum Schneiden dick. Jemand servierte mir einen Apfeltee. Mein Begleiter, der sich als der Besitzer entpuppte, trug einen Bürstenschnitt und einen Schnauzbart und war ungefähr vierzig Jahre alt. Er hieß Huseyin Islamoglu.

»Hier, kosten Sie das«, sagte er und stellte ein Stück Kuchen und ein zweites Glas Tee vor mich hin.

»Danke, dankeschön.«

»Das ist Baklava, die machen wir extra zum Kurban Bayram, zum Opferfest.«

Danach servierte er mir ein weißliches Getränk mit Anisgeschmack. Dazu gab es ein Glas Wasser.

»Und das ist Raki, das Getränk für jeden Tag des Jahres«, lachte er.

Er schwieg eine Weile, dann meinte er:

»Ich habe Sie sofort als Pilger erkannt: der ganze Aufzug, der Stock… Warten Sie bitte, ich möchte Ihnen etwas zeigen.«

Er kramte in den Schubladen unter dem Tresen. Nach einer Weile kam er wieder hoch und reichte mir befriedigt einen Brief. Er stammte von zwei Mitgliedern der »Confraternita dei Romei«, die vor einigen Jahren mit dem Auto durch die Türkei gefahren und bei Huseyin Station gemacht hatten. Die beiden Italiener aus Parma waren mit dem Auftrag unterwegs, den antiken Pilgerweg nach Konstantinopel zu identifizieren. In dem Brief bedankten sie sich für Huseyins Gastfreundschaft. Jetzt unterbrachen die Backgammonspieler ihre Partie, um sich zu erkundigen, wo ich herkam und was ich in der Stadt wollte. Und am Ende wollte jeder von ihnen Tee mit mir trinken und ein paar Worte mit mir wechseln.

Unter den Gästen befand sich ein Zollbeamter in Begleitung seines 25-jährigen Sohnes.

»Er studiert im dritten Jahr an einer Handelsschule in Istanbul.«

Ich nickte, während ich mein fünftes Glas Tee leerte.

»Verstehen Sie, er würde gerne ein Praktikum in Frankreich machen und Ihre Sprache lernen…«

»Hier haben Sie meine Adresse; er kann mir schreiben, dann werde ich ihm behilflich sein.«

»Er schreibt Ihnen bestimmt! Es wäre wunderbar, wenn Sie ihm helfen könnten!«

Es wurde immer später, und ich hatte doch die Absicht, bis zum Abend in Malkara zu sein. Aber sobald ich Anstalten machte aufzubrechen, protestierten sie. Ich musste mich wieder hinsetzen, und Huseyin brachte noch einen Teller Baklava, noch einen Tee und noch einen Raki. Nach einiger Zeit sagte schließlich der Zöllner zu mir: »Wir fahren jetzt heim, unser Haus liegt einige Kilometer weiter, möchten Sie mitkommen?« Er fuhr mich nach Tekirdağ, wo sich ein ähnliches Programm wiederholte wie am Abend zuvor. Die Polizeibeamten brachten mich ohne Umstände in einem kleinen Hotel unter. Dort schloss ich an jenem Abend Bekanntschaft mit zwei jungen Schweizern. Christian und Mario waren seit sechs Wochen mit dem Fahrrad nach Indien unterwegs. Auf ihrem Tandem kamen sie sehr viel schneller voran als ich. Unsere Bekanntschaft war zwar kurz, aber dafür sehr herzlich.

Ihnen habe ich es übrigens zu verdanken, dass ich meine Frau anrufen konnte. Da ich mich seit längerer Zeit nicht gemeldet hatte, war sie in Sorge und rief sofort zurück. Die französischen Medien berichteten damals immer wieder über gewalttätige Auseinandersetzungen in der Türkei, wobei man allerdings sagen muss, dass diese sich überwiegend in einer Gegend abspielten, die weit östlich von meiner Route lag. Aber solche Details ließ meine Frau in ihrer Angst um mich nicht gelten.

»Überleg dir bitte genau, was du tust, Jean, und ändere deine Route. Begib dich nicht leichtfertig in Gefahr. Auf Grund der Berichterstattung über die Situation in der Türkei sind hier alle sehr besorgt um dich, und ich am allermeisten.«

»Ihr braucht euch nicht zu sorgen. Morgen oder übermorgen bin ich in Istanbul. Dort kann ich mich über alles Notwendige informieren und dann entsprechend umdisponieren.«

Vorahnung oder Zufall? Ich werde es nie erfahren. Am nächsten Tag wurde ich auf offener Straße von einem Hitzkopf attackiert. Ein junger Mann mit Mütze und Acht-Tage-Bart stürzte sich auf mich und schlug mich einfach zu Boden. Der Angriff kam aus heiterem Himmel, ohne dass ein einziges Wort zwischen uns gefallen war. Ein paar Sekunden lang war ich ziemlich verdutzt. Aber dann brüllte ich laut um Hilfe: »Ayib, ayib!« Das ist das türkische Wort für »Schande«. Der Zauber hatte Wirkung. Schon eilten die Menschen herbei und befreiten mich aus den Händen meines Angreifers. Güveng Murat, der Polizist aus Keşan, hatte mir dieses Wort verraten. »Der Hilferuf ›Ayib‹

richtet sich an die Gemeinschaft, die Ihnen dann helfen wird. Der Ruf wird sehr ernst genommen, weil die islamische Gesellschaft für die Taten des Einzelnen solidarisch geradesteht; die Handlungen des Einzelnen fallen auf die ganze Gemeinschaft zurück.« Ich hatte mir das Wort auf den Pilgerstab gekritzelt, um es im Notfall gleich parat zu haben. Ich kam mit dem Schrecken davon. Es sollte die erste und letzte Gelegenheit sein, in der ich den Hilferuf brauchte.

In dem Aufruhr bildete sich ein kleiner Menschenauflauf, und alle versuchten, mich zu beruhigen. »Wir kennen diesen Burschen zur Genüge, er ist nicht ganz richtig im Kopf, bitte entschuldigen Sie ihn«, sagte ein Mann, der auf meinen Hilferuf reagiert hatte. »Er war schon immer gewalttätig, bei jedem Anlass schlägt er zu. Im Viertel wird er nur noch als ›der Verrückte‹ bezeichnet. Bitte nehmen Sie das nicht persönlich.« Alle Einwohner des Viertels wollten mich zum Tee einladen, um mir über den Schock zu helfen.

»Wir bedauern das alle sehr. Wenn Sie es wünschen, gehen wir mit Ihnen zur Polizei, damit Sie Anzeige erstatten können.«

»Ich kann Ihnen versichern, dass die Angst größer als der Schaden war; es ist nicht der Mühe wert.«

»Wie kommt es denn, dass Sie Türkisch sprechen?«

»Ich kenne nur ein paar Wörter.«

»Aber Sie kennen das Wort ›Ayib‹...«

»Ja, ein freundlicher Polizist hat es mir beigebracht, und ich musste es so lange wiederholen, bis ich es gelernt hatte. Immerhin – das hat sich gelohnt.«

Dass ich den traditionellen Hilferuf kannte, beeindruckte sie alle sehr. Ich konnte mich nur mit größter Mühe ihrer freundlichen Fürsorge entziehen, weil ihnen die Korrektur des schlechten Eindrucks, den ich ihrer Meinung nach von ihrer Stadt oder gar von ihrem Land erhalten hatte, ein so großes Anliegen war.

Ich versicherte ihnen, dass ich diesen Angriff nicht persönlich auffasste und dass mir so etwas in Frankreich ebenfalls zustoßen könne. »Als ich in Frankreich überfallen wurde, hat mir niemand geholfen. In meinem Land haben wir keinen speziellen Hilferuf, nur Telefonnummern. Wir haben keinen Hilferuf, der sich an die Gemeinschaft wendet, denn wir haben keine Gemeinschaft mehr. Nur noch einzelne Individuen, und jeder hat mit sich selbst genug zu tun.«

An den Ufern des Bosporus

Die türkische Megalopolis am Schnittpunkt zwischen Asien und Europa faszinierte mich wegen ihrer landschaftlich reizvollen Lage und zugleich wegen ihrer prächtigen Architektur. Istanbul erstreckt sich auf einer schmalen Halbinsel, die das östliche Europa mit dem Mittelmeerraum verbindet. Über Jahrhunderte hinweg lag hier das Zentrum der »entdeckten« Welt, die Hauptstadt des oströmischen Reiches und die letzte Bastion der Christenheit gegen den Islam, der seinen Siegeszug durch Asien antrat. Unter osmanischer Herrschaft wurde die Stadt dann zum »Tor der Glückseligkeit«, und bis zum 20. Jahrhundert spielte sie eine Hauptrolle auf dem diplomatischen Parkett Europas.

Nach meiner Ankunft machte ich mich auf den Weg zur Hagia Sophia, der ehemaligen Kathedrale von Byzanz, die sich unter den Osmanen in eine der bedeutendsten Moscheen Konstantinopels verwandelt hatte. Heute beherbergt die Kathedrale ein Museum aller Kulturen, die sich am Bosporus entwickelten. Wer wäre nicht fasziniert beim Anblick dieser Mischung aus antiken Säulen und Ornamenten, Kirchenkuppeln und Minaretten, arabischen Schriftzeichen und byzantinischer Mosaikkunst?

Nach der Besichtigung der Basilika machte ich mich Richtung Beyoğlu auf. In osmanischer Zeit war dieses Viertel eine Hochburg ausländischer Gemeinschaften; Griechen, Juden, Armenier und Franzosen siedelten sich hier an und gründeten Familien, die

In Istanbul vor der großen Moschee.

zu Ansehen und Wohlstand gelangten. In diesem nostalgischen Stadtteil ist das Flair der glanzvollen Vergangenheit noch zu spüren. Auf dem Weg zum Taksim und zum Palais de France genoss ich die Pracht der Paläste, von denen der Putz blätterte, und tauchte in die Atmosphäre des alten Europa ein.

In Rom hatte ich bei der Delegation des Heiligen Landes die Anschrift des Kapuzinerordens von Istanbul in Erfahrung gebracht. In der Hoffnung, dass man mir für die Zeit meines Aufenthalts in der Stadt dort Quartier gewähren werde, ging ich in ein Café auf der Istiklal Caddesi, um mich telefonisch anzumelden.

Pierre Mazouet, Pater Superior des Klosters Saint-Louis des Français, erklärte sich gerne bereit, mich zu empfangen. Kurz darauf stand ich vor dem Eingang des Klosters und läutete.

So lernte ich Pater Pierre kennen. Er sprach das typische Französisch der Pariser Vororte. Seine Warmherzigkeit tat mir gut. Gleichzeitig offenbarte er sich als ein etwas aufrührerischer, unbequemer Geist an der Grenze zur Impertinenz, und er schien großes Gefallen daran zu finden, seine Gesprächspartner in die Enge zu treiben. Immer wieder jedoch verblüffte mich seine große Nächstenliebe, wenn er sprach oder mir einen Rat gab.

Da die diplomatischen Vertretungen während des Opferfestes geschlossen blieben, musste ich mich mehrere Tage lang gedulden, bis ich mir die notwendigen Visa für den Grenzübertritt nach Syrien, Libanon und Jordanien ausstellen lassen konnte. In der Zwischenzeit ließ ich mich von Pater Pierre, der in Istanbul sehr populär war, in die französische Gemeinschaft einführen. Ihm habe ich es zu verdanken, dass mir auf dem französischen Konsulat ein fürstlicher Empfang bereitet wurde. Sowohl der Generalkonsul als auch der Vizekonsul und der Direktor des Französischen Kulturinstituts zeigten sich sehr liebenswürdig und hilfsbereit. Diese Freundlichkeiten kamen nach meinen bisherigen Erfahrungen mit den Vertretern der französischen Diplomatie eher überraschend …

Meine erste Begegnung mit dem französischen Konsul ergab sich rein zufällig gleich nach meiner Ankunft. Gerade kam ich mit Pater Pierre aus dem nahe gelegenen Kloster Saint-Louis, als er uns auf der Freitreppe, die zum Palais de France hinaufführte, entgegenkam. Nach einer herzlichen Begrüßung forderte der Konsul mich auf, ihn am Nachmittag in seinem Büro zu besuchen. »Ich sage meiner Sekretärin Bescheid, damit sie uns den Termin freihält. Sie müssen mir unbedingt von Ihrer Reise erzählen.« Der Konsul tat alles, was in seiner Macht stand, um mir die Fortsetzung meiner Reise zu erleichtern. Mit seiner Hilfe öffneten sich alle Türen und selbst die Vertreter anderer diplomatischer Dienste versorgten mich mit zahlreichen Informationen. Wegen der Kurdenunruhen und der Vehemenz der türkischen Militäraktionen war es für mich zu gefährlich, bestimmte Regionen des Landes zu durchqueren. Der Militärattaché empfahl mir, äußerst vorsichtig zu sein und vor allem den Südosten des Landes zu meiden.

An meinem dritten Abend in Istanbul nahm ich den Aperitif bei Philippe Pialoux, dem Direktor des französischen Kulturinstituts, einem sehr belesenen, kultivierten Mann mit einer auffallend angenehm modulierten Stimme. Von seiner Terrasse aus, die auf den Bosporus hinausging, bot sich ein atemberaubender Blick über die Stadt. Einige Fischerboote fuhren gerade aus der Bucht und nahmen Kurs auf das Schwarze Meer. Die Dämmerung brach herein, und plötzlich verspürte ich den Drang zu schweigen. Aus dem Garten stiegen exotische Blumendüfte zur Terrasse auf.

Mein Gastgeber diskutierte mit einem Korrespondenten der französischen Tageszeitung *Le Figaro*, Éric Biégala. Ein spöttisches Lächeln umspielte die Lippen dieses Journalisten, dessen großzügige, liberale Überzeugungen seine ganze Persönlichkeit bis hin zu seiner Ausdrucksweise prägten.

»Sie sind die ganze Strecke von Frankreich zu Fuß gegangen? Das ist recht beachtlich. Sind Sie über Bosnien-Herzegowina gekommen?«, fragte mich Éric.

»Nein, die Situation im Kosovo war mir zu kritisch, deswegen habe ich mich in Italien nach Griechenland eingeschifft.«

»Da haben Sie etwas versäumt; es ist ein so spannendes Land. Aber leider wird es nun vom Bürgerkrieg heimgesucht, von einem der schlimmsten Kriege überhaupt.«

»Kennen Sie sich gut auf dem Balkan aus?«

»Bevor ich mich in Istanbul niederließ, war ich Kriegskorrespondent in Sarajevo.«

»Waren Sie während der Kämpfe in der bosnischen Hauptstadt?«

»Ja.«

»Wie war das für Sie?«

»Ein Albtraum. Aber wir hatten ja keine Wahl; wir mussten arbeiten, wir mussten darüber berichten, was wir gesehen hatten: den Alltag unter den serbischen Bombenangriffen, die organisierte Unterdrückung einer Stadt und ihrer Bevölkerung, die ethnischen Säuberungen ... Ohne die Medien hätte sich das alles hinter verschlossenen Türen abgespielt, wie in anderen Ländern der Welt, um deren Schicksal sich kein Mensch kümmert.«

»Wie hat die Bevölkerung den Krieg erlebt?«

»Das berührt einen interessanten Aspekt des Menschen, den schon Albert Camus in der *Pest* behandelt hat. Im Krieg liegen Gut und Böse ja immer sehr nahe beieinander. Die einen profitierten vom Krieg in Bosnien, machten Geschäfte, bauten sich ein Vermögen auf und kamen auf ihre Kosten. Es gab aber auch die anderen, die ihre Nachbarn schützten, denen wegen ihrer religiösen Überzeugungen der Tod drohte. Sie meldeten sich als freiwillig Helfer in den Krankenhäusern und opferten sich für andere auf... Das ganze Spektrum des menschlichen Verhaltens von gut bis böse war vertreten.«

»Es muss die Hölle gewesen sein.«

»Niemand blieb von der Barbarei verschont. Ich habe viele Freunde, die schwer verletzt oder von Freischärlern getötet wurden. Das schlimmste Erlebnis hatte ich kurz vor Kriegsende. Ich war mit einem Kollegen in einem Viertel in Flugplatznähe, als wir in einen Bombenangriff der Serben gerieten. Es war helllichter Tag, und plötzlich wurde es Nacht. Die Häuser ringsherum stürzten zusammen. Da wir weder vor noch zurück konnten, mussten wir achtundvierzig Stunden in einem zur Hälfte zerstörten Haus ausharren, bis sich der Feuersturm gelegt hatte.«

»Entsetzlich! Darf ich Sie fragen, wie Sie diese Kriegsgräuel überstanden haben? Glauben Sie noch an den Menschen, oder haben Sie die Hoffnung verloren?«

Er ließ sich Zeit mit der Antwort, so als würde diese Frage vergrabene Erinnerungen wachrufen, als wolle er diese Abfolge von Grausamkeiten und Wundern, die er vier Jahre lang mit ansehen musste, noch einmal in Gedanken Revue passieren lassen.

»Offen gesagt, ich kann Ihre Frage nicht beantworten«, erwiderte er und trank sein Glas Scotch leer.

Éric und Philippe blickten unverwandt aufs Meer hinaus, weil man die Passage eines russischen Spionageschiffs mit Kurs auf das Adriatische Meer gemeldet hatte. Die Nachricht war am selben Abend aus dem Militärhafen von Sebastopol übermittelt worden; aber noch immer war kein Schiff durch die Meerenge gekommen.

Als sich ein Schatten auf dem dunklen Meer abzeichnete, wurde das Gespräch wieder aufgenommen.

»Philippe, schau mal, vielleicht ist es das.«

»Nein, Éric, das glaube ich nicht; das Schiff wird erst gegen Mitternacht oder ein Uhr morgens erwartet.«

»Aber nein, es ist bereits gestern Vormittag ausgelaufen; bei normaler Geschwindigkeit müsste es viel früher vorbeikommen.«

»Dieser Öltanker ist es jedenfalls nicht.«

»Ja, da hast du Recht, der ist zu groß.«

»Gieß dir noch ein Glas ein und genieße die gute Nachtluft, wir haben noch viel Zeit.«

»Tja … aber wieso bist du dir so sicher, dass er noch kommt?«

»Ich habe heute früh den Militärattaché getroffen …«

Sie brachten mit größter Überzeugung ihre Argumente für die Passage des russischen Schiffes vor, das dann letztendlich doch nie vorbeikam. Éric hatte seine Informationen von einer Presseagentur, aber sie schienen nicht zuverlässig zu sein.

»Was hat der Militärattaché denn genau gesagt, Philippe?«

»Dass dieses Schiff gestern früh ausgelaufen ist und dass es nicht genug Treibstoff hat, um es bei voller Kraft voraus bis Montenegro zu schaffen.«

»Ich war im Büro und fand eine Nachricht der Presseagentur, derzufolge das Schiff heute am frühen Abend am Bosporus sein müsste. Es ist bereits einundzwanzig Uhr, es dürfte also nicht mehr lange dauern. Das Spionageschiff soll quasi schrottreif sein. In jedem anderen Industrieland hätte man es längst zu Bratpfannen weiterverarbeitet. Moskau hat es auf den Weg gebracht, um die russische Öffentlichkeit wegen der NATO-Luftangriffe auf Serbien zu beruhigen.

»Es kann aber anscheinend noch Funksprüche abhören und den Russen Informationen über die Operationen der NATO im Luftraum verschaffen.«

»Schau mal, ist er das?«

»Schau richtig hin.«

Die beiden Männer kamen mir vor wie zwei sich kabbelnde

Kinder, und ich fand das Schauspiel recht unterhaltsam. Hin und wieder unterbrach ich die Diskussion über militärische Strategien, um das Gespräch wieder auf meine eigenen Strategien zu bringen, die meiner Wallfahrt. Die beiden hätte sich liebend gern in ein ähnliches Abenteuer gestürzt. Aber ihr Beruf erlaubte es ihnen nicht, sich die Zeit für solche Dinge zu nehmen.

»Als ich mein Studium beendet hatte«, begann Philippe, »habe ich mal so eine Art Wallfahrt nach Südamerika gemacht; aber nicht aus religiösen, sondern aus rein kulturellen Gründen.«

»Interessant«, erwiderte ich, »und wo ging es hin?«

»Zunächst wollte ich mir die Ruinen des alten Inkareichs in Peru ansehen, vor allem das berühmte Machu Picchu. Als ich in Cuzco ankam, habe ich mich gegen den Zug entschieden und bin zu Fuß über den alten *Camino Inca* gegangen. Das ist der traditionelle Pfad, auf dem die Inka nach Machu Picchu gelangten. Drei Tage zu Fuß über einen mit Steinplatten bedeckten schmalen Pfad.«

»Das heißt, die Inka haben denselben Weg genommen?«

»Ja, für sie war es eine Art Seelenreinigung vor dem Betreten der heiligen Stadt.«

»Fantastisch. Darf ich Sie fragen, wie es Ihnen dabei ergangen ist?«

»Es war eine unvergessliche Erfahrung. Der Weg verlief querfeldein, wand sich über Hügel und Hänge, an Wäldern vorbei, und die Täler unterhalb des Weges waren von einer smaragdgrünen Vegetation bedeckt. Keine Landschaft hat mich jemals so beeindruckt. Während einer Passüberschreitung auf 4 200 Meter wurde der Sauerstoff so knapp, dass ich mit niemandem mehr reden konnte und mich nur noch auf meine Füße und den nächsten Schritt konzentrierte.«

Den Blick nach wie vor aufs Meer gerichtet, fuhr Philippe fort: »Am dritten Tag wurde es immer nebliger; Wolken verhüllten die Gipfel der Berge. Nur wenn der Wind aufkam und einige dieser nebligen Packen wegfegte, konnte man noch etwas erkennen. Und dann, nach einer Biegung, lag Machu Picchu vor mir. Es war ein erhebender Anblick, der mich ganz in seinen Bann zog; wie versteinert blieb ich stehen und betrachtete diese wunderschönen Ruinen, die sich in einer so vollkommenen Harmonie in die großartige Gebirgskulisse fügen.«

»Es muss eine fabelhafte Erfahrung gewesen sein.«

»Es war seltsam, vielleicht lag es an der Erschöpfung, aber nach einer Weile fühlte ich mich innerlich ganz frei und entspannt, dieses Gefühl hielt über mehrere Wochen an.«

Trotz des viel versprechenden Abends musste ich die Essenseinladung leider ablehnen. Ich hatte Pater Pierre versprochen, spätestens um zweiundzwanzig Uhr im Kloster zurück zu sein. Philippe begleitete mich durch die unbeschreiblich malerischen Gassen zum Kloster zurück.

In Istanbul half ich Pater Maurille und Pater Aloys, ihre Kirche für den Ostergottesdienst zu putzen.

Am Ostersamstag ging ich Bruder Maurille und Pater Aloys in Saint-Louis beim Putzen zur Hand, um etwas dazu beizusteuern, dass die Messe in der Osternacht unter würdigen Umständen zelebriert werden konnte. Um zweiundzwanzig Uhr begann der Gottesdienst in einer überfüllten Kirche. Vor der schweigenden und zutiefst bewegten Menge der Gläubigen wurde die Lichtfeier vollzogen, die Osterkerze hereingetragen und gesegnet. Jeder der Anwesenden hielt eine frische Kerze in der Hand. Um Mitternacht, als das Pascha begann, ging die brennende Osterkerze, als Symbol der Auferstehung und des Sieges Jesu Christi über den Tod, von Hand zu Hand, bis der ganze Raum von einer einzigen Lichterwelle erfüllt war. Auf die Lichtweihe folgte die Segnung des Wassers.

Ich hatte mir vorgenommen, dem Ökumenischen Patriarchen von Konstantinopel Bartholomäus I. meine Aufwartung zu machen. Leider war der Patriarch in der Karwoche wegen der orthodoxen Feierlichkeiten unabkömmlich. Als ich in seiner Residenz vorsprach, zeigte mir der Sekretär seinen Terminkalender. »Bitte sehen Sie selbst: Ein Termin vor der nächsten Woche ist einfach unmöglich.« Aber so lange konnte ich nicht in der Stadt bleiben.

Pater Pierre gab mir das Geld für Passfotos und Visa. Auf Grund neuer Gerüchte über die politische Lage musste ich meine Route noch einmal ändern. Aus Rücksicht auf Marie wollte ich den Osten der Türkei wegen der Kurdenaufstände meiden. Ursprünglich hatte ich gedacht, meine Pläne trotz aller Schwierigkeiten, die sich unterwegs ergeben könnten, zu verwirklichen. Aber schließlich musste ich mir doch die Frage stellen, ob diese ständigen Bestätigungen meines Selbstvertrauens nicht allmählich eine Spur Zwanghaftigkeit und aufgesetzte Ruhe aufwiesen. Also änderte ich meine Meinung. Wenn ich schon unbedingt alles hinter mir lassen musste, hatte ich deswegen doch nicht das Recht, den Seelenfrieden meiner Angehörigen meiner abstrakten Vision der Selbstlosigkeit zu opfern, schon gar nicht den meiner Frau. Ich erkannte, dass ich flexibel sein musste und die Ablösung von überkommenen Vorstellungen und Vorurteilen nicht in starrsinnigen Nihilismus umschlagen lassen durfte. Ich nahm mir vor, mich von nun an nicht mehr ganz so strikt an die Vorgaben zu halten: Auch was meine Route betraf, mussten Abweichungen möglich sein. Diese selbstkritischen Überlegungen gestatteten es mir, meine Pläne in einem entscheidenden Punkt den Umständen anzupassen, und am Ende beschloss ich, von Istanbul aus nach Izmir zu gehen und dort auf die griechischen Inseln überzusetzen, um mir den Weg durch die Türkei zu ersparen.

Der Ballungsraum von Istanbul zieht sich schier endlos hin. Die Straßen führen in alle Richtungen, und die Hinweisschilder scheinen rein dekorativen Zwecken zu dienen. Ich war seit Stunden auf der Straße, als neben mir ein Minibus hielt; der ziemlich beleibte, türkische Fahrer fragte mich freundlich, wo ich hin wollte.

»Nach Bursa, aber mir kommt es so vor, als liefe ich seit heute früh immer nur im Kreis herum.«

»Das ist nicht die Straße nach Bursa. Steigen Sie ein, ich fahre sie raus aus Istanbul.«

Dann erfuhr ich, dass er selbst nach Bursa wollte, und er bot mir an, mich mitzunehmen. Wir durchquerten die Region von Izmir, die später von einem schrecklichen Erdbeben heimgesucht werden sollte. Weil meine neue Route ein beträchtlicher Umweg war, beschloss ich, die Strecke von Bursa nach Izmir mit öffentlichen Verkehrsmitteln zurückzulegen. Und es gab nicht einen Fahrer, der mich nicht kostenlos mitgenommen hätte!

So kam ich eines Abends in den nagelneuen Bahnhof von Izmir. Obwohl ich sehr müde war, faszinierte mich das geschäftige Treiben: eilige Fahrgäste, Standverkäufer, Anwerber, die nach

Passanten Ausschau hielten, um ihre Fahrkarten günstiger zu verkaufen … Da es schon spät war, schlief ich auf einer steinernen Bank ein. Die ganze Nacht hindurch weckten mich immer wieder Polizisten und Nachtwächter auf, weil ich mich in einem verbotenen Bereich aufhielt. Ich tat so, als verstünde ich sie nicht und ging dann schlaftrunken zur nächsten Bank, wo ich wieder einschlief.

In der Dämmerung brach ich auf. Die Narzissen blühten schon, der Frühling kam. Auf den Feldern nahmen die Bauern ihre Arbeit auf. Unterwegs grüßte ich die Frauen, die ihre jungen, vorgezogenen Salatpflänzchen in den Boden setzten. Am Abend kam ich nach Selçuk, in das moderne Ephesus.

Die Heiligen von Ephesus

Das Grab des Apostels Johannes lag auf einem Hügel oberhalb der Stadt Selçuk – eine stumme Marmorplatte, umgeben von antiken Überresten und Säulen. Während sich die Flut der lärmenden Touristen durch die Ruinen der Basilika ergoss, versank ich in stiller Andacht vor dem ergreifend schlichten, nackten Grab. Ein Wildblumenstrauß, den ich selbst auf dem Stein niedergelegt hatte, war alles, was sich auf dem Grab des Lieblingsjüngers Jesu als Ausdruck der Verehrung befand.

Nach einer langen Meditation nahm ich meinen Weg wieder auf in Richtung der antiken Stadt Ephesus. Eine hübsche Bäuerin zeigte mir eine Abkürzung, die mich querfeldein an einem kleinen muslimischen Friedhof vorbeiführte; von dort an sollte ich einfach den Hang hinunter bis zu der asphaltierten Straße gehen.

Ephesus schmiegt sich an einen Hang, der sich wie ein Amphitheater zum Meer hin öffnet. Die Anlage geht auf die griechisch-römische Zeit zurück. Hier schrieb der Apostel Johannes gegen Ende des 1. Jahrhunderts christlicher Zeitrechnung das wohl mystischste der vier Evangelien nieder: Das Evangelium des Johannes enthüllt uns unergründliche Geheimnisse, es berührt mit Worten, was jenseits des Wortes liegt.

Auch der heilige Paulus predigte an dieser Stätte, durch die sich heute der Touristenstrom wälzt. Mit großer Eloquenz versuchte er die Einwohner vom Kult der Artemis abzubringen; die

Große Göttin wurde damals in ganz Asien verehrt. Als ich durch die weitläufige Anlage ging, dachte ich an diesen Apostel, den die Anhänger der Göttin vor zweitausend Jahren mit Hohn und Spott bedeckt hatten.

Durch Olivenhaine stieg ich hoch bis zu dem Haus, das nach der Überlieferung Maria und Johannes beherbergt haben soll. Die Landschaft wirkte wie ein schillernder Stoff; am Nachmittag erstrahlte sie in Silber und Ockergelb. Der Aufstieg ermüdete meinen Körper und belebte meine Seele; ich genoss jeden Schritt und jeden Herzschlag. Tiefdunkel geäderte Blätter, rötliche Zistrosen, goldene Staubfäden vor strahlend weißem Grund... der ganze Kosmos in den unscheinbarsten Dingen. Die Vollkommenheit der Schöpfung zeigte sich in jeder noch so bescheidenen, verwelkten Blüte. Ich fühlte, wie ich mit meiner Umgebung eins wurde. Alles war verschieden und trotzdem letztlich eins. Dieser Aufstieg zum Haus der Mutter Gottes wird mir in seiner emotionalen Intensität als einer der Höhepunkte meiner Wallfahrt in unverbrüchlicher Erinnerung bleiben.

Das Haus lag inmitten von Korkeichen im gedämpften Licht des Spätnachmittags. Zwei Franziskaner, Pater Charles und Pater Paul, kümmerten sich um das Heiligtum. Da ich noch nicht wusste wohin, gewährten sie mir Herberge für die Nacht.

»Sie haben Glück, an einem so friedvollen Ort zu leben.«

»So friedlich wie jetzt geht es nicht immer zu«, entgegnete Pater Paul. »Im Sommer strömen die Pilger zu Hunderten hierher... Aber natürlich sind wir auch glücklich darüber, in diesem Heiligtum zu wohnen.«

Das ganze Haus bestand aus zwei sehr einfachen Räumen: Durch den zur Hauptkapelle umfunktionierten Wohnraum gelangte man durch eine Hintertür in Marias Zimmer. An einer Wand bemerkte ich eine Madonna in Anbetung ihres Sohnes.

Nach zwei Tagen verließ ich diese Oase wieder. Pater Paul verabschiedete sich von mir mit einem Bild der Jungfrau von Ephesus. Traurig ging ich weiter in Richtung Meer. Als ich an einer Gruppe Bauern vorbeikam, die ihre Felder bestellten, grüßte ich sie, und sie lächelten zurück. Ich fühlte mich eins mit allen Menschen.

Am Samstagabend erreichte ich Kuşadasi. Dieser Hafen trägt den Beinamen »Vogelinsel«. Normalerweise hätte ich die nächste Fähre nach Patmos genommen. Aber in der Vorsaison verkehrten die Fähren nicht jeden Tag, und ich musste ein paar Tage an diesem sehr touristischen Ort ausharren.

Nachdem ich bei mehreren Fährgesellschaften vergeblich vorgesprochen hatte, ging ich zum Hafen. Ich sprach mit den türkischen Fischern, aber auch von ihnen fuhr keiner über die Küstengewässer hinaus, nicht einmal bis zur Insel Samos, die in Sichtweite war. Ich musste mich also wieder einmal fügen.

In der Hoffnung, ein kostenloses Ticket nach Patmos zu ergattern, ging ich in ein Reisebüro. Eine junge Türkin saß hinter ihrem Computer und tippte. Sie war um die dreißig Jahre alt und hatte bernsteinfarbenes Haar.

»Guten Tag, Mademoiselle«.

»Guten Tag, Monsieur. Sie sind Franzose?«, fragte sie und strahlte über das ganze Gesicht. »Wie kann ich Ihnen helfen?«

»Ich habe ein Problem. Ich bin Pilger und habe kein Geld; ich würde aber gerne nach Patmos fahren, um die Höhle des Evangelisten Johannes zu besichtigen.«

»Sie haben kein Geld, möchten aber das Schiff nehmen?«

»Ja. Es ist mir sehr unangenehm, Sie um Hilfe zu bitten, aber ich habe keine andere Wahl.«

»Ich schau mal nach, was sich machen lässt.«

Während sie noch überlegte, gab sie mit flinken Fingern etwas in den Computer ein.

»Bitte sehr. Sie erhalten von unserer Agentur ein kostenloses Ticket für die Überfahrt nach Patmos via Samos. Es ist allerdings nur für das Oberdeck gültig, aber die Fahrt dauert ja nicht lange. Ich hoffe, das stört sie nicht?«

»Aber nein, ich freue mich darüber. Dankeschön.«

»Aber sagen Sie mal – wenn Sie sich kein Ticket kaufen können, haben Sie doch auch kein Geld für Verpflegung und Unterkunft?«

»So ist es.«

»Passen Sie auf, ich rufe einen Freund an. Er heißt Hassan Degirmenci und hat eine Fremdenpension. Ich werde Ihnen nicht sagen, wo sie ist, weil der Weg so kompliziert ist und Sie sich womöglich verirren. Ich sage ihm, dass er Sie hier abholen soll.«

Zehn Minuten später kam ein junger Mann durch die Tür. Hassan, der mir auf Anhieb sympathisch war, strömte über vor Energie. Kurz darauf gingen wir nebeneinander durch die verwinkelten Gassen an den weißen Mauern entlang. Obwohl es gerade Anfang April war, herrschte schon buntes Treiben in dem Badeort. Tagsüber unter der prallen Sonne leerten sich die Straßen, doch gegen Abend füllten sie sich mit Leben. Nach dem ruhigen Ephesus brachte mich so viel Rummel fast ein wenig aus dem Lot.

Hassans »Golden Bed Pension« lag etwas abseits am hinteren Ende einer Gasse im oberen Teil des Städtchens. Als wir in sein Viertel kamen, stellte er mich verschiedenen Händlern vor. »Wenn du irgendetwas brauchst, Essen oder Kleidung, nimm es einfach mit; wir haben vereinbart, dass ich später bezahle.« Während meines zweitägigen Aufenthalts in seinem Hotel teilte er fast alle Mahlzeiten mit mir. So war Hassan – unbekümmert, großzügig und selbstsicher.

Am Morgen darauf fiel die Wasserversorgung aus. Man konnte sich nicht duschen, und auch die Toilettenspülung funktionierte nicht. Das System wurde von einer unterirdischen Pumpe in Gang gehalten; sie beförderte das Wasser in einen Tank, der sich auf dem Dach befand. Immer noch lächelnd, machte sich Hassan mit einem Bekannten auf die Suche nach dem Leck. »Er lässt sich doch einfach nicht unterkriegen«, dachte ich.

»Kann ich euch behilflich sein?«

»Ja klar. Komm bitte mal hierher, Jean, und sag uns, ob du den Wasserstandsanzeiger sehen kannst?«

»Ja.«

»Bewegt sich der Zeiger?«

»Momentan nicht.«

»Na gut. Macht nichts, das macht überhaupt nichts.«

Er begann eine Melodie vor sich hin zu summen, und der Freund stimmte kurz darauf mit ein. Mit viel Gelächter skandierten sie die Schmachtfetzen einer bekannten türkischen Schlagersängerin. »Dieser Mann ist wirklich ungewöhnlich«, sinnierte ich. »Diese Lebensfreude ist ja schon nicht mehr normal.« Ich konnte mich nur wundern: Es gab doch tatsächlich Menschen, denen all das, was ich mir innerhalb von Monaten unter größten Entbehrungen im Verlauf meiner Wallfahrt erarbeiten musste, durch göttliche Gnade in die Wiege gelegt worden war!

Ich half ihnen dabei, den Tank aufzuschrauben und nach dem Leck zu suchen, was zahlreiche akrobatische Verrenkungen erforderte – immerhin, wir entdeckten die Ursache. Gegen Mittag war das Wasserversorgungssystem zur großen Zufriedenheit aller wieder voll funktionsfähig.

»Bravissimo, Jean. Du bist der beste französische Klempnerpilger, den ich jemals unter meinem Dach hatte. Das muss gefeiert werden.«

Wir gingen in eine Bar am unteren Ende der Straße. Hassan vermischte alle Sprachen, die er kannte, zu einem Potpourri, dessen er sich mit großer Zungenfertigkeit bediente. Er bestellte erst eine, dann die nächste Runde Raki. Anschließend labten wir uns an wahrhaft köstlichen *mezze* – Auberginen in Olivenöl, Joghurt mit Gurken und in Öl ausgebackenen Garnelen!

Der Tag meiner Abreise nahte. Am Montagmorgen fiel ein feiner Nieselriegen auf Kuşadasi. Hassan ließ es sich jedoch nicht nehmen, mir bis zur Anlegestelle den Rucksack zu tragen. Zum Abschluss kritzelte er mir ein paar Freundschaftszeichen auf meinen Pilgerstock. Dann fielen wir uns in die Arme und drückten uns fest.

»Hab Dank für deine Hilfe und für deine Lebensfreude, Hassan.«

»Keine Ursache, Jean, keine Ursache. Und das nächste Mal kommst du einfach vorbei, wenn du wieder eine Wallfahrt machst!«

»Mit Sicherheit. Aber was ich dich noch fragen wollte: Warum hast du das alles für mich getan?«

»Allah schreibt uns vor, dass wir den Armen, den Verrückten und den Heiligen helfen müssen.«

»Und in welche Kategorie gehöre ich deiner Meinung nach, Hassan?«

»In alle drei natürlich!«

Die Ägäischen Inseln

Das Schiff kam flott voran, obwohl es nicht groß war. An diesem Morgen konnten die Passagiere wegen des schlechten Wetters unter Deck bleiben. Noch während der Überfahrt fegte der Wind die Wolken vom Himmel, und die Sonne kam zum Vorschein. Um die Mittagszeit legten wir in Samos an; ich war wieder auf griechischem Boden. Auf dem Kai genoss ich den Imbiss, den mir Hassan noch in der Türkei vorbereitet hatte; die letzten Krümel verfütterte ich an die Fische. Dann zog ich los, um die Stadt zu erkunden.

Gegen Abend kam ich zu einer orthodoxen Kirche und ging hinein. Der Pope zelebrierte einen Gottesdienst vor einer Ansammlung schwarz gekleideter Frauen und Männer, die ihre Hüte in den Händen hielten. Ich befand mich allein in einem Seitenschiff und betete. Als die Messe vorbei war, kam der Priester auf mich zu.

»Sie sind Katholik, nicht wahr?«

»Ja, ich bin Pilger.«

»Ich heiße Sie willkommen in meiner Kirche.«

Der Pope hieß Joachim und war sehr hilfsbereit; er ging mit mir in sein Büro, führte ein paar Telefonate und sagte dann: »Ich habe alles arrangiert. Sie können in der Pension eines Gemeindemitglieds übernachten. Kommen Sie, ich bringe Sie hin.«

Es war ein einfaches, freundliches Hotel. Der Pope bestellte mir etwas zu essen und ging dann noch einmal hinaus, um mir eine Wegzehrung für den nächsten Tag zu kaufen. Dann verabschiedeten wir uns, und er verschwand aus meinem Leben ebenso diskret, wie er gekommen war.

Die menschliche Natur ist unendlich vielfältig. Die meisten Menschen, die ich in den acht Monaten meiner Wallfahrt kennen lernte, waren sehr großzügig zu mir. Ich hatte fast den Eindruck, dass ich, der ich mich in ihre Abhängigkeit begab, ihnen einen willkommenen Anlass lieferte, ein Exempel ihrer Güte zu statuieren. Natürlich lässt sich das nicht so verallgemeinern, zumal es genügend Zeitgenossen gibt, denen gar nicht daran liegt, ihr Herz sprechen zu lassen. Andererseits ist mir dieses Phänomen immer wieder aufgefallen.

Sowohl die Bereitschaft, sich auszuliefern, als auch das Mitgefühl für den anderen kann als große persönliche Bereicherung erfahren werden. Wer über seine Angst und seine Hoffnungen hinausgeht, wird dafür auf eine geheimnisvolle Weise belohnt. Die Liebe als höchste Stufe der Wahrheit ist der eigentliche Stein der Weisen, der noch viel mehr bewirkt als nur die Verwandlung von Blei zu Gold. Der wahre Reichtum bemisst sich nicht nach den Mengen von Gold, die jemand besitzt, sondern nach der inneren Fülle. So viele reiche Menschen verzehren sich ihr Leben lang in dem unstillbaren Drang, ihren Besitz zu mehren; nehmen wir zum Beispiel einen Kunstsammler, den rund um die Uhr nur noch beschäftigt, wie er sich den nächsten Schatz für seine Sammlung aneignen kann. In den Augen der anderen dürfte er als glücklicher Mensch gelten, aber aus dem eigenen Blickwinkel gesehen – dem Einzigen, der zählt –, müsste er sich zu den Bedürftigen zählen, weil ihn Zeit seines Lebens dieses unstillbare Verlangen quält. Die Großzügigkeit ist eine Voraussetzung für unseren geistigen und materiellen Reichtum. Wer sich dem anderen öffnet und ihm gibt, leidet keinen Mangel. Aus psychologischer Sicht entspricht dies einer sofortigen Bedürfnisbefriedigung – wobei in unserem Fall, zugegeben, geraume Zeit vergehen kann, bis sie sich auch materiell einstellt.

Noch vor Anbruch des Tages war ich wieder auf der Straße und ging in Richtung Süden weiter. Vor Pithagórion machte ich einen Abstecher zum Kap Zoodosupisis. Es war ein einsamer Ort, an dem sich eine kleine Kirche zwischen Himmel und Erde erhob; sie war dem Apostel Johannes geweiht, der hier vorbeigekommen war. Obwohl es ein kalter, dunstverhangener Tag war, begeisterte mich die Schönheit des aufgewühlten Meeres.

Als ich in Pithagórion ankam, ging ich in die Kirche. Kurz darauf kam ein orthodoxer Priester herein, voll bepackt mit Päckchen und Paketen, die er in einer Ecke des Vorraums übereinander stapelte. Nach ihm schleppten andere Personen weitere Kartons herein. Es war die Ausbeute der Kleider- und Lebensmittelsammlung für Serbien, das von der NATO bombardiert wurde. Als ich sah, dass dem Priester vor Anstrengung der Schweiß übers Gesicht lief, unterbrach ich mein Gebet und bot mich an, ihm zu helfen. Mit ziemlich groben Worten schickte er mich weg und riss mir sogar das Paket aus der Hand, das ich schon hochnehmen wollte. Dachte er etwa, ich wollte es mir aneignen?

Ich nahm meine Gebete wieder auf. Als ich jedoch den nächsten Trupp stapelweise Kartons hereinschleppen sah, erhob ich mich erneut, um zu helfen. Und wieder hinderte mich der Pope daran. Was ihn zu dieser Feindseligkeit bewogen hat, werde ich wohl nie erfahren. Ich konnte meine Fortschritte in Selbsterkenntnis schlecht beurteilen. Aber ein Kriterium, wie weit ich auf meinem Weg gekommen war, gab es doch: meine Reaktionen auf das Verhalten der anderen. Ich stellte beruhigt fest, dass die Quellen der Irritation weniger wurden. Als der Pope Anstalten traf, die Kirche zu schließen, fragte ich ihn, ob ich in einer Ecke übernachten dürfe. Er tat so, als verstünde er mich nicht.

Vor der Kirche bemerkte ich einen steinernen Sarkophag auf einem halbrunden Sockel. In meiner Hilflosigkeit gab ich dem Popen durch eine entsprechende Gebärde zu verstehen, dass ich dort gerne mein Nachtlager aufschlagen würde. Daraufhin zuckte er nur gleichgültig die Schultern und drehte sich um. Der Sarkophag stand in einer Mauernische und konnte mir vor dem Unwetter, das inzwischen heraufgezogen war, ein wenig Schutz bieten.

Der Sturm wurde in der Nacht so heftig, dass das Gleitboot wegen der starken Dünung am nächsten Morgen nicht auslaufen konnte. Erst am Nachmittag legte ein großes, seetaugliches Schiff in Pithagórion an und nahm die Passagiere auf.

Auf der Fähre kam es zu einer erschütternden Begegnung mit einer jungen Frau. Ich saß auf dem Oberdeck und sah auf das Meer hinaus, als sie mich ansprach. Sie war ausgesprochen hübsch. Ihre Haut war von der Sonne der Ägäis gebräunt; sie hatte ein entzückendes Näschen und schulterlange, dunkle Locken.

»Entschuldigung, sind Sie der französische Pilger, der gestern in Samos war?«

»Ja.«

»Ich war in der Kirche und habe Ihr Gespräch mit dem Popen Joachim gehört.«

»Sie sind aus Samos?«

»Nein, ich bin aus Zypern, aber ich wollte noch einmal die Düfte und die Winde von Samos genießen. Ich bin hier, um von dieser Insel Abschied zu nehmen. Ich habe hier einige Jahre als Kind verbracht.«

»Wieso Abschied? Kommen Sie nicht wieder?«

Sie schwieg und blickte aufs Meer hinaus. Ich bemerkte die Falten auf der glatten Stirn und die fein gebogene Braue, die sich leicht nach oben verzog.

»Entschuldigen Sie, ich wollte nicht indiskret sein.«

»Wie heißen Sie?«

»Jean. Jean Lescuyer.«

»Der Name eines der Musketiere«, lachte sie. »Sie haben ihn aber nicht aus einem der Bücher von Alexandre Dumas gestohlen?«

»Das ist mein Pilgername.«

»Dachte ich's mir doch.«

»Darf ich auch Ihren Namen wissen, mein Fräulein?«

»Theodora. Bitte seien Sie mir nicht böse; es macht mir einfach Spaß, die Leute aufzuziehen.«

»Bleiben Sie länger auf Patmos?«

»Nein, ich nehme heute Abend das Schiff nach Zypern.«

Sie zögerte einen Moment und sagte dann noch:

»... Ich muss übermorgen ins Krankenhaus.«

Ich fragte ganz leise, flüsternd fast:

»Sie haben Krebs, nicht wahr?«

»Woher wissen Sie das?«

»Ich weiß es, weil ich selbst einmal Krebs hatte.«

»Oh – und Sie haben überlebt; sind Sie geheilt?«

Ihre Stimme schwankte zwischen Hoffnung und Wehklagen.

»Die Ärzte sagen, ich hätte Leukämie. Nächste Woche beginnt die Chemotherapie. Die Behandlung muss eine einzige Qual sein, und die Haare werden mir ausgehen. Bitte trösten Sie mich; sagen Sie mir, was geschehen wird.«

»Ich weiß nicht, was geschehen wird, Theodora.«

»Was hatten Sie, wie war es bei Ihnen? Sagen Sie es mir doch!«

»Ich weiß nicht, ob das so eine gute Idee ist.«

»Doch doch, es ist sogar eine großartige Idee!«, ereiferte sie sich. »Alle sagen mir, dass ich nur noch ein Jahr zu leben habe. Ich bin einundzwanzig, und ich habe das Recht zu erfahren, ob ich eine Chance habe.«

»Ja, das finde ich auch.«

Ich überlegte, wie ich anfangen sollte.

»Als ich vierzig war, hatte ich monatelang aus unerfindlichen Gründen immer wieder starke Kopfschmerzen und Ohnmachten. Schließlich ging in eine Klinik, um mich untersuchen zu lassen, und man diagnostizierte einen Gehirntumor.«

»Einen Tumor …«

»Ja. Er hatte bereits die Größe einer Orange. Sie mussten mich operieren. Sie öffneten mir die Schädeldecke und beseitigten den Tumor. Der Eingriff dauerte zwölf Stunden. Nach der Operation war ich in meinen psychomotorischen und intellektuellen Fähigkeiten schwer beeinträchtigt; ich war wieder zum Säugling regrediert. Ich war unfähig, mich zu bewegen oder zu sprechen. Meine rechte Körperhälfte war gelähmt. Die Behinderungen waren so schwer, dass mich meine Frau zunächst nicht wieder erkannte. Es brauchte Jahre, die einfachsten Handgriffe des Alltags wieder zu erlernen. Als ich schon dachte, über den Berg zu sein, wurden Tochtergeschwülste an einer anderen Stelle des Körpers festgestellt. Drei Jahre nach der Operation fand man also einen neuen Tumor, diesmal im Kiefer. Ich hatte das große Glück, an einen außerordentlich kompetenten katalanischen Chirurgen zu geraten. Wir haben uns angefreundet. Er operierte mich und entfernte den Tumor aus meinem Kiefer. Er hat mir das Leben gerettet. Man könnte sagen, dass ich mich in dieser Zeit auf einer Wallfahrt in den Tod befand, die jedoch gescheitert ist. Seither bedeutet mein Leben mir viel mehr, und ich bin Gott unendlich dankbar dafür.«

»Und jetzt sind Sie definitiv geheilt?«

»Ich hoffe es; seit fünfzehn Jahren hat man jedenfalls keinen Tumor mehr in meinem Körper gefunden.«

Theodora schwieg, in düstere Gedanken versunken. Die Krankheit umgab sie mit einer unüberwindlichen Mauer, die sie vom Leben abgrenzte. Als ich in ihr angespanntes Gesicht sah, konnte ich mir gut vorstellen, was gerade in ihrem Kopf vorging. Ich hatte über Jahre hinweg dieselben Gedanken gehabt, die sie jetzt quälten.

»Geben Sie nicht auf, Theodora. Sie dürfen nicht aufgeben. Kämpfen Sie!«

»Habe ich denn eine Wahl? Ich habe solche Angst zu leiden. Sagen Sie mir etwas, was mir helfen kann.«

»Es gibt kein Patentrezept, Theodora.«

Sie schwieg und sah mich an.

»Also gut, ich möchte Ihnen etwas sagen, was Sie vielleicht im Moment noch nicht verstehen können. Wenn Sie es jedoch eines Tages verstehen, wird es Ihnen helfen. Verkrampfen Sie sich nicht, wenn Sie Schmerzen haben, denn das macht sie nur noch schlimmer. Versuchen Sie den Schmerz anzunehmen, ihn so ehrlich und offen wie möglich anzunehmen. Denn der Schmerz ist so etwas wie ein Schlüssel. Beten Sie: ›Möge der Schmerz der anderen, die dasselbe erleiden wie ich, in meinem Schmerz aufgehen. Möge mein Schmerz den Schmerz der anderen aufnehmen, damit ich rein werde.‹ So können Sie Ihrem Leiden einen Sinn geben und sich aus Ihrer Isolation befreien. Sie müssen kämpfen, aber Sie dürfen dabei nicht nur an sich denken, sonst wird die Krankheit Sie beherrschen. Sie würde Ihr gesamtes Blickfeld ausfüllen und Ihnen keine Ruhe mehr lassen. Wenn Sie die anderen in Ihre Gedanken mit einbeziehen, gewinnen Sie Abstand zu Ihrer Krankheit, und das unterstützt den Heilungsprozess.«

Tränen strömten über ihr Gesicht. Sie holte ein Taschentuch aus ihrer Handtasche.

»Wenn Sie sich diese Ansicht zu Eigen machen«, fuhr ich fort, »werden die Krankheitssymptome schwächer, und die Therapie schlägt besser an. Ich bin gesund geworden, weil ich meine innere Einstellung zu meiner Krankheit verändert habe, die Behandlung allein ist es nicht gewesen. Ihre Krankheit darf Sie nicht daran hindern, Freude an den kleinen Dingen des Alltags zu haben. Nur wer das Leben liebt, kann heilen.«

»Danke«, antwortete sie. »Sie haben Recht«.

Es war eine traurige Situation. Diese junge Frau in diesem Zustand zu sehen brach mir das Herz. Ich fühlte mich so ohnmächtig. Sie stand auf. Ihre Augen waren vom Weinen gerötet. Sie drückte mir die Hand und entfernte sich mit unsicheren Schritten.

Ich habe sie nie wieder gesehen. Möge sie die Kraft des Verzichts entdecken und wieder gesund werden.

Im Kloster Agios Triatos auf Samos, in den Hügeln von Pithagórion, hatte ich am Abend zuvor einen dreißigjährigen litauischen Pilger kennen gelernt. Sarũnas hatte gerade sein Biologiestudium abgeschlossen. Von dem Wunsch beseelt, eine Wallfahrt zu machen, war er unter einfachsten Bedingungen nach Ephesus und Patmos gekommen. Für die letzten Tage, die er auf den griechischen Inseln verbrachte, taten wir uns beide zusammen. Sarũnas hatte für seine religiösen Überzeugungen leiden müssen. Er erzählte mir, dass es in Litauen vor dem Zusammenbruch der kommunistischen Welt keine Religionsfreiheit gab. Wer sich öffentlich zu seiner Religion bekannte, musste mit Schikanen rechnen.

Am Nachmittag legte die Fähre in Patmos an, und wir machten uns auf die Suche nach einer Unterkunft. Eine alte Griechin, die wir auf der Straße kennen lernten, überließ uns ein Zimmer in ihrem Haus. Am Tag darauf verabschiedeten wir uns und brachen in aller Frühe zum Kloster Sankt Johannes auf.

Gleich nach der Öffnung des Klosters wurden wir empfangen. Die Mönche führten uns durch den gesamten Klosterkomplex, der die Insel beherrschte. Hinter der Umschließungsmauer erstreckte sich ein wahrer Irrgarten mit hintereinander liegenden Durchgängen, verschlungenen Wandelgängen und hübschen kleinen Innenhöfen, die wie Gärten aussahen. Die Architektur war sehr beeindruckend.

Vom Kloster aus stieg ich zur Höhle des heiligen Johannes hinunter. In dieser Höhle soll sich dem Apostel kurz vor seinem Tod die Apokalypse offenbart haben. Auf dem flachen Stein, der ihm einst als Ruhelager diente, gab es eine Mulde, in die er sein Haupt bettete. Nach der Überlieferung soll sich der fast hundertjährige Apostel Schritt für Schritt an den vorspringenden Kanten der Felsen vorwärts gehangelt haben. Als ich die Spuren seines Lebens so vor mir sah, tauchte vor meinem inneren Auge das Bild des ausgezehrten Körpers dieses erleuchteten Evangelisten auf. Aber das eindrucksvollste Zeichen der Präsenz des Johannes ist die Insel Patmos selbst. Ob Händler, Pope, Bäcker, Fischer – alle Menschen, mit denen ich auf Patmos über die Schönheit der Insel sprach, sagten mir daraufhin: »Es ist der heilige Johannes, dem unsere Insel ihre Schönheit verdankt.«

Sarūnas verabschiedete sich von mir, er wollte seine Frau in Athen treffen. Ich selbst entschloss mich zu einer Besteigung des Bergkamms gegenüber dem Kloster, wo ich hoch über dem Meer, zwischen Himmel und Erde den ganzen Nachmittag betend zubrachte. Hier konnte ich mich ungestört der Betrachtung hingeben, ließ mich von der Stille tragen, alles war so einfach, und ich fühlte mich frei … Ein unbeschreiblicher Zustand, der über den menschlichen Verstand hinausgeht und dennoch seinen Beitrag zum Bestehen des Universums leistet.

Stunden später kam ich wieder in den Hafen zurück. Nachdem mir keiner der Reisevermittler ein kostenloses Ticket zur Verfügung stellen wollte, blieb ich in der Nähe der Anlegestelle, um mich nach dem Anlegen der Fähre direkt an den Schiffskapitän wenden zu können. Am späten Nachmittag fuhr das Schiff in den Hafen ein. Ich ging zur Kommandobrücke. Als ich den schwankenden Gang und das rote Gesicht des Kapitäns sah, wusste ich, dass er betrunken war. Mit schwerer Zunge warf er mir das ganze Repertoire griechischer Vogelnamen an den Kopf. Es war zwecklos, mit ihm zu verhandeln. Enttäuscht setzte ich mich wieder auf meine Bank. Während ich ein paar Sätze über den heiligen Johannes in mein Tagebuch schrieb, spürte ich die verstohlenen Blicke eines älteren Ehepaares, das an mir vorbeiging. Sie kamen wieder zurück und lächelten mich an. Als sie noch einmal vorbeigingen, strahlten sie mich offen an. Beim nächsten Mal blieben sie stehen, und die Frau bot mir ein Stück Kuchen an. Das Eis war gebrochen; sie sprachen mich an.

Ich erfuhr, dass Cäsar und Gisela – so hießen sie – aus Deutschland kamen und Religionsgeschichte an der Universität Münster lehrten. Während ich mit Cäsar sprach, verschwand Gisela und kam nach einer kleinen Weile mit einer großen Einkaufstüte zurück. »Bitteschön, Monsieur, das ist für Sie«, meinte sie. In der Tüte befand sich genügend Proviant für die nächsten zwei Tage: Kekse, Käse, Obst und sogar an eine Flasche griechischen Wein hatte sie gedacht.

Die Passagiere gingen an Bord. Kurz bevor die Matrosen die Leinen einholten, sagte Gisela: »Schauen Sie mal, was ich Ihnen ganz unten auf den Boden der Tüte gelegt habe! Und viel Glück!« Als ich die Banknote über zehntausend griechische Drachmen entdeckte, waren Cäsar und Gisela bereits verschwunden. Das Ticket für die Fähre ab Patmos kostete achttausend Drachmen. Wieder einmal bestätigte sich, dass sich die Probleme von selbst lösen, wenn man nur das Vertrauen behält. Die Begegnung mit Agostino in Rom, die unverhoffte Bekanntschaft mit dem Hafenkapitän in Bari und die Großzügigkeit der beiden Deutschen – diese glücklichen Fügungen kamen mir vor wie Teile eines Glücksrads, das sich auf geheimnisvolle Weise in Gang setzt, wenn man das Leben so akzeptiert, wie es ist.

Dass ich in Kreta und Rhodos an Land ging, ergab sich rein zufällig, weil ich davon abhängig war, welche Fähre mich gerade mitnehmen wollte, und so hüpfte ich von Insel zu Insel. Ich war so sehr mit meinem inneren Weg beschäftigt, dass alles andere nebensächlich wurde. Am Sonntagmorgen des 18. April um sechs Uhr kam ich auf einer klapprigen Fähre nach Chania, dem wichtigsten Hafen Kretas. Chania liegt in einer hübschen Meeresbucht. Im alten Hafenbecken drängten sich die Fischerboote dicht an dicht vor dem Hintergrund mittelalterlicher und moderner militärischer Anlagen. Ich durchquerte das Städtchen. Nach der ersten Straßenkreuzung wandte ich mich in Richtung Sitía, das etwa vierhundert Kilometer entfernt liegt.

Die glühende Hitze setzte mir allmählich zu. Gegen elf Uhr hielt ich in einem kleinen Ort, um mich mit Wasser zu versorgen. Auf der Terrasse eines Kafenions, unter einem Laubdach, saß ein orthodoxer Priester in Gesellschaft eines anderen Mannes in Hemdsärmeln. Die beiden hatten es sich auf Korbstühlen bequem gemacht, die Ellbogen nach griechischer Sitte auf eine andere Stuhllehne gestützt; ein dritter Stuhl diente als Fußbank.

»Ich habe großen Durst, könnten Sie mir bitte meine Wasserflasche füllen?«

»Selbstverständlich.«

Dann fragten sie mich das Übliche:

»Warum gehen Sie zu Fuß in der prallen Sonne? Haben Sie den Autobus verpasst?«

Als ich ihnen alles erklärte, konnten sie ihre Neugier nicht mehr zügeln.

»Setzen Sie sich doch; möchten Sie einen Kaffee?«, fragte mich der Hemdsärmelige freundlich.

Wir vertieften uns in eine Diskussion über Religion und die

Bedeutung der Spiritualität für unser Leben. Michael Metochianakis, der Laie, gestand, dass ihn diese Fragen unablässig beschäftigten. Der Pope hatte dringende Verpflichtungen und musste sich verabschieden. Wir diskutierten weiter darüber, wie man anderen am besten helfen kann.

»Ich möchte Ihnen einen Freund von mir vorstellen, den Popen Leonidas Illiakis«, sagte Michael. »Er hat sein Leben Menschen gewidmet, die das Leben gestraft hat. Momentan kümmert er sich um den Wiederaufbau eines Klosters in den Hügeln von Kalives Apokorono. Wenn Sie noch Zeit haben, fahre ich Sie hin.«

Er fuhr mit mir in seinem Wagen zum Kloster, das sich gut zehn Kilometer weiter im kretischen Hinterland befand. Da der Pope selbst nicht da war, nutzte Michael die Gelegenheit, mich durch das Kloster zu führen.

»Dieses Kloster ist dem heiligen Raphael geweiht. Die ganze Anlage erstreckt sich über dreitausend Quadratmeter. Die Renovierungsarbeiten werden überwiegend von Freiwilligen durchgeführt. Darunter sind viele Drogenabhängige, die jahrelang auf der Straße gelebt haben. Die Mitarbeit an der Klostersanierung ist eine der Maßnahmen, mit denen man ihre soziale Wiedereingliederung fördern will. Im Schnitt bleiben diese Freiwilligen ein paar Monate hier, manchmal auch länger. Wenn sie ihre gesellschaftliche Identität wieder gefunden haben und sich dazu in der Lage fühlen, versuchen sie ein normales Leben zu führen.«

»Das ist sehr beeindruckend. Ich finde sowieso, dass dies der einzige Weg ist, den Menschen zu helfen. Man muss ihnen die Möglichkeit geben, sich selbst zu helfen.«

»Natürlich haben Sie Recht, und die Arbeit, die der Pater hier leistet, verdient große Anerkennung. Aber nun muss ich leider wieder ins Dorf zurückfahren, Jean. Ich habe meiner Frau versprochen, mich nicht allzu lange aufzuhalten.«

Er ließ sich auf einem Stuhl nieder, ließ sich ein Blatt Papier geben und zückte seinen Kugelschreiber.

»Was machen Sie da, Michael?«

»Ich schreibe Ihnen einen Empfehlungsbrief, der Ihnen den Aufenthalt in Kreta erleichtern soll.«

Er verfasste ein sehr persönliches, herzliches Schreiben, das mir fortan als Passierschein dienen sollte. Er fügte noch seine Telefonnummer hinzu und erklärte sich bereit, für meine Person und mein Vorhaben persönlich zu bürgen. Ich bewunderte ihn für diese mutige Geste, denn schließlich kannten wir uns ja erst seit ein paar Stunden.

»Bitte sehr, Jean, und jetzt muss ich mich von Ihnen verabschieden. Falls Sie auf Kreta irgendwelche Probleme haben, können Sie mich jederzeit anrufen.«

Kurz nachdem Michael abgefahren war, traf der Pope Leonidas ein und begrüßte mich. Er war so entgegenkommend, dass ich mein nagelneues Empfehlungsschreiben beruhigt in der Tasche lassen konnte. Leonidas war auf Kreta geboren. Er war ungefähr fünfzig Jahre alt, und sein Gesicht verschwand unter einem grau melierten Bart. Eine unbeschreibliche Sanftmut sprach aus seinem Blick; die Sanftmut eines Menschen, der sich mit Leib und Seele dem Wohl der anderen verschrieben hat.

Nachdem wir uns gegenseitig unser Leben erzählt hatten, rief ihn die Pflicht, und ich ging in die Kirche hinein. Es war die Stunde der Vesper, das Gestühl füllte sich mit Gläubigen. Ich meditierte während des orthodoxen Gottesdiensts, von dem ich kein einziges Wort verstand. Als der Gottesdienst beendet war, erzählte der Pope der Gemeinde von meiner Wallfahrt, offensichtlich mit viel Enthusiasmus, denn die Gemeinde scharte sich hinterher um mich. Es folgte eine kollektive Fragerunde, die eine ganze Weile dauerte, bis der Pope dem Ganzen Einhalt gebot und einen Chorknaben zu sich rief.

»Spiros, komm mal her. Geh in die Sakristei und suche eine Ikone aus für unseren Gast.«

»Ja, ehrwürdiger Vater«, antwortete der Junge.

Kurz darauf erschien er mit einer Ikone, die er in ein Tuch gewickelt hatte.

Der Pater faltete das Tuch vor mir auseinander und zog eine Grimasse.

»Aber nein, die doch nicht. Sie ist nicht schön genug. Geh noch mal rüber, Spiros, und such eine schönere aus.«

Daraufhin brachte uns der Knabe eine vergoldete Ikone, eine prachtvolle Darstellung Christi. Der Pater küsste die Ikone und sah sie eine ganze Weile zärtlich an. Anschließend überreichte er sie mir feierlich vor der versammelten Gemeinde.

»Das kann ich nicht annehmen, ehrwürdiger Vater, das ist zu kostbar.«

»Sie müssen diese Ikone annehmen. Es ist eine Gabe, die aus dem Herzen kommt.«

»Sie ist doch viel zu kostbar und außerdem zu sperrig für meinen Rucksack.«

»Sie sollten die Großzügigkeit haben anzunehmen, was Ihnen aus Liebe gegeben wird, mein Sohn; akzeptieren Sie diese Gabe als Zeichen unserer Freundschaft.«

Daraufhin nahm mich der Pope Leonidas vor der begeisterten Gemeinde in die Arme und drückte mich fest. Ich fühlte, wie mir vor Rührung über so viel Freundlichkeit die Röte in die Wangen stieg. Das Geschenk dieser kleinen Gemeinde war eine spontane Geste ohne jeden Hintergedanken, die aus dem Herzen kam.

Als wir hinausgingen, gratulierte man mir und wünschte mir viel Glück für meine Weiterreise.

Als wir uns zum Abendessen in dem riesigen Refektorium des Klosters einfanden, gab mir der Pope den Platz zu seiner Rechten. Rund sechzig Personen versammelten sich um eine große, aus vier Tischen zusammengerückte Tafel. Nach dem Abräumen eröffnete Leonidas eine Diskussion über Sinn und Zweck religiöser Wallfahrten. Die Fragen prasselten von allen Seiten auf mich ein. Irgendwann war ich so erschöpft, dass der Pater die Gesprächsrunde beendete.

Da ich am nächsten Morgen sehr früh nach Sitía aufbrechen wollte, suchte ich noch einmal das Büro des Popen auf, um mich von ihm zu verabschieden.

»Sie dürfen uns nicht so schnell verlassen, Jean.«

»Aber ich muss weiter, ehrwürdiger Vater.«

»Wir hätten uns noch so viel zu sagen, bleiben Sie doch noch.«

»Aber ehrwürdiger Vater …«

»Bleiben Sie doch noch einen Tag. Sie müssen sich ansehen, was unsere Freiwilligen hier leisten. Es wird Ihnen bestimmt gefallen. Sie werden es nicht bereuen.«

Ich habe es in der Tat nicht bereut. Den ganzen Vormittag führte mich Leonidas durch die Baustelle und zeigte mir, wie er mit den geringsten Mitteln ein großes Heim für die Ärmsten der Armen aufbauen ließ. Hier führte ein Team die Erdarbeiten durch, und ein Stück weiter konnte ich mir ansehen, wie ein Gerüst gezimmert wird.

Dem Popen war es gelungen, Menschen unterschiedlichster Herkunft, die sich sonst vielleicht nie begegnet wären, in eine soziale Gemeinschaft einzubinden. Ein liebevolles Band vereinigte eine Gruppe von Menschen, deren Beziehungen sonst von Gleichgültigkeit oder Aggressivität gekennzeichnet wären, wie ich es oft genug unter den Obdachlosen in Frankreich und Italien erlebt hatte. Der Gegensatz konnte nicht größer sein. Hier der weit verbreitete Opportunismus der so genannten »sozialen Betreuer«, und dort das aufopferungsvolle Engagement dieses Popen, Menschenverachtung einerseits und Respekt und Anerkennung andererseits …

Über die persönlichen Probleme seiner Schützlinge bewahrte der Pater natürlich Diskretion, aber allein durch aufmerksames Hinsehen konnte ich meine Rückschlüsse auf das Leben dieser Gestrauchelten der Gesellschaft ziehen, denn ihre leidvollen Erfahrungen hatten tiefe Spuren in ihrer Physiognomie hinterlassen. Ich entdeckte die Wundmale psychischer Verletzungen und jahrelanger Gefängnisaufenthalte. Trotzdem stellte der Pope nur das Gute an ihnen heraus. Das Einzige, was ich in den Herzen dieser vom Leben Traumatisierten sah, war eine immense Menschlichkeit und eine Kraft, die ich nur bewundern konnte. Was ihnen der Pope Leonidas gab, war indes keine Fürsorge; er lehrte sie auf eine subtile Art und Weise, die Verantwortung für sich selbst zu tragen und sich ein neues selbstbestimmtes Leben aufzubauen.

Am Nachmittag gingen wir über einen Hügel mit roter Erde. Das Tal unterhalb von Sankt Raphael war mit Olivenhainen bedeckt und in der untergehenden Sonne schimmerten die weißen Gipfel des Lefká Ori.

»Meiner Meinung nach sollten wir uns darum kümmern, die Spaltung zwischen der Ost- und der Westkirche endgültig zu überwinden«, sagte der Pope.

»Da bin ich ganz Ihrer Meinung.«

»Wir dürfen uns nicht zerstreiten, weil wir die christliche Botschaft unterschiedlich auslegen. Wir sollten lieber die Möglichkeiten erörtern, diese Spaltung aufzuheben, nicht wahr? Letztendlich bilden Katholizismus und Orthodoxie nur die Teile eines Ganzen.«

»Ja, es liegt auf der Hand, dass sich unsere beiden Traditionen wieder annähern müssen.«

»Ich hoffe, mein Sohn, dass die schon so lange gestörte Einheit endlich wieder verwirklicht werden kann, vor allem jetzt, wo die religiöse Intoleranz an Boden gewinnt.«

Er erläuterte mir seine Ideen und legte mir ans Herz, mich für die Vereinigung der beiden Kirchen einzusetzen, wenn mein Beitrag auch noch so gering wäre.

»Jeder von uns kann etwas beisteuern«, setzte er noch hinzu. »Tolstoi sagte einmal, dass wir unser Licht mit dem Licht der Anderen vereinen sollen ...«

»Wir müssen alles dafür tun, solche Momente mit möglichst vielen Menschen zu teilen.«

Schwärme von Tauben flogen am Himmel vorüber, Haustauben und Wildtauben, in buntem Durcheinander, mit grauem und mit weißem Gefieder, in freier Gemeinschaft und doch vereint. In diesem Moment dachte ich daran, dass die Taube in beiden Traditionen ein Symbol ist.

Nach dieser bereichernden Begegnung mit dem Popen Leonidas brach ich am nächsten Tag zu früher Stunde auf. Der Pope gab mir noch eine Wegzehrung und etwas Geld mit. Letzteres verschenkte ich kurz darauf an eine Person, die es dringender brauchte als ich. Pilgern ist die ständige Bereitschaft, zu geben und zu nehmen.

Auf dem Weg kehrten meine Gedanken zu Leonidas Illiakis zurück. Sein Verhalten erinnerte mich an meinen Vater. Dieser war im Kriegsjahr 1940 von seinen Kameraden auf dem Feld für tot zurückgelassen worden. Schwer verletzt kam er in deutsche Kriegsgefangenschaft, befreite sich und traf eines schönes Tages wieder in Albi ein. Da sein Gesicht von einer Granate völlig entstellt war, hatten ihn weder seine Mutter noch seine Frau wieder erkannt. Kaum war er wieder bei Kräften, trat er in den französischen Widerstand ein. Mein Vater war ein großherziger, aufopferungsvoller Mensch, der ganz in Gott aufging, er kümmerte sich um hilfsbedürftige Menschen und lud sie in regelmäßigen Abständen zu uns ein. Das väterliche Beispiel vor Augen, wusste ich bereits sehr früh, dass sich Wohltätigkeit, soll sie wirklich etwas bezwecken, nicht auf das rein Materielle beschränken darf, sondern von aufrichtiger Zuneigung und der Achtung vor der Eigenständigkeit der bedürftigen Person getragen sein muss. Der Pope Leonidas war der Inbegriff dieser Botschaft: Die Liebe ist der einzige Weg zu den anderen.

Am Freitag, den 23. April kam ich nach Iráklion. Der Beiname Candia verweist auf die venezianisch anmutende Architektur dieser Stadt. In der Nähe der venezianischen Festung fand ich in einer Jugendherberge noch einen Schlafplatz. Nachdem ich die letzten beiden Nächte im Freien verbracht hatte, erschien mir diese heruntergekommene Herberge fast luxuriös. Wieder einmal musste ich feststellen, dass das Beten auch als lästige Pflicht empfunden werden kann und mir ein Höchstmaß an Selbstdisziplin abverlangte. Anstatt zu beten, wollte ich lieber meinen Gedanken nachhängen oder mich in Gespräche mit den vielen interessanten Menschen, die mir begegneten, vertiefen. Diese Kontakte waren für mich äußerst wichtig, weil sie mir das Gefühl von Wärme und Geborgenheit vermittelten; ich muss jedoch bekennen, dass ich damit meiner unterschwellig vorhandenen Neigung zur Trägheit einen strategischen Vorteil verschaffte, und es fiel mir später gar nicht so leicht, meine Exerzitien wieder aufzunehmen.

Die Palmen an der vegetationsreichen Küste erinnerten mich daran, dass die Küsten Afrikas nur wenige hundert Kilometer entfernt waren. In kargen, felsigen Gegenden wuchsen noch ein paar Kiefern, und hin und wieder durchquerte ich Wälder mit Kermeseichen. Doch je höher ich kam, desto spärlicher wurde die Vegetation. Schließlich, nach einer Wegbiegung, stieg vor mir der Felsen mit dem Faneromenis-Kloster wie eine Luftspiegelung aus dem Meer.

Es war kurz vor der Dämmerung, als ich den Klostereingang

erreichte, aber niemand antwortete auf mein Rufen. Kein Mensch weit und breit, und so ließ ich mich einfach an der Pforte nieder. Kurz darauf kam ein junger Einsiedlermönch vorbei. Er zeigte mir den Eingang zu einer Höhle unterhalb des Klosters. »Sie können hier schlafen. Ich komme gleich wieder«, sagte er und verschwand. Das Echo meiner Schritte auf dem Stein schreckte ein paar Fledermäuse auf, die laut quiekend davonstoben. Nach einer Weile kam der Mönch wieder und brachte mir eine Art Pizza, die ich in aller Stille verzehrte. Dann zog ich mir den Schlafsack über den Kopf und schlief auf der Stelle ein, obwohl die Höhle penetrant nach Exkrementen stank. In der Nacht wurde ich durch das leise Getrippel von Nagetieren geweckt. Ich erhob mich, um meinen Proviantbeutel in Sicherheit zu bringen. Am Morgen waren nur noch ein paar Krümel von der Pizza übrig.

Gleich nach dem Aufbruch nahm ich meine Betübungen wieder auf. Das Gebet ist eine Danksagung. Beten heißt danken statt bitten, Beten heißt dienen statt sich bedienen. Der heilige Paulus forderte, dass wir »ohne Unterlass« beten. Für den Pilger muss das Beten so selbstverständlich sein wie die Armut, das Gehen und das Atmen.

Als ich nach Sitía im Nordosten von Kreta kam, hatte ich das Schiff nach Rhodos um eine Stunde verpasst. Die nächste Fähre ging erst in drei Tagen.

Im Büro der Hafenpolizei konnte mir an diesem Sonntag niemand weiterhelfen, weil es geschlossen war. Auf dem Polizeirevier in Sitía hatte ich mehr Glück. Der Chef fuhr mich zur Jugendherberge, der einzigen, die es dort gab. Die temperamentvolle Besitzerin stammte aus Antwerpen. Sie empfing uns mit der etwas gezwungenen Höflichkeit, wie man sie einem Polizeibeamten entgegenbringt, wenn er vor der eigenen Haustür steht.

»Sag mal, Heide, könntest du diesen Herrn bis Donnerstag kostenlos unterbringen?«

»Kostenlos?«

»Ja, er ist Pilger und wartet auf die nächste Fähre. Sei doch so nett, es sind nur drei Tage.«

Offensichtlich widerstrebte ihr die Vorstellung, mich so lange gratis bei sich wohnen zu lassen, deshalb mischte ich mich ein.

»Ich könnte Ihnen bei der Arbeit zur Hand gehen und ein paar Sachen reparieren. Ich kenne mich auch mit Computern aus.«

»Ich habe keinen Computer, die Dinger sind ständig außer Betrieb und völlig überflüssig!«

»Ich könnte beim Aufräumen und Putzen helfen...«

»Also gut, meinetwegen, aber nicht länger als drei Tage.«

Nachdem sie mir ihren einzigen Mitarbeiter vorgestellt hatte, zog Heide sich zurück. Yannis sollte mir ein Lager im Schlafsaal zuweisen. Zu der hübschen Herberge mit den weiß gekalkten Mauern gehörte ein Garten mit Schirmpinien. Ich räumte meine Sachen ein, ruhte mich ein paar Stunden auf der Terrasse aus und erkundigte mich dann bei Yannis, wie ich mich während meines Aufenthalts nützlich machen könnte.

»Mach dir doch darüber keine Gedanken, Jean, genieß die Sonne und das Meer. Der Strand ist ganz in der Nähe. Wenn du willst, bringe ich dich nach dem Mittagessen hin.«

»Nicht dass ich was gegen Strände hätte, aber ich würde mich lieber nützlich machen.«

»Ach was, der Chefin kannst du's sowieso nie Recht machen. Ich mach auch nur, was sie ausdrücklich von mir verlangt, und überhaupt... ihr seid schon komisch, ihr Leute aus dem Norden.«

»Vielleicht hast Du ja Recht, aber so sind wir nun mal, und das wird sich nicht ändern.«

»Warum nicht, nehmt euch ein Beispiel an uns!«

Um mir seine Lebensphilosophie zu erläutern, phrasierte Yannis jeden Satz mit einer bedeutungsvollen Pause, zuckte ratlos mit den Achseln und warf theatralische Blick gen Himmel.

»Also, pass auf: Das Strandleben ist nicht besonders kompliziert: du liegst im Sand, bis es dir zu heiß wird, dann springst du ins Wasser. Wenn du genug hast, schwimmst du zurück und legst dich wieder in den Sand. Es ist wirklich ganz einfach.«

»Das glaube ich dir ja alles, Yannis. Aber ich habe ihr versprochen, mich während meines Aufenthalts nützlich zu machen.«

»Vielleicht kannst du das Unkraut im Garten jäten. Damit liegt mir die Chefin schon seit Jahren in den Ohren, und ich muss mir ständig neue Ausreden einfallen lassen. Aber danach kommst du runter an den Strand?«

Ich ging also daran, das dichte Gestrüpp hinter dem Haus zu lichten. Den ganzen Tag über war ich mit Schneiden, Jäten und Harken beschäftigt. In Schweiß gebadet, versuchte ich mich auf meine Aufgabe zu konzentrieren und dabei ganz bei mir zu bleiben. Wenn das Gebet den Alltag wirklich begleiten soll, muss man es in die Arbeit mit »einflechten«. Am späten Nachmittag hatte ich den ganzen Garten geräumt und mir einen gehörigen Sonnenbrand zugezogen. Meine Haut war krebsrot. Während ich das Unkraut aus der Erde herausriss, betete ich einen Rosenkranz nach dem anderen. Ich skandierte jeden Satz, um meinen Geist wach zu halten. Die Stimme setzt Energien frei, die unser Denken kontrollieren und in Zaum halten. Singen, beten, atmen, arbeiten, all diese Tätigkeiten bedingen sich gegenseitig, und ich fühlte, wie Körper, Geist, Seele und Atem in mir zu einer Einheit verschmolzen.

Tags darauf befasste ich mich mit der Reparatur einer Tür, die sich nicht mehr abschließen lassen wollte. Nachdem ich das schon ziemlich verrostete Türschloss aus- und wieder eingebaut hatte, funktionierte es wieder.

Als Heide sah, dass ich mich so bereitwillig um all diese kleinen Arbeiten kümmerte, wurde sie freundlicher. Am Abend vor meinem Abschied nahm sie mich noch in ein schickes Restaurant im Zentrum mit und machte mich mit der typisch kretischen Küche bekannt.

Sie erzählte mir, wie sie dazu gekommen war, ihre belgische Heimat zu verlassen und sich auf dieser Mittelmeerinsel anzusiedeln. Vor zwanzig Jahren hatte sie sich in einen Kapitän zur See verliebt. Einen Kreter, dessen Schiff gerade in Antwerpen angelegt hatte. Die junge blonde Frau gefiel ihm so gut, dass er ihr einen Heiratsantrag machte.

»Ich entgegnete ihm, dass ich nicht im Traum daran dachte, mich an einen Seemann zu binden, der das ganze Jahr über auf hoher See ist.«

»Und was hat er dazu gesagt?«

»Gar nichts«, erwiderte sie und lächelte. »Er schickte seinem Reeder ein Telegramm und forderte ihn auf, jemanden vorbeizuschicken, dem er das Schiff übergeben konnte. Und dass er vorhätte, sich beruflich zu verändern. Am Abend kam er dann bei mir vorbei, um es mir zu sagen. Ist das nicht wunderschön?«

»Und dann?«

»... haben wir geheiratet. Welche Frau wäre denn so dumm gewesen, sich einen solchen Romantiker entgehen zu lassen? Einen Mann, der bereit ist, alles für sie aufzugeben?«

»Da haben Sie Recht.«

Heide gab die Bestellung auf, nachdem sie mir versichert hatte, dass ich ihr die Auswahl des Menüs überlassen könne.

»Und was macht Ihr Mann jetzt?«

»Er ist Landwirt und führt einen großen Betrieb in der Region. Seine Familie besaß Land, und er stürzte sich mit Feuereifer in die

Arbeit und legte Bananenplantagen an. Er ist so leidenschaftlich; alles macht ihm Spaß. Das hat mir von Anfang an so gut an ihm gefallen.«

Umgeben von der mächtigen Festungsmauer, bezeugte die Stadt Rhodos dem Meer dieselbe abweisende Haltung, die mir ihre Einwohner entgegenbrachten. Rhodos wirkte auf mich wie ein Abklatsch jener Stadt, die in der Zeit der Kreuzzüge eine so bedeutende Rolle innehatte.

Die Architektur des mittelalterlichen Stadtviertels und die Festungsanlage haben mich jedoch nachhaltig beeindruckt. Gotische Bauwerke mit schmiedeeisernem Zierrat und reich geschmückten Fassaden säumten die Straßen – das erzbischöfliche Palais, der Großmeisterpalast, das große Ritterhospital … In der Pracht dieser Bauwerke, die einst ein Vermögen gekostet haben müssen, äußerte sich der politisch-religiöse Machtanspruch der Johanniter oder Hospitalsritter, wie sie damals hießen. Dieser in Jerusalem gegründete Orden war ursprünglich der Pflege kranker bedürftiger Jerusalem-Pilger gewidmet, bevor er sich während der Kreuzzüge anlässlich der blutigen Schlachten gegen die Osmanen im Kampf um das Heilige Land auch militärisch orientierte.

Ausgerechnet in Rhodos, das über Jahrhunderte hinweg das obligatorische Ziel der Pilger gewesen war, wurde ich so unfreundlich wie in keiner anderen Stadt empfangen. Fast jede Nacht musste ich dort unter freiem Himmel schlafen. Ein einziges Mal wurde mir von einer jungen Frau menschliche Anteilnahme entgegengebracht. Sie hieß Themy. Als sie mich auf der Straße liegen sah, war sie so betroffen, dass sie mir ein Zimmer im Hotel eines Bekannten besorgte. Alles in allem haben gerade einmal fünf Menschen mit mir gesprochen, als ich in Rhodos war. Selbst in der größten Einöde der Peloponnes hatte ich unter angenehmeren Umständen als in Rhodos gelebt. Überall schlug mir nur Gleichgültigkeit entgegen, in die sich Verachtung mischte für die Armut, die ich verkörperte.

Da es mir nicht gelang, von Rhodos aus mit dem Schiff über Zypern wieder an die türkische Küste zu kommen, musste ich noch einmal umdisponieren. Am Ende erhielt ich ein kostenloses Ticket für die Überfahrt zum türkischen Hafen von Marmaris, das nur wenige Kilometer von Rhodos entfernt liegt.

Der Imam von Yakapinar

Am einhundertsechsundsechzigsten Tag meiner Reise kam ich nach Marmaris. Diesmal konnte ich ganz unbeschwert von Bord gehen, weil ich mit dem Land bereits genügend vertraut war und wusste, dass die Menschen hier gastfreundlich waren. Meine Ängste nähren sich aus meiner Unwissenheit, und sobald ich mich näher auf das Unbekannte einlasse, verliere ich meine Vorurteile. Ich bin der festen Überzeugung, dass wir uns in einem fortgeschrittenen Stadium der Selbsterkenntnis und in der Begegnung mit Gott von all unseren Ängsten restlos befreien können.

In der Marina drängten sich Segelboote und Vergnügungsjachten dicht an dicht. Die Mauern der weißen Altstadt reflektierten das gleißende Mittagslicht. Schmucke Häuschen verbreiteten griechisches Flair; aber das behielt ich natürlich für mich, weil ich von den gegenseitigen Feindseligkeiten wusste, die das Verhältnis dieser beiden Völker kennzeichnete. Durch enge, abschüssige Gassen wälzte sich der unvermeidliche Touristenstrom. Hinter den Mauern entdeckte ich üppig rankendes Weinlaub und sehnte mich nach Schatten.

Der erste Mensch, den ich auf einem kleinen Platz in praller Sonne sah, forderte mich auf, einen Tee mit ihm zu trinken. Es war ein hoch gewachsener Mann, dessen kahlen Schädel ein Haarkranz umgab. Er rauchte eine selbst gedrehte Zigarette nach der anderen. Esber besaß ein kleines Reisebüro, das gerade genug einbrachte, um die Familie zu ernähren und ein Haus in Anatolien zu bauen. Jeden Tag dankte er Gott für diese Wohltaten. Er schien nicht besonders überrascht, als ich ihm erzählte, dass ich ohne Geld unterwegs war. Er winkte nur den Kellner an den Tisch, um etwas zu essen für mich zu bestellen. Mein Magen, der schon seit vierundzwanzig Stunden nichts mehr zu verdauen hatte, rumorte leise, als mir Kebab und *mezze* serviert wurden. »Das ist sehr großzügig von Ihnen, ich danke Ihnen«, sagte ich. »Wieso?« erwiderte Esber. »Ich danke Ihnen, dass Sie es mir ermöglichen, Ihnen zu helfen.«

Mein nächstes großes Etappenziel war die Stadt Mersin, ein bedeutendes Marktzentrum inmitten herrlicher Zitronen- und Orangenhaine. Aber nicht dies war der Anlass meines Besuchs, sondern Pater Roberto Ferrari. Dieser gütige Franziskanermönch ist und bleibt eines meiner großen Vorbilder. Er war schlank und schmal, mit feinen Zügen und weißen Strähnen im zurückgebundenen Haar. Trotz seines Alters waltete der über siebzigjährige Pater Roberto in der Kirche von Mersin mit jugendlichem Elan seines Amtes. Für mich verkörpert er ein vergessenes Ideal, eine Mischung aus Altersweisheit und dem Feuer der Jugend.

In Mersin blieb ich drei Tage. In dieser Zeit hatte ich Gelegenheit, mit der Hilfe eines Mannes, dem ich voll vertrauen konnte, eine Zwischenbilanz meiner Reise zu ziehen. Ich war noch sehr verunsichert, weil es mir nicht gelungen war, von Rhodos aus nach Zypern einzuschiffen. Und vor allem plagte mich das Gewissen, weil ich die Strecke von Marmaris nach Mersin mit dem Bus zurückgelegt hatte. Ich hatte zwar nicht gegen mein Armutsgelübde verstoßen, aber allein der Umstand, diese neunhundert Kilometer unter so unstrapaziösen Bedingungen hinter mich gebracht zu haben, ließ mir keine Ruhe mehr.

Mit seinem großen Einfühlungsvermögen erkannte Pater Roberto sogleich, dass ich vor allem Ruhe brauchte, um wieder ins Lot zu kommen. Auf seinen Rat hin unterzog ich mich einer gründlichen Gewissensprüfung, wie ein Autofahrer, der seinen Wagen nach fünftausend Kilometern zur Inspektion bringt. Ich musste meine Motivation überprüfen – Gott die Ehre erweisen, meinen Nächsten lieben – und darüber hinaus auch die Mittel, mit denen ich das Ziel erreichen wollte: Selbstlosigkeit, Gebet, Armut und der Fußmarsch.

»So sind wir Menschen nun mal gemacht. Unser Weg zu Gott verläuft nicht linear. Manchmal laufen wir in Sackgassen, wir kehren um oder wissen nicht mehr weiter. Aber wie auch immer, das Wichtigste ist, Christus im Herzen zu bewahren.

»Manchmal, ehrwürdiger Vater, geht gar nichts mehr; ich kann nicht mehr beten und verliere jedes Vertrauen in mich. Ich habe das Gefühl, dass ich nur noch Rückschritte mache, selbst in den Dingen, die ich längst zu verstehen meinte.«

»Das Gegenteil ist der Fall, mein Sohn. Dies alles bedeutet nur, dass Sie sich in einer Phase der Stabilisierung befinden; das Erworbene muss sich festigen. Haben Sie keine Sorge. Sie befinden sich nur an der Schwelle zur nächsten Stufe Ihrer spirituellen Entwicklung, die Sie bald erreichen werden.«

»Glauben Sie wirklich?«

»Dessen bin ich mir ganz sicher. Sie haben schon einen langen Weg hinter sich und große Fortschritte gemacht. Sie sollten versuchen, Ihre Erfahrungen irgendwann einmal anderen Menschen zugänglich zu machen.«

Dieser Priester war für mich der Inbegriff einer Vaterfigur. Eine Schwierigkeit der Wallfahrt besteht darin, dass der Pilger auf seinem beschwerlichen Weg allein ist, ohne geistlichen Beistand. Dieser spielte für mich immer eine herausragende Rolle, ähnlich dem spirituellen Führer in den östlichen Traditionen oder den Philosophen in der Antike. Er leistet uns eine unersetzliche Hilfe gegen die übermächtigen Kräfte unseres Egos. Wie konnte ich denn sicher sein, dem richtigen Weg zu folgen, wenn ich niemanden hatte, dem ich mich anvertrauen konnte, der mir einen kritischen Spiegel vorhielt? Ich tat mich schwer damit, immer nur auf mein eigenes Urteil angewiesen zu sein, und dies nicht nur in den Momenten, wenn alles aus dem Lot zu geraten schien, sondern auch dann, wenn ich die Erfolge meiner Reise sah. Die Begeisterung und Freude darüber kann jederzeit in stolze Selbstgefälligkeit umschlagen. Und dieser Stolz wurde bei mir umso größer, je weiter ich vorankam. Es wurde höchste Zeit, dass ich einen Beichtvater fand, dem ich mich anvertrauen konnte. In den ersten Monaten meiner Pilgerschaft verspürte ich eine Leere in mir, die sich erst in der Begegnung mit Vater Ferrari füllte. Obwohl ich auch vorher schon Geistliche mit großem Charisma getroffen hatte, war er der Erste, der in mir das Gefühl auslöste, dass ich mein Leben in seine Hände legen konnte.

Um mich nützlich zu machen, nahm ich mir vor, das schon seit Wochen nicht mehr funktionierende EDV-System der Gemeinde zu reparieren. Computer und Internet sind eine Leidenschaft von mir. Ich schreibe ständig E-Mails, sowohl privat als auch geschäftlich. Einen vollen Arbeitstag war ich beschäftigt, bis die verlorenen Dateien des Paters wiederhergestellt waren und ein Virus von der Festplatte entfernt war. Ein paar Kinder standen die ganze Zeit um mich herum. Ihre Gesichtszüge erinnerten an ihre Vorfahren in den Steppen der Mongolei. Hin und wieder brachte mir eines der Kinder ein Glas Orangensaft auf einem Tablett. Ich genoss es, eine Zeit lang in dieser friedlichen Gemeinschaft zu verbringen, ohne mir wie üblich schon im Voraus darüber Gedanken machen zu müssen, wie ich den nächsten Tag zu gestalten habe.

Ein Garten mit zinnoberroten Laubgewächsen umgab die Kirche. Viele Stunden verbrachte ich dort, im Schutz vor der glühenden Hitze, im Zwiegespräch mit üppigen Bougainvilleen. Am Nachmittag schlug es vom Glockenturm zu jeder vollen Stunde.

Pater Roberto widmete sich vor allem der Erziehung der türkischen Kinder. Auf den Bänken seiner Schule saßen junge Christen, die vorwiegend aus armenischen Familien kamen, neben Kindern wohlhabender Muslime, die sich für ihren Nachwuchs eine höhere Bildung erhofften.

Die Kirche von Mersin wurde Ende des 19. Jahrhunderts gebaut. Sie dominiert einen Großteil dieses Ballungsraums an der Mittelmeerküste. Pater Roberto pflegte seine Andacht bereits weit vor Tagesanbruch in der Kirche zu halten. Ich ging dann mit ihm in den Chor, wo wir nebeneinander beteten.

Eines Morgens sagte Pater Roberto zu mir:

»Kommen Sie heute Abend in die Kirche, Jean; ich werde eine Diskussion mit den Muslimen aus Mersin moderieren. Also vor einem nicht ganz alltäglichen Publikum!«

»Warum kommen die Muslime überhaupt zu Ihnen, Pater?«

»Sie sind neugierig, und zwar im besten Sinne des Wortes. Ohne sich von ihrer eigenen Religion loszusagen, möchten sie sich über die unsere kundig machen. Ihre Motive sind wohl eher kultureller als religiöser Art; aber diese Gespräche sind oft höchst interessant. Meiner Ansicht nach ist die Unwissenheit das Schlimmste aller Übel; sie ist die Quelle aller Missverständnisse.«

Als ich in die Kirche kam, hatten sich im Kirchenschiff rund dreißig Türken aller Alters- und Standesgruppen eingefunden. Die Diskussionsrunde war bereits eröffnet. Lächelnd ging Pater Roberto im Chorraum auf und ab, während er sich je nachdem in Arabisch oder Türkisch, den beiden Amtssprachen dieser vormals syrischen Provinz, an das Publikum wandte. Die Fragen der bunt zusammengewürfelten Menge aus Bauern, Studenten und anderen Bürgern beantwortete Pater Roberto so einfach und präzise wie möglich.

»Derartige Dialoge sind niemals steril, wenn es auch eher ungewöhnlich sein mag, dass sich die Bewohner eines islamischen Landes Gedanken zur christlichen Lehre machen«, sagte der Pater am nächsten Morgen. »Ich hoffe, dass die Einheimischen über diesen Meinungsaustausch unsere Religion besser verstehen können – und dass sie dadurch auch uns besser verstehen. Außerdem kann ich von diesen Diskussion auch persönlich profitieren. Für mich besteht die Herausforderung auch in der Notwendigkeit, meine Argumentationsweise immer weiter zu verfeinern, um meine Religion so klar wie möglich zu erklären; dadurch habe ich das Gefühl, sie in all ihrer Lebendigkeit zu erfahren und mein eigenes Verständnis zu erneuern.«

Am 14. April erreichte ich Adana. Die dort ansässige christliche Gemeinschaft traf sich in einer halbzerstörten Kirche im Zentrum dieser großen Stadt. Auf der Außentreppe stand Pater Felice Moranghi in kerzengerader Haltung und begrüßte mich, flankiert von den beiden Nonnen Antonia und Antonella. »Sie sind Jean Lescuyer«, meinte Pater Felice, »der Jerusalempilger, nicht wahr? Willkommen in unserer Kirche.«

»Ich danke Ihnen. Wie haben Sie denn erfahren, dass ich hier vorbeikomme?«

»Pater Roberto hat Sie angemeldet. Das Gebäude wird gerade in Stand gesetzt, aber wir haben Ihnen ein Lager auf dem Gang hergerichtet.«

Als sie meinen Schlafsack sah, protestierte Schwester Antonia: »Mit dieser Ausrüstung können Sie nicht weiterziehen; die Nächte werden schwül und heiß. Außerdem hat dieser Schlafsack längst ausgedient. Wo haben Sie denn damit herumgelegen?«

Noch am selben Tag nähte sie mir aus einem großen Tuch einen leichten, flexiblen Schlafsack. Aber damit nicht genug, Antonia und Antonella gingen auch noch auf den Basar, um mir ein Paar leichte Sommerschuhe in passender Größe zu besorgen.

»Damit können Sie besser laufen«, meinte Antonia lächelnd.

Ich genoss es, so verwöhnt zu werden.

Am Abend versammelten wir uns zum Essen in einer einfachen Stube. Ich war neugierig zu erfahren, wieso die Kirche von Adana nur noch eine Ruine war.

»Im vergangenen Jahr hatten wir hier ein Erdbeben«, seufzte Pater Felice. »Dabei stürzte die Kirche ein. Wir versuchen gerade, sie mit Holzbalken zu stabilisieren, weil wir keine Mittel für die Instandsetzung haben.«

»Stellt Ihnen das Bistum die Mittel nicht zur Verfügung?«

»Das Bistum von Anatolien ist arm; wir haben ja nur noch einige tausend praktizierende Christen in der Region, und aus dem Ausland können wir keine Hilfe erwarten – für die westliche Welt ist die Türkei ein durch und durch islamisches Land. Wir können nur auf Gottes Hilfe setzen.«

Die Kirche von Adana oder das, was davon übrig war, befand sich in einer engen Gasse mitten in der Altstadt, wo sich das Gackern unzähliger Hühner mit dem Lärm von pausenlos in beiden Richtungen vorbeirollenden Lastwagenkolonnen und den Stimmen der Passanten zu einer permanenten Geräuschkulisse mischte. In der Nähe der Kirche saßen ein paar Arbeiter mit grünen Kappen und Zigarette im Mundwinkel, die gerade eine Kaffeepause einlegten.

Als Pater Felice an diesem Morgen auf sein altes Fahrrad stieg, um Hausbesuche bei bedürftigen Mitgliedern seiner Gemeinde zu machen, ergoss sich ein Schwall von Hohn und Spott über ihn. Die beiden Schwestern wurden mit zotigen Bemerkungen und anzüglichen Gesten bedacht, als sie vor die Kirche traten.

»Tja, das ist hier fast jeden Tag so«, meinte Schwester Antonia.

»Warum sind die denn so aggressiv?«

»Das ist der wachsende Einfluss der Fundamentalisten. Manche Scheiche meinen, dass wir in den Westen gehören und dorthin zurückgehen sollen. Dabei sind wir hier geboren«, seufzte die Nonne. »Wir haben immer nur hier gelebt.«

Es war das einzige Mal, dass ich in der Türkei Zeuge von Feindseligkeiten gegenüber Christen wurde.

Übrigens waren dies nicht die einzigen Sorgen, die Pater Felice hatte. Die Treppe von der Kirche zum Pfarrhaus führte durch ein kleines Gärtchen, dessen muslimischer Besitzer keine Gelegenheit ausließ, um der Gemeinde Ärger zu machen. Er weigerte sich hartnäckig, ihnen das Grundstück zu verkaufen. Einmal tat er so, als würde er doch verkaufen und verlangte einen exorbitanten Preis. Als die Kirche das Geld zusammen hatte, zog er sein Angebot im letzten Moment wieder zurück.

Trotz dieser Schwierigkeiten und der unangenehmen Atmosphäre hatten sich Pater Felice, Antonella und Antonia ihre Güte und Menschlichkeit bewahrt. Ich habe selten Menschen gesehen, die so viel Sanftmut und Mildtätigkeit ausstrahlten.

Am folgenden Tag brach ich, mit der neuen Ausstattung der beiden Nonnen gut gerüstet, wieder auf. Auch jetzt fiel mir das Gehen nicht leicht. Völlig ermattet musste ich an einer verkehrsarmen Straßenkreuzung Halt machen. Die Sonne brannte mir auf den Schädel. Ringsherum nur Ödnis bis zum Horizont. Ich sah einen Melonenhändler, der in einer primitiven Verkaufsbude unter einer roten Plane auf Kundschaft wartete. Er hatte ein von Wind und Wetter gegerbtes Gesicht mit aristokratischen Zügen. Nach meinem Gewaltmarsch unter der Sonne war ich so erschöpft, dass ich ihn fragte, ob ich mich einen Moment zu ihm unter die Plane setzen dürfe. Er zeigte auf eine Bank, über die er einen Teppich gebreitet hatte, wo ich mich setzen sollte. Mit wummerndem Schädel sah ich dem alten Türken zu, der sich schweigend anschickte, mir ein Glas Pfefferminztee zuzubereiten. Dann nahm er eine Melone, schnitt sie auf und überreichte mir lächelnd ein saftiges Stück. Die Zeit verstrich, ohne dass ein einziges Wort gesprochen wurde. Als der Alte sah, dass ich mich kaum noch auf den Beinen halten konnte, gab er mir mit einer entsprechenden Geste zu verstehen, dass ich mich auf der Bank ausstrecken solle. Unter der roten Zeltplane, die leise im Wind flatterte, schlief ich auf der Stelle ein.

Als ich erwachte, war es schon fast siebzehn Uhr. Der Händler saß immer noch an derselben Stelle. Schweigend und ohne sich zu rühren wartete er, bis ich mich erhoben und mir den Schlaf aus den Augen gerieben hatte. Dann servierte er mir ein Glas gesüßten Tee. Angesichts der vorgerückten Stunde musste ich mich langsam auf die Suche nach einem Nachtquartier machen. Der Alte wies nach Süden in Richtung Yakapinar. Ich werde seine stumme Freundlichkeit nie vergessen. Gott möge ihn beschützen.

Der Weiler lag in einer weitläufigen Schwemmlandebene, die sich bis ans Meer erstreckte, eine Oase von Obstgärten und Olivenhainen. Ein Bauer pflügte in einem vorsintflutlichen bulgarischen Traktor den Boden am Ufer des Ceyhan.

Zu meiner Linken sah ich das Minarett einer Moschee zwischen Schirmpinien aufragen. Es war nicht die Blaue Moschee von Istanbul, aber immerhin eine hübsche Moschee mitten auf dem Land. Ein Schafhirte hütete friedlich seine Herde, die unter den hochstämmigen Bäumen graste, und klopfte ab und zu mit seinem Bambusstock auf den Boden, um die Tiere zur Ordnung zu rufen. Ich fragte ihn, ob ich meinen Rucksack unter dem Vordach an der Moschee abstellen und dort eine kurze Rast halten dürfe. Obwohl ich an diesem Tag nur zweiunddreißig Kilometer gelaufen war, fühlte ich mich am Ende meiner Kräfte. Hinter der Moschee entdeckte ich einen kleinen Hof mit mehreren Brunnen, in denen die Gläubigen vor dem Beten ihre Waschungen vornehmen. Es war der ideale Platz für meine Einkehr.

Während ich betete, bemerkte ich einen Mann in grauem Anzug und einem gepflegten Bart. Er kam mit einer Mischung aus Skepsis und Neugier auf mich zu und sprach mich an. Er verstummte jedoch sogleich, als er merkte, dass ich nichts verstand. Der bärtige Mann machte mir Zeichen, dass ich einen Moment auf ihn warten solle, und kam kurz darauf mit einem Mann aus dem Dorf zurück, der Englisch sprechen konnte.

Der Dolmetscher erklärte mir, Imam Ali Aşkar wolle wissen, wer ich sei und was ich im Dorf zu suchen hätte. Während des Gesprächs entspannte sich die Atmosphäre schnell. Als der Imam erfuhr, dass er einen Pilger vor sich hatte, wurde er sehr freundlich und lächelte mich an. Ali Aşkar öffnete die Moschee und bat mich ins Innere. Nachdem wir meinen Stock und meinen Rucksack abgestellt hatten, forderte er mich auf, mit ihm ins Dorf zu gehen.

Nach zweihundert Metern gelangten wir zu einem kleinen Basar. Reistüten, Tabakpäckchen, Bilderbücher, Aspirin, Gartenschaufeln, rote Feze, Wasserpfeifen, Ansichtskarten aus den siebziger Jahren reihten sich in fröhlichem Durcheinander in den Regalen … Die Frau des Besitzers bereitete ein Abendessen für mich zu, während sich ihre Kunden voller Neugier um den Fremden scharten, der sich hierher verirrt hatte, weitab von den üblichen Touristenrouten.

Als ich in Begleitung des Imam und seines Dolmetschers in die Moschee zurückkam, war es bereits dunkel. Wir stiegen auf die Galerie oberhalb des großen Betsaals. Ali Aşkar suchte unter den zusammengerollten und übereinander gestapelten Bet-Teppichen die dicksten aus und richtete mir ein Nachtlager her. »Und da ist der Lichtschalter für die ganze Moschee. Ich wünsche Ihnen eine angenehme Nachtruhe. Morgen früh um sieben werde ich Sie abholen.« Mit Hilfe unseres Dolmetschers fragte ich, ob der Imam etwas dagegen hätte, wenn ich mein Gebet in seiner Moschee verrichte. Ali Aşkar machte eine Gebärde, die Zustimmung ausdrückte. »Gott sieht das Gebet im Herzen der Menschen, und Er erkennt jede Lobpreisung, die sich an Ihn richtet.«

Kurz darauf stieg ich bedächtig die Stufen zum großen Kuppelsaal hinab. Der silberne Schein der Mondsichel malte Muster auf den weichen Boden. Das blaue Licht. Der Seelenfrieden. Allein in der Moschee, versenkte ich mich in mein Gebet. »Gottes Gegenwart zeigt sich überall«, sinnierte ich. »Er ist immer mit uns verbunden.« Während ich nach meinem eigenen Ritus betete, dachte ich an die göttliche Universalität. Mein Respekt für andere spirituelle Wege war grenzenlos.

Um vier Uhr nachts hörte ich, dass die Gläubigen zum ersten Gebet gerufen wurden: »Allah ou Akbar, Allah ou Akbar ...« Die Moschee füllte sich mit Menschen – und schon versank ich wieder in Tiefschlaf.

Am Morgen brachte mir Ali Kaffee und Früchte. Dieses Frühstück vor der Moschee bleibt mir als ein Höhepunkt inniger Kommunikation mit meinem Gastgeber in Erinnerung. Nichts drängte zur Eile, das leise rieselnde Wasser unter den Obstbäumen wurde zum Maß der Zeit. Als wir unser Frühstück beendet hatten, kramte ich meinen Pilgerausweis aus dem Rucksack und bat den Imam, mir meinen Aufenthalt in Yakapinar durch sein Siegel zu bestätigen. Es war ein schöner Brauch, den ich seit meiner Abreise vor sechs Monaten kultivierte, und inzwischen zierte eine stolze Sammlung von Stempeln religiöser und weltlicher Einrichtungen meinen Pilgerausweis.

Etwas überrascht gab Ali mir zu verstehen, dass er meinem Wunsch erfüllen werde – und verschwand. Nach einer Weile tauchte er mit einem alten Motorroller auf, den er neben sich her schob. Er schloss ein paar Kabel zusammen und trat mehrmals kräftig auf die Pedale, bis der Motor aufheulte. Dann setzte Ali sich die große Rennfahrerbrille auf und forderte mich mit einer Gebärde auf, hinten aufzusteigen. Gleich darauf sausten wir über die von Grapefruithainen gesäumte türkische Landstraße durch die noch unverbrauchte Frische des Morgens. Ali lag wie ein Rennfahrer mit gesenktem Kopf und tief vorgebeugtem Rücken über dem Lenker. Ab und zu drehte er sich um, strahlte mich an und vergewisserte sich, dass es mir gut ging. Geschickt holte er noch das Letzte aus dem kleinen Motor heraus. Nachdem wir auf diese Weise rund fünfzehn Kilometer gefahren waren, stoppte Ali die Maschine unvermittelt vor einer Polizeistation, die sich auf freier Strecke an der Straße befand.

Ali schob die Lederbrille hoch und stieg ab. Noch ein bisschen benommen von der rasanten Fahrt folgte ich ihm ins Innere, wo er dem Polizeibeamten erläuterte, was ich brauchte. Nach einem nicht enden wollenden Austausch umständlicher Höflichkeitsbezeugungen bequemte sich der Beamte am Ende dazu, den Dienststempel aus seiner Schublade hervorzukramen. Er hauchte ihn an und knallte ihn dann auf meinen Ausweis.

Und schon saßen wir wieder auf dem Roller und brausten in umgekehrter Richtung davon. An einer Grapefruitplantage legten wir einen Zwischenstopp ein, und ich unterhielt mich mit einem Landwirt, der in Deutschland studiert hatte und sich glücklich schätzte, seine Fachkenntnisse nun in der Heimat anwenden zu können. »Die Türkei ist ein wunderschönes Land, ein richtiges Bauernparadies. Man könnte sich keinen fruchtbareren Boden vorstellen; und im Gegensatz zu den meisten anderen Ländern im Nahen Osten haben wir auch genug Wasser. Rationalisierungsmaßnahmen sind das Einzige, woran es hapert.« Wir blieben eine gute Stunde auf der Grapefruitplantage. Nachdem der Besitzer dem Imam einen Kanister Dickmilch überreicht hatte, machten wir uns auf den Rückweg nach Yakapinar.

Ali weigerte sich, mich weiterziehen zu lassen, ohne mich vorher mit seiner Familie bekannt gemacht zu haben. Unter einem Feigenbaum, umgeben von vielen Blumen und anderen Obstbäumen, wartete ich in einem kleinen Innenhof, bis seine Familie aus dem Haus kam. Seine Frau und die beiden Söhne begrüßten mich etwas scheu, wahrscheinlich kam dieser Besuch aus heiterem Himmel. Wir verbrachten den Rest des Vormittags damit, die Mispelfrüchte aus dem Garten zu kosten. Endlich verabschiedete ich mich. Ich sagte ihm, dass ich bis ans Ende meiner Reise für ihn, seine Familie und seine Gemeinde beten würde. Und Ali gab mir zu verstehen, dass er mich ebenfalls in sein Gebet einschließen würde.

Würde mich jemand nach meiner liebsten Reiseerinnerung in der Türkei fragen, kämen mir spontan diese Stunden in Yakapinar in den Sinn. Hier habe ich die türkische Gastlichkeit in Reinkultur erfahren. Ich frage mich übrigens manchmal, wieso ich damals bei meiner Ankunft eigentlich so erschöpft war. Vielleicht weil ich sonst Ali Aşkar nie begegnet wäre?

Am Abend in Ceyhan schloss ich auf dem Dorfplatz Bekanntschaft mit Aydyn Apalay, einem lebhaften Jungen mit zotteligen Haaren, der mich durch seine Stadt führte.

»Sag mal, gibt es hier auch eine Kirche?«

»Nein. Die nächste Kirche befindet sich in Iskenderun. Das liegt fünfzig Kilometer weiter im Süden.«

Eine Stunde lang bummelten wir durch die überfüllten Gassen von Ceyhan auf der Suche nach einer Moschee, die mir Quartier geben konnte. Endlich begegneten wir einem Imam.

Auf seinem rundlichen Kopf saß eine weiße Kappe, und er artikulierte sehr langsam, so als müsse er sich jedes einzelne Wort genau überlegen.

»Sie sind willkommen. Aber im Gebetsraum kann ich Sie leider nicht übernachten lassen. Es gibt einige Menschen hier, die Ihre Anwesenheit in der Moschee falsch auslegen könnten.«

»Das macht nichts, ich danke Ihnen trotzdem.«

»Wir können Ihnen ein Lager unter dem Vordach am Eingang herrichten. Es ist eine windgeschützte Ecke, Sie sind dort ganz ungestört.«

»Wenn es Ihnen Recht ist, bin ich einverstanden.«

Einige Frauen und eine Kinderschar beugten sich über den Balkon und beobachteten uns. Es war schon spät, und mein Begleiter lud mich zu sich nach Hause zum Abendessen mit seinen sechs Brüdern und Schwestern ein.

Als ich zur Moschee zurückkam, hatte mir jemand einen Teller mit Baklava neben mein Lager gestellt. Nachdem ich alles für die Nacht hergerichtet hatte, begab ich mich in den Hof, um zu beten. Ein paar Kinder, die mich wohl zunächst ansprechen wollten, hielten sich diskret im Hintergrund. Ich hörte auf zu beten, als der Gottesdienst in der Moschee endete. Die Gläubigen kamen heraus, bemerkten mich und sprachen mich an. So lernte ich Osman kennen, einen eleganten Anwalt aus Ceyhan, seinen Freund Mehmet, Journalist bei einer Tageszeitung in Istanbul, und Dahman, der gerade sein Ingenieurstudium in Deutschland absolviert hatte. Alle drei waren intelligent und sympathisch und bezeugten großes Interesse an mir.

»Ist man in Ihrer Religion zu einer solchen Pilgerreise verpflichtet?«, fragte Mehmet, der Journalist. »Ohne Geld und zu Fuß?«

»Nein, nein, dazu ist niemand verpflichtet. Aber die Armut kann sehr nützlich sein; man reduziert sein Leben auf das We-

sentliche und kann sich selbst in der Begegnung mit Gott bes[illegible]
erfahren.«

»Und was ist Ihr Motiv für diese Reise?«, fragte Osman, der als Mann des Gesetzes nach den Hintergründen meiner Geschichte forschte.

»Nichts anderes als der Wunsch, Gott damit die Ehre zu erweisen.«

»Alle Achtung!«, entfuhr es dem jungen Dahman.

»Wissen Sie, dass die Pilgerfahrt nach Mekka zu unseren religiösen Pflichten gehört?«, fragte Osman. »Die Reise nach Mekka ist eine der fünf Säulen des Islam.«

»Ja, ich hatte bereits Gelegenheit, mit Muslimen darüber zu diskutieren.«

»Sagen Sie uns doch bitte etwas über die Grundpflichten, die ein Katholik zu erfüllen hat!«

»Eine der Grundpflichten ist das Beten; wir verpflichten uns, mit der größtmöglichen Intensität zu beten. Durch das Gebet in der Hinwendung zu Gott erfahren wir das Heil. Durch das Beten werden Kräfte freigesetzt, die uns von unseren Leiden erlösen.«

»Der Koran schreibt vor, dass wir uns fünfmal täglich in Richtung Mekka zu verneigen haben; so haben wir fünfmal täglich die Gelegenheit, Allah zu begegnen. Alle Muslime verneigen sich mit derselben Demut vor Allah – egal ob es sich um Sklaven, Könige oder Präsidenten handelt.«

»Gibt es im Christentum noch andere Grundpflichten außer dem Gebet?«, fragte Osman.

»Wir haben auch die Pflicht, uns um das Wohl unseres Nächsten zu sorgen.«

»Das ist bei uns die *zakat*«, warf der junge Ingenieur ein. »Das ist eine Almosensteuer; wir müssen zehn Prozent unserer Einkünfte den Armen geben. Ist das bei den Christen auch so?«

»Die Höhe der Abgabe ist bei uns nicht vorgeschrieben; wir

begreifen die Wohltätigkeit zunächst als eine innere Haltung. Sie besteht darin, dass wir unseren Mitmenschen in jedweder Hinsicht mit Großzügigkeit begegnen. Christus sagte: ›Liebe deinen Nächsten wie dich selbst.‹ Für mich ist es vor allem wichtig, dass wir uns nicht über die Armen und die Schwachen stellen. Dass wir niemals in Hochmut verfallen.«

Als wir voneinander Abschied nahmen, war es Mitternacht. Mitten im Tiefschlaf weckte mich ein Geräusch. Als ich hochfuhr, erblickte ich Dahman, der gerade ein Paket zu meinen Füßen abgestellt hatte. Er war sehr verlegen, dass ich ihn überrascht hatte, und zeigte mir die kleinen Kuchen, die er mir gebracht hatte. »Sie sind von meiner Mutter; sie hat sie extra für Sie gebacken. Allah sei mit Ihnen und beschütze Sie.«

In Iskenderun machte ich mich auf die Suche nach dem Kapuzinerkloster des italienischen Paters Vincenzo Rino Suchi. Während meines kurzen Aufenthalts dort kümmerte ich mich um die Instandsetzung des Computers.

»Ich habe gehört, Sie haben mit Pater Robertos PC wahre Wunder vollbracht«, sagte Pater Vincenzo. »Ich war gerade dabei, mein Buch abzuschließen. Hundertsechzig Seiten waren schon fertig, aber seit einer Woche kann ich die Datei nicht mehr öffnen. Die ganze Arbeit war umsonst!«

»Ich werde sehen, was sich machen lässt, Pater.«

Auf Grund einer fehlerhaften Konfiguration war auch die Verbindung zum Internet gestört. Es dauerte einige Stunden, aber dann waren Pater Vincenzos Dateien wiederhergestellt, und auch die E-Mail-Verbindung funktionierte wieder.

Am 20. Mai erreichte ich das Gebirge, das sich zwischen Küste und Orontestal erhebt. Die antike Stadt Antiochia präsentierte sich wie ein dunkler Fleck vor dem Hintergrund silbrig glänzender Getreidefelder. Das heutige Antiochia ist nur noch ein Marktflecken am Rande der Türkei, während das alte Antiochia na Rom und Alexandria einst die reichste Stadt im ganzen Mitt meerraum war. In dieser untergegangenen Stadt gründeten die Anhänger Jesu ihre erste »christliche« Gemeinde. Hier öffnete der heilige Paulus die Gemeinde erstmals für Gläubige nicht jüdischer Herkunft. Vielleicht war es auch ein Stück Nostalgie, die mich so stark zu Antiochia hinzog. Für mich war es auch die erste Stadt, in der sich der arabische Orient ankündigte. Ich befand mich plötzlich in der Kultur, die Jesus gekannt hatte. Diese Reminiszenzen an die Vergangenheit begleiteten mich von nun an bis nach Jerusalem.

Von Antiochia aus führte die Straße in einem Bogen von der Küste durch das Kalkgebirge gen Osten zur syrischen Grenze. Je höher ich kam, desto trockener wurde das Klima und desto seltener sah man bewirtschaftete Flächen. In einer unberührten Wildnis, weitab von jeglicher menschlichen Ansiedlung, nächtigte ich unter zwei Felsblöcken. Trotz der Kälte konnte ich ungestört schlafen. Endlich hatte sich mein Organismus auf die strapaziösen Bedingungen des Pilgerdaseins umgestellt.

Der Krak des Chevaliers

Die Mehrheit derer, mit denen ich im Verlauf meiner Reise darüber sprach, warnten mich vor vermeintlichen »Gefahren«, die in Syrien auf mich zukämen. Das Bild, das sie mir von diesem Land und seinen Bewohnern malten, präsentierte sich in düsteren Farben. Ihre gut gemeinten Ratschläge klingen mir noch heute in den Ohren: »Sie müssen extrem vorsichtig sein. Verhalten Sie sich wie ein Wanderer, wie ein Tourist, und sagen Sie unter keinen Umständen, dass Sie ein Pilger sind. Vor allem nicht, dass Sie nach Jerusalem gehen. Sagen Sie einfach, dass Sie auf dem Weg nach Ägypten sind«. Und dann: »Trauen Sie niemandem über den Weg, Sie müssen jederzeit mit Übergriffen rechnen. Am besten wäre es, mit dem Bus direkt bis Jordanien durchzufahren.« Offensichtlich stammte diese Schwarzmalerei ausschließlich von Zeitgenossen, die noch nie einen Fuß auf syrischen Boden gesetzt hatten. Da es allerdings auch für mich das erste Mal war, beschlich mich ein ungutes Gefühl, als ich über die Grenze ging.

Die bisherigen Erfahrungen auf meiner Wallfahrt hatten mir gezeigt, dass Unkenntnis die Mutter aller Ängste ist. Aus Unwissenheit steigern wir uns in unsere Angst hinein, und die Fantasie entwirft wahre Horrorszenarien. Auch meine Fantasie konnte sich dem nicht entziehen, und so steigerte ich mich in diese tief verwurzelten Ängste hinein.

In meiner Fantasie sah ich mich in Syrien von unsichtbaren,

grausamen Feinden umgeben: korrupte Polizisten, Wegelagerer, terroristische Fundamentalisten. Sie alle hatten sich verschworen ... und ein übles Komplott gegen mich geschmiedet. So drang ich völlig verängstigt ins Landesinnere vor. Unter dem Einfluss meiner wohlmeinenden Ratgeber ließ ich alle sichtbaren Zeichen meiner Frömmigkeit in meinem Rucksack verschwinden. Selbst meinen Rosenkranz ließ ich in der Tasche. In der ersten Zeit erzählte ich meinen syrischen Gesprächspartnern nicht ohne Gewissensbisse, ich sei ein Tourist mit einer Leidenschaft für den Nahen Osten; ich sei auf dem Weg nach Ägypten und hätte die Absicht, zu Fuß rund ums Mittelmeer zu wandern. Seit Jerusalem 1967 von Israel besetzt wird, verweigern in der Tat die meisten arabischen Staaten – so auch Syrien – ausländischen Touristen auf dem Weg ins »besetzte Palästina« die Durchreise.

In Bab el-Hawa, einem abgeschiedenen Marktflecken im Bergland, überraschte mich die Dämmerung. Als ich Anstalten machte, mir ein notdürftiges Nachtlager auf einer kleinen Anhöhe unweit der Straße herzurichten, tauchte ein Mann bei mir auf. Meine bescheidenen Arabischkenntnisse, die ich noch aus einer fernen Vergangenheit im Maghreb im Gedächtnis hatte, halfen mir nicht weiter. Der Dialekt dieses Mannes war mir so fremd, dass ich die einfachsten Wörter nicht verstand. Doch das spielte auch gar keine Rolle. Er wirkte so herzlich und offen, dass ich ihm ohne zu zögern in seine Hütte folgte. Als Willkommensgruß servierte er mir starken Kaffee in einem Becher, der wie ein Fingerhut anmutete. Dann schickte mein Gastgeber nach seinem jüngeren Vetter. Dieser hatte in Russland studiert und sich dort ein paar Brocken Englisch angeeignet. Wir verbrachten einen Abend in angeregter Unterhaltung, während sich die Hausfrau um unser leibliches Wohl kümmerte. Ich genoss ihre Freundlichkeit, ihre Wärme und Herzlichkeit! Von dem Schreckensszenario, das man mir entworfen hatte, war ich hier Lichtjahre entfernt. Mein Gastgeber war Grundschullehrer, und ich fühlte mich in seiner kleinen Familie sehr wohl. Nach dieser ersten Erfahrung mit der syrischen Gastfreundschaft war das Eis gebrochen. In Syrien sollte mich kein einziges Mal Hunger oder Durst quälen; es fand sich immer jemand, der mir einen Tee oder Gebäck anbot. Die syrische Küche ist so üppig, dass ich sogar an Gewicht zulegte. Syrien war das einzige Land, wo ich mich nie vor lauter Hunger aus dem Müll ernähren musste.

Meine Angst hatte wie ein Vorhang gewirkt, der mir den Zugang zu den Herzen der Syrer versperrt hatte. Als er gefallen war, erkannte ich meinen Irrtum. All diese Menschen waren mir nur freundlich gesinnt. Meine einzige Sorge bestand darin, die Begegnungen auf ein Mindestmaß zu begrenzen, weil ich jedes Mal unweigerlich eingeladen wurde. Wenn ich dann ein oder zwei Stunden später wieder aufbrach, nachdem ich mit Freundlichkeiten geradezu überschüttet worden war, musste ich mein Tagespensum natürlich entsprechend reduzieren.

Auf der Straße nach Aleppo, der großen syrischen Metropole im Norden, bemerkte ich eine Gruppe muslimischer Frauen, die von Kopf bis Fuß in Schleier gehüllt waren, mit drei weiteren Frauen in blauer Einheitstracht im Gefolge. Die Frauen weckten meine Neugier, weil sie mir irgendwie vertraut vorkamen. Ich konnte aber nicht erkennen, woher sie kamen. Vielleicht waren es Krankenschwestern?

Schließlich tauchte Aleppo vor mir auf. Ich betrat die antike Stadt durch das große Tor von Antiochia, Bab el-Antakia genannt. Verkaufsstände, Bauern und Lastesel mit ihren schweren Gemüsebündeln versperrten den Eingang. Ich lief immer an der Mauer entlang und kam in eine enge Gasse, die mitten durch den Basar führte. Und was für ein Basar! Eine Fülle von Lebensmitteln und Gewürzen, wie ich sie noch nie gesehen hatte. Nicht nur einen Markt, viele verschiedene Märkte gab es da unter dem Gewölbe: einen Goldmarkt, einen Seilmarkt, einen Stoffmarkt, einen Gewürzmarkt… Basttaschen mit geschälten oder gemahlenen Pistazien gesellten sich zu den Körben mit Kardamom und Safran. Als ich stehenblieb, reichte mir ein Händler eine klebrige Honigwabe zum Kosten.

»Reiner Naturhonig, er kommt von meinen eigenen Bienenstöcken.«

»Danke sehr«, sagte ich, »Das ist sehr freundlich von ihnen, aber ich kann nichts kaufen, weil ich kein Geld habe.«

»Das macht doch nichts«, lachte er. »Probieren Sie's trotzdem.«

Ich ging weiter durch die engen Gassen und kaute an meiner durchsichtigen Honigwabe, einem orientalischen Kaugummi. Es war, als würde ich mich nicht im Raum weiter bewegen, sondern in der Zeit zurück.

Die Straße mündete auf einen großen Platz, der den Blick auf die Zitadelle von Aleppo freigab. Die Festung schien aus ihrem hoch aufragenden Steinblock regelrecht herauszuwachsen.

Ein junger Mann sprach mich an.

»Guten Tag, ich heiße Milad, und Sie?«

»Ich heiße Jean. Diese Zitadelle ist wirklich sehr eindrucksvoll.«

»Keine Armee hat sie jemals mit Gewalt bezwingen können. Ein einziges Mal hat der Feind sie einnehmen können, aber nur durch Anwendung einer List. Sind Sie als Tourist in Aleppo?«

»Sozusagen; können Sie mir sagen, ob es hier eine Kirche gibt?«

»Eine Kirche? Wir haben viele Kirchen in Aleppo und rund zehn davon sind christlich.«

»So viele? Ich komme gerade aus der Türkei und habe festgestellt, dass sich die wenigen Christen dort sehr zurückhalten.«

»Bei uns haben Christen keine Probleme, sie stehen unter dem Schutz der Regierung.«

»Welche christlichen Gemeinschaften leben hier denn?«

»Wir haben hier die griechische, die melchitische, die nestorianische, die chaldäische, die syrische, die maronitische, die römische, die protestantische, die armenische Kirche und einige andere. Und der Islam kennt fast genauso viele Gemeinschaften.«

»Ist das wahr?«

»Die Sunniten bilden die Mehrheit; dann kommen die Alawiten, zu denen auch unser Präsident Assad gehört, die Drusen, die Ismaeliten, die Jesiden und die Schiiten. Na ja, Syrien ist eben in jeder Hinsicht vielfältig – nur nicht in der Politik.«

Während meines gesamten Aufenthalts in Aleppo diente mir Milad als Führer. Schon am ersten Tag lud er mich nach Hause zum Essen ein. Er wohnte mit seiner Familie im Al-Djdeida, wie das alte armenische Viertel genannt wird. Der Weg zu seinem Haus führte durch graue, ausgestorbene Gassen. Der geschäftige Rummel der Stadt lag weit hinter uns; es wurde immer stiller und nur ab und zu verirrten sich noch gedämpfte Klänge aus dem Basar herüber.

Christus- und Marienbilder zierten die Wände im Wohnzimmer. Das sparsame Mobiliar bestand aus einer Sitzgruppe, zwei rote Samtsessel und ein großes Sofa, und einem Schwarzweiß-Fernseher. Ich erkundigte mich bei Milads Brüdern und Schwestern nach der Stellung der syrischen Christen. Alles in allem konnten sie sich ihrer Meinung nach als Christen in Syrien glücklich schätzen, im Vergleich zu der Lebenssituation von Christen in anderen Nahostländern und insbesondere in der Türkei.

»Ein Problem ist die niedrige Geburtenrate. Christliche Familien haben höchstens drei oder vier Kinder. In muslimischen Familien ist die Anzahl der Kinder doppelt so hoch. Wir stellen heute nur noch knapp ein Zehntel der Gesamtbevölkerung; wie soll das in zehn Jahren aussehen?«, gab eine der Frauen zu bedenken.

»Viele junge Leute haben den Wunsch, in den Westen auszuwandern. Die erste Auswanderungswelle war Anfang des 20. Jahrhunderts, und in den letzten Jahrzehnten verstärkt sich diese Tendenz. Zehntausende von Christen sind inzwischen nach Südamerika, in die Vereinigten Staaten, nach Kanada oder nach Australien ausgewandert. Sie haben sich dort sehr gut integriert und helfen jetzt den Jüngeren, die ebenfalls auswandern wollen.«

»Ist das der einzige Grund für die hohe Auswanderungsrate?«

»Es zeigt sich auch immer wieder, dass wir die bessere Ausbildung haben«, fügte Milad hinzu. »Wir werden von den westlichen Ländern leichter akzeptiert. Bei den jungen Muslimen ist der Wunsch, das Land zu verlassen, genauso groß, aber sie haben nicht so gute Aussichten wie wir.«

Eine der Schwestern kam mit einer großen Platte Hühnerfleisch und Frikadellen herein. Milad forderte mich auf zuzugreifen. Jeder von uns bediente sich unter Zuhilfenahme eines Stückchens *pita,* das in eine mit Knoblauch gewürzte Tomatensauce getunkt wurde.

Am nächsten Morgen besuchte ich die katholische Kirche Sankt Franziskus. Wie jede Franziskanerkirche war auch diese sehr groß. Zu meiner Verblüffung drängelte sich die Gemeinde bis in die Seitenschiffe hinein, und sie bestand vorwiegend aus jüngeren Leuten. Welch ein Kontrast zu der sterbenden Kirche in der Türkei! Dann fiel mein Blick auf ein paar Frauen, die in den ersten Reihen vor dem Chorraum saßen. Ich erkannte sie an der blauen Tracht, die ich schon bei den Frauen auf der Straße nach Aleppo gesehen hatte. Ich hatte die Franziskanerinnen für Krankenschwestern gehalten! Die christlichen Nonnen konnten sich in Syrien also frei bewegen. Plötzlich fand ich es geradezu lächerlich, meinen Pilgerstand zu verschweigen und meine Rosenkranzkette in der Tasche zu verbergen. Ich schwor mir, ab sofort nie mehr zu leugnen, dass ich auf einer Wallfahrt war, und erst recht nicht, dass ich nach Jerusalem wollte.

Von Aleppo aus brach ich am 25. Mai zu einer Drei-Tages-Etappe nach Hama auf. Die Straße führte mitten durch die Wüste direkt nach Süden durch eine eindrucksvolle Landschaft mit ausgetrockneten Flusstälern und blank gewaschenen Felsen, durch eine monochrome Ebene, die aus der seit Jahrtausenden währenden Wasser- und Winderosion hervorgegangen war.

Am Ausgang einer Siedlung hielt ich vor einem Gebäude, in dem eine Berufsakademie untergebracht war, und bat um Wasser. Auf diesem Abschnitt belief sich mein Trinkwasserverbrauch auf über zehn Liter pro Tag. Mit den leeren Flaschen in der Hand ging ich auf eine Gruppe Studenten zu, die vor dem Eingang herumstanden.

»Würden Sie mir bitte helfen? Ich brauche Trinkwasser.«

»Natürlich«, sagte einer von ihnen, »woher kommen Sie denn? Ach, Sie sind Franzose. Kommen Sie mit, wir haben einen Brunnen im Hof.«

Er rief noch andere Studenten herbei, die mir alle möglichen Fragen stellten. Einige wollten mir die Flaschen unbedingt selbst auffüllen. Eine Gruppe von rund zwanzig Studenten führte mich durch alle Stockwerke des Hauses; sie stellten mir die Dozenten und den Direktor des Instituts vor. In jedem Raum, den wir betraten, wurde mir ein würziger Zimttee serviert. Obwohl ich ursprünglich keinen längeren Aufenthalt eingeplant hatte, verbrachte ich zwei volle Stunden mit den Studenten und konnte erst nach vielen umständlichen Erklärungen erreichen, dass man mich wieder meines Weges ziehen ließ.

Die Syrer sind unter egal welchen Umständen von einer solchen Liebenswürdigkeit. Wer in Syrien kein Dach über dem Kopf hat, wer hungrig oder müde ist, wird immer jemanden treffen, der ihm weiterhilft. Trotz des brutalen Unterdrückungsregimes schienen mir die Bewohner des Landes friedlich und glücklich zu sein. Jedenfalls war dies der Eindruck, den ich in den drei Wochen Syrien erhalten habe.

Meiner Meinung nach gibt es kein wahres Glück ohne Großzügigkeit und Offenheit. Jedes Mal, wenn ich mich wieder ein Stückchen von meinem Selbst gelöst hatte, fühlte ich, wie leicht es mir ums Herz wurde. Jeder von uns hat schon einmal das Glück vertrauensvoller, freundschaftlicher Beziehungen erfahren; in Gegenwart unserer Freunde werden wir von uns selbst abgelenkt. Diese Erfahrung mache ich immer, wenn ich mit Menschen zusammen bin, die mir nahe stehen. Mein Ego tritt zurück, und ich bin innerlich ganz entspannt, ich fühle mich frei und leicht. Diese Lösung von unserer zwanghaften Selbstbezogenheit führt dazu, dass man sich selbst besser annimmt und sich dadurch seinem Gegenüber auch öffnen kann. Durch meine Selbstbezogenheit hatte ich mir den Zugang zu meinem eigenen Potenzial versperrt. Auf meinem Weg in die innere Gelassenheit entdeckte ich in mir ungeahnte Quellen schöpferischer Energie.

Mir wurde klar, dass Glück auch eine Frage der Gewohnheit und der inneren Entwicklung ist. Freilich konnte ich versuchen, einem Ideal nachzueifern, aber das Wesentliche ist nicht das Ziel an sich, sondern der Weg. Nicht das Ankommen ist von Bedeutung, sondern auf dem Weg zu sein. Wenn ich mich voll und ganz auf meine Wallfahrt einlassen konnte, erfuhr ich das einfache Glück, das aus der Fülle des Moments kommt. Das Vertrauen nährt sich aus der Gewissheit, dass wir uns mit Gott und der Welt in Einklang befinden. Es gab jedoch Augenblicke, in denen sich dieser Zustand noch steigerte und ich das Gefühl hatte, meinen ersten Atemzug zu tun, zum ersten Mal voll Genuss zu atmen.

Trotz der Hitze, die immer brütender wurde, kam ich in der lang gestreckten Ebene am Fuß des Libanongebirges zügig voran. Schafe und Ziegen weideten auf den weitläufigen, verdorrten Flächen.

Wo immer ich anhielt, um eine kurze Rast einzulegen, scharten sich Einheimische um mich, in den meisten Fällen einfache Menschen aus dem Volk, Bauern, Schafhirten, kleine Angestellte. Wenn gerade Essenszeit war, teilten sie gerne ihren *foul* aus Bohnen in Olivenöl mit mir. Die traditionelle syrische Gastlichkeit umfasste auch die Herberge für die Nacht. Auf diese Weise konnte ich Land und Leute unter Bedingungen entdecken, die mir kein Reiseveranstalter hätte bieten können.

Ich verbrachte eine einzige Nacht in Hama, der Stadt mit den antiken Wasserrädern. Von dort aus ging ich weiter nach Homs, begleitet von den ermutigenden Gebärden der Bauern, die mir unterwegs begegneten.

In Homs lernte ich Pater François, einen Vikar libanesischer Abstammung, kennen. Der junge Pater hatte eine wahrhaft charismatische Ausstrahlung. Er fragte mich, ob ich ihn bei seiner Besuchsrunde begleiten wolle, was ich gerne akzeptierte. Das einfache Volk der Händler, Barbetreiber, Schuhmacher grüßte ihn, wenn er über die Straße ging. Pater François kannte jeden einzelnen Einwohner von Homs und ein jeder, der ihn grüßte, wurde von ihm mit Namen angesprochen. Eine Frau aus seiner Pfarrgemeinde war nach einem Autounfall gelähmt. Sie verbrachte ihre Tage im Bett, und das Fernsehgerät war ihre einzige

Zerstreuung. Da sie sich nicht mehr selbst versorgen konnte, ging der Priester mehrmals in der Woche für sie einkaufen. Als wir durch die Tür kamen, war sie in einem etwas fiebrigen Zustand und ziemlich deprimiert, freute sich aber über den ausländischen Gast. Sie musste mir unbedingt ein Video zeigen, auf dem ihr Sohn zu sehen war. Er lebte in Kanada, und der Film zeigte ihn tanzend und die neuesten Schlager singend. Der Anblick dieser Frau in ihrem zerbrochenen Körper, die vor den Bildern ihres ausgewanderten Sohnes in Tränen ausbrach, erfüllte mich mit tiefer Trauer.

Homs wird in meiner Erinnerung immer etwas Besonderes bleiben aufgrund meiner Begegnung mit dem orthodoxen Bischof Monsignore Abraham Nehmé. Er bat mich noch am Tag meiner Ankunft an seinen Tisch. Als Pilger, der ich meistens allein von einem Ort zum nächsten zog, empfand ich jede dieser kurzen, aber über das rein Formelle hinausgehenden Begegnungen als kleines Wunder. Jedenfalls kam ich in dieser Hinsicht in diesen acht Monaten nicht zu kurz. Im Allgemeinen stehen wir uns selbst am meisten im Weg, was menschliche Kontakte angeht. Wenn wir wirklich bereit sind, uns zu öffnen, teilt sich dieser Wunsch dem Gegenüber mit, sodass aggressive Verhaltensweisen und Vorurteile von selbst verschwinden.

Tags darauf wanderte Pater François zusammen mit mir nach Tell Kalakh. Ich genoss es sehr, einen Abschnitt meiner Wallfahrt – und sei es nur für wenige Stunden – mit einem anderen Menschen zu teilen, zumal mit einem Priester, dessen Menschlichkeit ich schätzte. Als wir gegen Abend den kleinen Marktflecken erreichten, nahmen wir Abschied voneinander, und er kehrte mit dem Autobus nach Homs zurück. Rund zehn Kilometer weiter befand sich in einem Trockental das Kloster Saint-Georges d'al Houmeira. Als ich das einfache christliche Dorf in Hanglage durchquerte, schien die Abendsonne gerade in das kreuzförmige Fenster einer noch unvollendeten Kirche.

Am 2. Juni musste ich über einen lehmigen Hang kraxeln. Es war sehr heiß, aber die Aussicht, den berühmten Krak des Chevaliers zu erreichen, beflügelte mich, und so war ich sogar noch etwas früher oben als geplant. Wie eine Stein gewordene Faust ragte die Kreuzritterburg plötzlich vor mir auf einem Hügel auf – wunderschön trotz ihrer Bestimmung, die rein militärisch war. Der Krak ist das Wahrzeichen für die vom 11. bis zum 13. Jahrhundert währende fränkische Präsenz im vorderasiatischen Raum. Allein der raue Klang der vier Buchstaben – K – R – A – K – beschwört die Macht dieser Festung herauf, die von den Franken oberhalb der Ebene von Homs zum Schutz ihrer Küstensiedlungen angelegt worden war. Noch acht Jahrhunderte später wirkt die von einem doppelten Wall umgebene Burg gedrungen und kompakt wie ein urzeitlicher Saurier.

Nachdem ich einige Werke in der Bibliothek konsultiert hatte, nahm ich mir zwei Tage Zeit für die Besichtigung der Anlage. Zu meiner großen Überraschung entdeckte ich auf meiner ausführlichen Besichtigungstour jedoch nicht nur eine, sondern gleich sieben christliche Kirchen! Eine davon hatte man zur Moschee umfunktioniert, andere wiederum als Wachstuben neuen Zwecken zugeführt. In seiner Blütezeit beherbergte der Krak viertausend Ritter. In einer Zeit, da der Glaube die Gemeinschaft zusammenhielt und die Anwesenheit der Franken in Vorderasien motivierte, wären sie natürlich nie mit einer einzigen Kapelle ausgekommen.

Ich ließ die großen Momente dieser Festung vor meinem inneren Auge vorbeiziehen: die Ankunft der Hospitalier des heiligen Johannes aus Jerusalem 1142, der erfolgreiche Kampf gegen Saladins Belagerer, und schließlich im 13. Jahrhundert die Einnahme durch den Mamelucken-Sultan Baibar… das Epos der

Kreuzzüge einschließlich der Träume aller Ritter und Pilger, die hier vorbeigekommen waren. In einem Krieg, der sich über fast zweihundert Jahre erstreckte, bildete der Krak auch das geistig-kulturelle Zentrum am Schnittpunkt zwischen Orient und Okzident.

Der Friedhof von Kana

In der ersten Zeit konnte ich mich über die vielen Straßenkontrollen im Libanon nicht genug wundern. Ich wusste nicht einmal, welche Armee, welcher Sicherheitsdienst dahinter steckte! Nur die syrischen Kontrollen waren als solche eindeutig erkennbar – nicht nur an den Fotos von Hafez el-Assad und seinem Sohn Bashar, sondern auch an der Angst der Libanesen. Später erzählte man mir, dass diese Kontrollpunkte noch ein Erbe des Bürgerkriegs waren. In einer Zeit, als jedes Stadtviertel, jede Ecke des Landes eine eigene Miliz aufstellte, zeigte sie auch gerne Präsenz, indem sie die Identität von Passanten und Fahrzeugen überprüfte. Ein Journalist prägte dafür den treffenden Satz: »Ich habe meinen Kontrollpunkt, also bin ich!«

Im Antilibanongebirge rollten gepanzerte Fahrzeuge und alte sowjetische Tanks an mir vorbei. In den Dörfern flanierten Männer in Zivil seelenruhig mit Kalaschnikows und Handgranaten. Dass sich dieses Land immer noch im Kriegszustand befand, war nicht zu übersehen.

In der großen Küstenstadt Tripoli fand ich schließlich wieder die dem Libanon so eigentümliche, reizvolle Mischung aus Orient und Okzident. Auf den großen Hauptstraßen spürte man einen Hauch europäischer Freizügigkeit, gepaart mit orientalischer Rührigkeit und den typischen Düften der Levante. Die Frauen trugen kurze Röcke, offene Haare und rauchten auf der Straße wie in jeder westlichen Stadt. Es war eine Mischung zweier vermeintlich unvereinbarer Welten, die sich hier offensichtlich gegenseitig befruchteten.

Als die Sonne unterging, ging ich zur maronitischen Kathedrale von Tripoli. Pater Youssef Soueif hatte gerade den Gottesdienst beendet und nahm mich zu einem Bummel durch die Einkaufsviertel rund um die Kathedrale mit. Schließlich lud er mich in ein französisches Restaurant ein. Ich fühlte mich wie in Paris. Nach dem Essen setzten wir uns in seinen Wagen und fuhren zu seinem Haus, das sich rund zwanzig Kilometer vor der Stadt in Richtung Süden befand. Pater Youssef war ein sehr unterhaltsamer Mensch. Er gab mir eine lapidare und leicht ironische Zusammenfassung der Kriegsereignisse und der aktuellen Situation. In seiner rücksichtsvollen Aufmerksamkeit überließ er mir sogar sein eigenes Bett und schlief auf dem Sofa.

Am nächsten Tag kehrten wir zusammen nach Tripoli zurück. Den Vormittag verbrachte ich meditierend in der Kirche. Nach dem Mittagessen fuhr ich in Gesellschaft des maronitischen Bischofs und des libanesischen Prälaten Monsignore Antoine Dahman zum Priesterseminar nach Karm as Saddah unterhalb von Eden im heiligen Tal. Die Region trug nicht von ungefähr den Namen des Paradieses; trotz der Wunden, die der Krieg geschlagen hatte, lag eine große Harmonie über dem Tal.

Das Seminar in Karm as Saddah beherbergte rund sechzig Studenten, die dort in entspannter Atmosphäre voll geistlicher Aktivitäten auf das Priesteramt vorbereitet wurden. Monsignore Dahman nahm mich in seine Familie mit, die im Zentrum von Eden lebte. Die meisten seiner Geschwister waren ausgewandert und hatten sich in den USA oder in Saudi-Arabien als freie Architekten, Anwälte oder Chirurgen niedergelassen. Obwohl sie durch den Krieg ins Exil gezwungen worden waren, hatten sie sich im Ausland dennoch hervorragend integriert.

Am zweihundertsten Tag meiner Wallfahrt erreichte ich Beirut.

Während des Abendessens, das in größerer Runde stattfand, wurde mir bewusst, dass der Reichtum dieses Landes auf der Vielgestaltigkeit seiner Gemeinschaft beruht. Unter den geladenen Gästen befanden sich Maroniten, Sunniten, Schiiten, Drusen, Armenier. Fast alle Konfessionen waren um den ovalen Tisch versammelt. Als ich sie da so friedlich zusammen sah, konnte ich es kaum glauben, dass ihre Bürgermilizen sich über fünfzehn Jahre hinweg mit Vehemenz bekämpft hatten.

Am 10. Mai brach ich nach Juniyah auf, einem christlichen Vorort im Norden Beiruts. Meine Ankunft in Beirut fiel auf den zweihundertsten Tag meiner Wallfahrt. Es verblüffte mich, dass ich die Entbehrungen und Strapazen schon so lange ausgehalten hatte. Ich war froh, dass ich so weit gekommen war, und gleichzeitig fühlte ich mich innerlich müde. Es war eine Müdigkeit, die mich eher geistig als körperlich befiel, und ich versuchte, sie aus meinem Kopf zu vertreiben. Sich loslösen heißt ja nicht nur, sich körperlich den Prüfungen des Lebens auszuliefern, sondern vor allem, sich von alten Vorstellungen zu befreien. Jedes Mal, wenn es mir gelang, war mir, als zöge sich ein Vorhang auf, und mir wurde so leicht, als hätte mir jemand Gewichte von meinem Körper abgenommen.

Der Prozess der inneren Wandlung vollzieht sich über größere Zeiträume. In einzelnen Punkten kann man sich dabei zwar noch selbst betrügen; ein Täuschungsmanöver über Monate lässt sich jedoch mit Sicherheit nicht durchhalten. Am Anfang meiner Reise stellte sich der Zustand der »positiven Indifferenz« noch wie zufällig ein, aber mit der Zeit konnte ich die Mechanismen dieser Loslösung von meinem Selbst und die daraus resultierende Belohnung in Form eines unendlichen Glücksgefühls besser verstehen. Am Ende ließ ich den technischen Aspekt dabei völlig beiseite, und das Gefühl der Offenheit wurde zu einem ganz natürlichen Zustand. Dies ist die einzige Möglichkeit, weiterzugehen, und sogar die einzige Möglichkeit, zu leben. Voller Erstaunen entdeckte ich die Freiheit, die dieser geistigen Haltung innewohnt. Meine Wallfahrt war ja nicht dazu gedacht, eine sportliche Höchstleistung zu erbringen und Rekorde zu brechen. Vielmehr sollte sie mir dazu dienen, eine innere Freiheit zu erlangen. Aber noch war ich nicht angekommen und hatte noch einige Hürden zu überwinden.

Geht man von Juniyah aus nach Beirut hinein, präsentiert sich die libanesische Hauptstadt wie ein weißer Quader, der auf dem Wasser schwebt. Von weitem hätte man angesichts der breiten Hauptstraßen und Wolkenkratzer meinen können, die ganze Stadt sei aus den USA importiert. Auf der Küstenpromenade rollten luxuriöse Limousinen und glänzende Geländewagen entlang, und überall sah man, wie die Autofahrer dabei mit geschicktem Griff obendrein ihre Handys bedienten. In der Innenstadt säumten Modeboutiquen, luxuriöse Warenhäuser und elegante Restaurants die Straßen. So groß wie die Armut in anderen Teilen des Libanons, so groß war der materielle Wohlstand in seiner Hauptstadt.

Als ich in Rom war, hatte mir Jacqueline, Agostinos Frau, einen Besuch bei ihrer Familie und dem christlichen Schriftsteller Saïd Akl nahe gelegt. »Sie werden einen bemerkenswerten Menschen kennen lernen«, hatte sie zu mir gesagt. »Meine ältere Schwester Marie-Rose arbeitet seit vielen Jahren mit ihm zusammen.« Ich kam durch völlig ausgestorbene Viertel der Stadt und gelangte, an zerschossenen Hausfassaden vorbei, in die Seman-Ghandourma-Straße. Das Haus mit der angegebenen Adresse trug ebenfalls die Spuren des Krieges; die ganze Fassade war von tiefen Einschlagstellen übersät, und eine Granate hatte ein Stück von der Treppe weggerissen. Aber das Haus selbst hatte den Angriffen standgehalten.

Saïd Akl wohnte in einer geräumigen Wohnung in der zweiten Etage; seine Sekretärin, Agostinos Schwägerin, lebte mit ihrer Familie ein Haus weiter, sodass sie immer in der Nähe des einundneunzigjährigen Dichters war. Die Wohnung war mit Gemälden und Perlmuttspiegeln geschmückt; Bücher in arabischer und französischer Sprache standen sorgfältig in den Regalen aneinander gereiht. Auf einem kleinen Tisch in einer Ecke des Wohnzimmers brannten zwei Kerzen, die eine Ikone und das Porträt der Eltern des Dichters beleuchteten. Die Schwarzweiß-Fotografien an den Wänden erinnerten an glücklichere Jahre vor dem Ausbruch des Krieges.

Saïd Akl und die Menschen, die sich in seinem Dunstkreis bewegten, waren freilich keine Nostalgiker der Vergangenheit, sondern arbeiteten für eine bessere Zukunft, in der von den Gräueln des Krieges nichts mehr zu spüren sein sollte. Marie-Rose, die mich in die Wohnung des alten Dichters begleitet hatte, erzählte mir von ihrem Alltag während des Krieges.

»Wir sind praktisch die Einzigen, die den ganzen Krieg ohne Unterbrechung hier geblieben sind. Während der Bombenangriffe retteten sich sämtliche Hausbewohner in den Keller. Wir hatten jedoch Angst, dass das Haus einstürzt und uns unter seinen Trümmern begräbt. In ganz Beirut gab es nur einen einzigen Baukran, und wenn mehrere Häuser gleichzeitig getroffen wurden, konnten die Verschütteten nicht alle rechtzeitig geborgen werden und erstickten unter den Trümmern ... Am schlimmsten waren die israelischen Phosphorbomben; sie verwandelten ganze Viertel in ein Flammenmeer, das sich durch nichts aufhalten ließ. Die Leichen brannten noch, wenn sie in den Särgen lagen.«

»Wie haben Sie das überlebt?«

»Wir verließen das Haus, sobald es eine Feuerpause gab. Dann mussten wir uns vor den Freischärlern in Acht nehmen; sie feuerten auf jeden Passanten.«

»Welche Partei nahm dieses Viertel denn unter Beschuss?«

»Jede, sie wechselten sich ab.«

Als ich Saïd Akl mit dem edlen Profil eines griechischen Philosophen und dem weißen Haar vor mir sah, fühlte ich, dass ich einen ungewöhnlichen Menschen vor mir hatte. Er hatte eingesunkene, aber lebhafte Augen, die aus seinem Gesicht leuchteten. Saïd Akl verstand sich darauf, das Wesentliche in knappe, elegante Sätze zu meißeln. Alles, was er sagte, löste in mir neue Fragen aus. Er schlug mir einen Spaziergang auf der Küstenpromenade vor. Es war ein schwüler Frühsommertag, und das Meer war in gleißendes Licht getaucht.

»Seit ich in den Libanon gekommen bin, sehe ich überall Spuren des Krieges – auf den Straßen, an den Hausfassaden und an den Menschen. Ich frage mich, wie es möglich ist, seine Integrität über eine so lange Zeit des Bürgerkriegs hinweg aufrechtzuerhalten.«

»Indem man versucht, eine positive Einstellung zu bewahren; vor allem dann, wenn ringsherum alles zusammenstürzt.«

»Haben Sie die Hoffnung verloren?«

»Nein, niemals. Meinen Glauben an Gott und an die Menschen habe ich nie verloren – auch nicht in den schlimmsten Zeiten dieses nicht enden wollenden Krieges.«

Saïd Akl sorgte sich vor allem um das Schicksal der Waisenkinder seines Landes. Er erzählte mir von seinen Studenten, denn trotz seines hohen Alters lehrte er noch immer Literaturwissenschaft an der Universität Beirut. Vor allem war Saïd Akl jedoch Autor eines umfangreichen lyrischen und schriftstellerischen Werkes, das mehrere Jahrzehnte weit zurückreichte. Er hatte auch zahlreiche Liedtexte für Fairuz geschrieben, die populärste Sängerin der arabischen Welt.

Für mich bleibt er ein Symbol menschlicher Moral und geistiger Beweglichkeit. Ich habe ihn als väterlichen Freund in Erinnerung und höre noch heute das Echo seiner sonoren Stimme. Die anrührende Begegnung mit diesem bemerkenswerten Mann zählt zu den schönsten Geschenken, die ich von meiner Reise mit nach Hause nehmen durfte.

Am Tag meiner Ankunft sprach mich auf der Hamra mitten in der Innenstadt von Beirut ein libanesischer Geschäftsmann an, den mein Wanderstatus neugierig gemacht hatte. So lernte ich Joseph kennen, der mich während meines Aufenthalts in Beirut begleitete. Er selbst war übrigens kein Geringerer als der Vizedirektor der größten libanesischen Mobilfunkgesellschaft. »Rufen Sie mich an. Es wäre mir ein Vergnügen, Ihnen mein Land zu zeigen; hier ist meine Visitenkarte.« Zwei Tage später meldete ich mich bei ihm.

»Hallo Joseph, hier ist Jean, der französische Pilger ...«

»Jean! Ich freue mich, von Ihnen zu hören!«

»Gilt Ihr Angebot noch? Wenn Ihnen noch der Sinn danach steht, würde ich Sie bitten, mit mir eine Tour in den Süden nach Kana zu machen.«

»Kana ... nun, ich fahre Sie gern hin, aber ich warne Sie. Das Gebiet ist ziemlich gefährlich. Die Hisbollah-Milizen kontrollieren die gesamte Zone, und es kommt öfter vor, dass die Israelis aus der Luft angreifen.«

»Trotzdem ... – ich würde gern diesen Friedhof besuchen, natürlich nur, wenn Sie einverstanden sind.«

Wir verabredeten uns für den nächsten Morgen. Joseph holte mich mit dem Wagen vor Marie-Roses Haustür ab. Am Ausgang der Stadt kamen wir an einem Markt vorbei, wo die Händler ihre Früchte feilboten. Ihre Verkaufsbuden hatten sie mitten auf der Straße aneinander gereiht, als sei es das Normalste der Welt.

Wir nahmen die Küstenstraße in Richtung Sayda, der antiken Stadt Sidon. Es war so glühend heiß, dass wir alle Fenster herunterkurbelten. Zunächst fühlte ich mich neben Joseph noch wie auf einer Spritztour mit einem alten Kumpel. Unsere Begeisterung über diese Eskapade, die uns durch den Hauch des Verbotenen noch interessanter erschienen war, wich jedoch nach und nach einem Gefühl des Unbehagens, je weiter wir in diese verwüstete Kriegsregion vorstießen. In der ganzen Gegend bemerkten wir starke Truppenbewegungen, und immer wieder begegneten uns militärische Fahrzeugkolonnen. Die Angst erhielt ein Gesicht. Wie Joseph mir erklärte, besetzt Israel seit zwanzig Jahren einen Teil des Südlibanons mit Unterstützung libanesischer Hilfstruppen. Wir kamen durch die Hafenstadt Sayda, wo ich die Ruine einer Kreuzritterburg entdeckte. Joseph hielt an, um sich nach dem sichersten und kürzesten Weg zu erkundigen. In Sur fuhren wir von der Küstenstraße herunter und orientierten uns landeinwärts nach Südosten. Die mit Schlaglöchern übersäte Straße führte von nun an ständig an Bananenplantagen vorbei. Immer wieder wurden wir von libanesischen oder syrischen Soldaten kontrolliert. Je weiter wir fuhren, desto spürbarer wurde der Krieg.

Die Straße vor uns war mit Benzinkanistern abgesperrt. Joseph hatte gerade noch die Zeit, mir das Wort »Hisbollah« zuzuflüstern, als uns ein bärtiger Mann mit tief liegenden, dunklen Augen stoppte. Drei weitere bewaffnete Milizionäre beobachteten uns aus einiger Entfernung. Wie ich wusste, hatte sich diese aus der schiitischen »Gottespartei« hervorgegangene islamistische Bewegung während des Libanonkrieges westlicher Geiseln bedient, um die eigenen Gefangenen freizupressen. Manche Geiseln blieben jahrelang in ihrer Gewalt.

»Zeig mir deine Papiere.«

»Bitte sehr.« Joseph streckte ihm seinen Ausweis und meinen französischen Reisepass entgegen.

»Was wollt ihr hier?«

»Wir sind auf dem Weg nach Kana«, erwiderte Joseph. Er selbst war maronitischer Christ und wurde etwas nervös.

»Habt ihr da Familie?«

»Nein, wir wollen uns das nur ansehen und fahren heute Abend nach Beirut zurück.«

Argwöhnisch sah sich der schiitische Offizier meinen Reisepass an. Die vielen Visa schienen ihn zu irritieren.

»Wo kommen Sie her?«, wandte er sich an mich.

Als Joseph an meiner Stelle antworten wollte, fuhr ihm der Bärtige schroff über den Mund.

»Schnauze halten! Und Sie, beantworten Sie gefälligst meine Frage!«

Als er sah, dass sein Vorgesetzter ungeduldig wurde, entsicherte einer der Milizionäre mit einem klacksenden Geräusch seine Kalaschnikow. Plötzlich war die Atmosphäre zum Zerreißen gespannt.

»Ich bin Franzose.«

»Was machen Sie hier? Hat Ihnen niemand gesagt, dass hier Krieg ist? Für Touristen gibt es hier nichts zu sehen.«

Nach einem erneuten Blick auf meinen Pass wandte er sich auf Arabisch an einen der anderen Milizionäre. Ich hörte, wie Joseph mir sagte:

»Seien Sie unbesorgt; er will nur, dass wir aussteigen, er will uns durchsuchen.«

Ich kann nicht behaupten, dass wir uns dabei wohl fühlten. Man konnte uns zwar nichts Konkretes vorwerfen, aber in solchen Situationen fühlt man sich immer irgendwie im Unrecht. Ein einziges Wort, eine falsche Bewegung kann eine Katastrophe auslösen. Ich öffnete die Tür und bemühte mich, so ruhig wie möglich auszusteigen. Obwohl ich mir wahrhaftig nicht heldenhaft vorkam, konnte ich die Sache aber doch nicht so ganz ernst nehmen. Irgendetwas in meinem tiefsten Inneren hielt mich davon ab; jedenfalls fühlte ich mich nicht persönlich betroffen. Der Anführer war inzwischen näher getreten und sah mich unfreundlich an.

»Was bedeuten diese Stempel in Ihrem Reisepass, sind Sie Journalist? Wo ist Ihr Presseausweis?«

»Nein, ich bin nicht Journalist, ich besichtige nur Ihr Land.«

»Sie müssen sich schon was Besseres einfallen lassen, wenn Sie mich überzeugen wollen. Ich weise Sie darauf hin, dass wir uns hier in einem Kriegsgebiet befinden. Kein Mensch kommt hier ohne Grund herein, und solange ich nicht weiß, was Sie hier zu suchen haben, lasse ich Sie nicht weiterfahren.«

In diesem Moment dachte ich, dass es wohl besser sei, das Übel mit der Wurzel auszureißen und ihm die Wahrheit zu sagen.

»Ich bin ein christlicher Pilger. Ich wollte mir den Friedhof von Kana ansehen.«

»Ein Pilger«, wiederholte er und sah mich verständnislos an.

»Ja, ein Pilger, das arabische Wort dafür ist wohl *hadsch.*«

»*Hadsch,* warum haben Sie das nicht gleich gesagt?« Lächelnd überreichte er uns unsere Papiere. »Bitteschön, willkommen im Libanon.«

Keine Zauberformel hätte wirksamer sein können. Joseph und ich stiegen wieder in den Wagen. Der schiitische Offizier gab uns noch ein paar Ratschläge für die Weiterfahrt.

»Seien Sie trotzdem sehr vorsichtig. Wir haben heute früh eine Stellung der südlibanesischen Armee gestürmt. Die Israelis benutzen diese Verräter als lebende Schutzschilde. Es könnte durchaus sein, dass sie heute noch Bomben werfen. Und was die israelische Artillerie betrifft, schont sie auch zivile Fahrzeuge nicht.«

Er gab Joseph noch ein paar Ratschläge für die Weiterfahrt und schrieb uns sogar eine Empfehlung, um uns das Passieren der Hisbollah-Kontrollpunkte zu erleichtern.

Das flache Land ging in Hügelland über. Zwanzig Minuten später hielt Joseph den Wagen auf einem von Tod und Verwüstung gezeichneten Gelände. Gräber bis zum Horizont. Vereinzelte kleine Schilder mit Altersangaben und einem Namen. Ergriffen sahen wir uns um. Ringsumher herrschte allumfassende Stille und Trauer.

»Der Schauplatz des Geschehens ist nicht weit entfernt von hier«, erzählte Joseph. »Sie befanden sich auf der Flucht vor den israelischen Luftangriffen. Es war im April 1996, während der Operation ›Die Früchte des Zorns‹. Als die Zivilbevölkerung den UNO-Stützpunkt erreichte, glaubte sie sich gerettet, aber die Israelis bombardierten das Versteck aus der Luft. Libanesische Helfer und Soldaten von den Fidschis bargen zweihundert Leichen aus den Trümmern: Greise, Frauen und Kinder. Dazu noch mehrere Dutzend Schwerverletzte, die durch die Verbrennungen auf Lebenszeit entstellt sind...«

Dieser erschütternde Ort verströmte eine unsägliche Trauer. Eine Frau mit verschleiertem Haar irrte mit abwesender Miene von einem Grab zum nächsten. Seit vier Jahren kam sie damals schon jede Woche auf den Friedhof, weil sie um ihren Mann und ihre Kinder trauerte. Als ich in ihr von Kummer und Schmerz gezeichnetes bleiches Gesicht sah, überfiel mich Schwermut und Bitterkeit. Joseph und ich weinten wie Kinder. Manchmal ist die Trauer der Hinterbliebenen ergreifender als der Tod an sich.

Die Wege von Damaskus

In den Dörfern des Libanongebirges, zwischen der Küste und dem Bekáa-Tal, hatten die bewaffneten Auseinandersetzungen zwischen den verschiedenen Parteien des Bürgerkriegs tiefe Wunden geschlagen: von Bomben zerstörte Moscheen, unzählige Einschüsse an Häusern und Kirchtürmen … unauslöschliche Spuren jenes selbstmörderischen Wahnsinns, der hierzulande seit fünfzehn Jahren wütete. Je weiter ich auf meinem Weg in den Ausläufern des Antilibanon vorankam, desto weniger konnte ich die körperlichen Anzeichen meiner Erschöpfung ignorieren; meine Beine wurden schwer wie Granit und wollten mir den Dienst versagen. Ich hatte so große Schmerzen, dass ich mich dazu entschloss, einen Dorfarzt aufzusuchen. Er untersuchte meine Muskulatur und sah mich verblüfft an.

»Sind Sie Berufssportler?«

»Nein, ganz und gar nicht.«

»Bei Ihrer Konstitution würde es mich nicht wundern. Wie lange sind Sie schon unterwegs?«

»Seit mehr als sieben Monaten.«

»Ach so. Also gut, es besteht kein Grund zur Sorge; es ist nur ein Erschöpfungszustand, aber das wird vorbeigehen. Ich verschreibe Ihnen ein Aufbaumittel, das Ihnen gut tun wird. Allerdings würde ich Ihnen raten, sich eine kleine Ruhepause zu gönnen.«

Ich verbrachte einen Tag und eine Nacht bei den Jesuiten in

Tanail, um mich zu regenerieren. Dann ging ich weiter Richtung Syrien bis zur Grenze, wo man mir sagte, dass mein altes Visum abgelaufen sei. Natürlich war ich nicht in der Lage, ein neues Visum zu bezahlen. Ein alter Libanese, der Zeuge meiner Auseinandersetzung mit der Polizei geworden war, kam mir zu Hilfe. Er gab mir das Geld für mein Visum und wünschte mir eine gute Reise.

Ich war sehr froh, wieder in das gastfreundliche Syrien zurückzukommen. Nach einer langen Strecke in der prallen Sonne erreichte ich gegen Abend endlich Damaskus. Die ganze Stadt war erleuchtet, und auf den Straßen flanierten junge Leute in der lauen Sommernacht. Pater Malek nahm mich als Gast der griechisch-katholischen Kirche Sankt Joseph auf. In der Morgendämmerung ging ich hinaus, um die Altstadt zu besichtigen; sie hat sich das Flair ihrer Vergangenheit bewahrt und gilt als die schönste Stadt des Nahen Ostens. Hinter dem Al-Hamidiyeh-Basar ging ich weiter unter den Propyläen des antiken Jupitertempels zwischen Bücher- und Andenkenständen bis zur großen Esplanade unterhalb der Omaijaden-Moschee. Ich lief an der Großen Moschee entlang und bewunderte das achteckige Minarett. In den angrenzenden Gassen stieß ich auf einen Schreiner mit knotigen Händen, der mich bei der Arbeit zusehen ließ. Einen Schöpflöffel stellte er in wenigen Minuten her, einen Schemel in einer halben Stunde und für ein Möbelstück brauchte er einen Tag. Weinlauben schützten die Passanten in den Gassen vor der Sonne. Ich ging weiter durch verwinkelte Straßen bis zum christlichen Viertel unweit des Bab-Touma. Die Ananias-Kapelle erinnerte an die Bekehrung des heiligen Paulus.

Die nur schwach erleuchtete Kirche lud zur Andacht ein im Gedenken an die Erleuchtung des Apostels. Ich war ganz allein und betete in aller Stille. Seine mysteriöse, erschütternde Erfahrung kam mir in den Sinn, diese Episode, die sich vor zweitausend Jahren auf einer staubigen Straße zutrug und seinem Leben urplötzlich eine andere Richtung gab … Der fanatische Pharisäer Saulus brach auf, um die Anhänger der jüdisch-christlichen Gemeinde in Damaskus dingfest zu machen. Bevor er noch die Stadt erreichte, erschien ihm unterwegs ein strahlendes Licht, und er stürzte von seinem Pferd. Als er reglos am Boden lag, vernahm er die Stimme Christi: »Saul, Saul, was verfolgst du mich?« Der plötzlich erblindete Christenhasser war völlig verstört; man führte ihn nach Damaskus, wo der Christ Ananias von Jesus inzwischen die Anweisung erhielt, dem Blinden die Hand aufzulegen. »Und alsobald fiel es von seinen Augen wie Schuppen, und er ward wieder sehend.«

So verwandelte sich der Eiferer Saul durch Gottes Gnade in den heiligen Paulus, der nun seinerseits eine zentrale Rolle bei der Verbreitung der christlichen Botschaft übernahm. Seine Erfahrung ist beispielhaft für das Wunder der menschlichen Wandlungsfähigkeit. Die Erleuchtung des heiligen Paulus resultiert aus dem Schock der Gotteserfahrung, die jeder von uns in sich trägt. Ich selbst kann aus persönlicher Erfahrung sagen, dass sie uns die Welt aus einem anderen Blickwinkel zeigt: Das Schlimmste kann sich in jedem Augenblick zum Besten wandeln.

Damaskus ist von einem fruchtbaren Gürtel aus Gärten und Wasser umgeben, Ghouta genannt. Ich durchquerte dieses Tal und folgte dem Weg durch die Wüste mit ihren rosaroten Felsen in einer alles umfassenden Stille. In den Dörfern, die sich um die Wasserstellen angesiedelt hatten, sah ich die ersten Dattelpalmen. Jeden Abend schlief ich in einem anderen Haus, mal waren es christliche, dann wieder muslimische Familien, die mich bei sich aufnahmen. Es waren einfache Menschen, die mich wie einen Vetter oder einen Bruder behandelten und mir ein Nachtlager im Wohnzimmer herrichteten, ganz so als verstünde sich diese großzügige Gastfreundlichkeit von selbst.

Ich ging weiter in Richtung Süden. Zu Beginn meiner Wallfahrt hatte ich noch die Kilometer mitgezählt. Irgendwann wurde ich die ewige Zählerei leid. Die zurückgelegte Kilometerleistung verlor an Bedeutung und wurde nur noch beiläufig zur Kenntnis genommen.

In Daraa, einer trostlosen Durchgangsstation in der Nähe der jordanischen Grenze, ging ich in die orthodoxe Kirche. Dort traf ich Pater George Rizk, dessen Glaube, Hoffnung und Mildtätigkeit mir neue Kraft gaben. Alles war in Aufruhr, weil der frisch eingesetzte Bischof seine erste Pastoralreise ausgerechnet in diesem Gemeindebezirk beginnen wollte. Drei Tage lang schrubbten wir die alte Kirche mit Feuereifer vom Keller bis zum Dach, bis sie nur noch so blitzte, wie es sich für den Empfang des Bischofs gehörte. Mehr als fünfzig Personen standen mit aufgerollten Hosenbeinen im Schmutzwasser, das sie mit Rechen und Besen aus der Kirche zu schaffen hatten. Und als wir die Kirche zum Abschluss mit frischen Palmzweigen dekorierten, gingen uns sogar die Muslime aus der Nachbarschaft zur Hand.

Das Fenster zur Seele

Schon am ersten Tag entdeckte ich Jordanien als ein reizvolles und fruchtbares Land. Ich wandelte auf den Spuren des Wohlstands dieser Nation, in der die palästinensischen Flüchtlinge einen Anteil von fünfzig Prozent an der Gesamtbevölkerung stellen. Auf den ersten Blick schien sich die jordanische Realität allerdings weniger an der orientalischen Kultur denn an der westlichen Lebensweise zu orientieren, was wohl vor allem auf die britische Kolonialarchitektur, die Sauberkeit und Modernität des Landes zurückzuführen war. Die Jordanier zeigten sich mir gegenüber freundlich und liebenswürdig, manchmal aber auch etwas gleichgültig, was meine materielle Bedürftigkeit anbetraf. In Syrien hingegen hatte ich mein Elend in den letzten Wochen gar nicht mehr als solches wahrgenommen.

In Amman verweigerte mir der katholische Klerus die Gastfreundschaft. Sie jagten mich tatsächlich davon! Daraufhin verbrachte ich die erste Nacht in Jordanien vor der Kirche der Delegation des Heiligen Landes im Schlafsack. Am nächsten Morgen ließ mich ein nicht eben liebenswürdiger Mönch mit groben Gesichtszügen dann doch noch herein. Er führte mich in ein Besucherzimmer, wo ich mich eine geschlagene Stunde in Geduld zu üben hatte. Es betrübt mich immer, wenn ich Menschen sehe, die ihre Religion falsch auslegen. Die Bergpredigt mit ihren acht Seligpreisungen ist ein Text, den ich bevorzuge und der eindeutig belegt, dass sich die christliche Botschaft nicht auf eine Reihe von Befehlen reduziert. Christus hat uns nicht befohlen, ein Leben in geistlicher Armut zu führen, sanftmütig zu sein und Leid zu tragen, sondern: »Selig sind, die da geistlich arm sind; denn das Himmelreich ist ihr. Selig sind, die da Leid tragen; denn sie sollen getröstet werden. Selig sind die Sanftmütigen; denn sie werden das Erdreich besitzen.« Ich verstehe diese Worte als Schlüssel zu einer wahren Ethik. Anstatt uns »Gebote« zu erteilen, wollte Er uns Richtlinien geben für eine Lebensführung, die uns das irdische Glück ermöglicht. Bedauerlicherweise sind wir immer wieder allzu schnell bereit, diese Botschaft falsch auszulegen.

Als der Mönch zurückkam, trug er eine Schüssel mit Speiseresten in der Hand, die er ohne viel Aufhebens vor mich hin stellte. Er behandelte mich nicht besser als einen Hund. Zu trinken gab es nichts. Ich aß trotz der erbärmlichen Umstände, weil mich solche Erniedrigungen inzwischen nicht mehr verletzen konnten. Wie oft hatte ich um Essen betteln müssen, weil mich der Hunger dazu trieb... Für den Pilger werden die logischen Gesetze, die unseren Verstand Zeit unseres langen Lebens regiert haben, außer Kraft gesetzt. Etwas in mir war aufgebrochen: ein dummer Stolz, der mich davon abhielt, die Hand vorzustrecken und mich zu meiner Armut zu bekennen. Sollte ich mich eines Tages nicht mehr selbst versorgen können, werde ich mich mit dem Gedanken, auf die Hilfe meiner Mitmenschen angewiesen zu sein, sicherlich leichter tun. Der Geschäftsmann Jean, gefangen in gesellschaftlichem Erfolgszwang, hatte es nie akzeptiert, verletzlich zu erscheinen. Damals spielte ich einen lästigen Menschen, der irgendwo auf dem Weg zwischen Albi und Jerusalem untergegangen ist.

Da ich wie die meisten anderen Menschen einen Hang zur Selbstbezogenheit kultivierte, suchte ich mein Selbstwertgefühl im Individualismus. Mich in die Abhängigkeit meiner Mitmenschen zu begeben, hätte das Ende dieser vermeintlichen Freiheit bedeutet. Eine ausschließlich materialistische Auffassung von Unabhängigkeit bringt uns jedoch auf den Holzweg, denn Freiheit ist ein Zustand, der nur von innen kommt. Meine Pilgerschaft zwang mich dazu, meine Verhaltensweisen zu verändern. Da ich auf die Hilfe der anderen angewiesen war, sah ich mich jeden Tag aufs Neue gezwungen, die Mauer meines Selbstbilds niederzureißen. Entweder öffnete ich mich den Ereignissen des Lebens, oder ich ging zugrunde. Dabei ist diese Angst um unser Selbstbild völlig unbegründet, weil unser wahres Ich diesem Bild ja gar nicht entspricht. Unabhängigkeit ist die Fähigkeit, auch in der Einfachheit seine Würde zu wahren.

Am Nachmittag begab ich mich zur Kirche der lasallianischen Gemeinschaft auf dem Jebel Hussein, um dort ein Nachtquartier zu finden. Auch hier zerschlugen sich meine Hoffnungen, als mich ein Priester davonjagte. Ich hatte aber noch Gelegenheit, mich mit dem alten jordanischen Hausmeister anzufreunden, und als alles dunkel war, ließ mich der nette Mann heimlich ins Kloster. Jalals Bart war so grau wie die Haare auf seinem Haupt. Großzügig wie er war, teilte er sein Abendessen mit mir und richtete mir ein Lager unter der Treppe her. Am frühen Morgen führte er mich zu den Duschen des Kollegiums. Es war meine erste Dusche seit vier Tagen, und ich konnte sogar noch meine verschwitzten, schmutzigen Kleider waschen.

In den Morgenstunden wanderte ich auf das Gebirge zu, um den Berg Nebo zu besteigen. Das Geröll machte den Aufstieg zu einer schwierigen, strapaziösen Kletterei, aber die Vorfreude auf diesen biblischen Ort, wo Moses das Gelobte Land erblickt hatte, trieb mich voran. Auf dem Gipfel befand sich ein Kloster. Am späten Nachmittag rissen die Nebelschleier auf, und die Touristen machten sich an den Abstieg, um wieder in die Stadt zu gelangen. Ein Frieden erfüllte die Moab-Hochebene, der mir tief in die Seele drang… Ein Felsvorsprung schwebte über dem Abgrund. Behutsam tastete ich mich bis an die Spitze und spürte noch die Hitze des Tages auf dem Metallgeländer… Ein atemberaubender Ausblick über die ganze Region erwartete mich. Das Licht überflutete die flachen Bergkuppen und tauchte das Panorama in gedämpfte Farben. Wie bewegte Bilder zogen die einzelnen Elemente der Landschaft an mir vorbei: ein gewundener Wasserlauf – der Jordan; der silbrige Spiegel des Toten Meeres; und zur Rechten erschien der Tiberias-See. Aus der Ferne, am Horizont, wo die Gipfel des Antilibanon den Himmel berühren, blitzten Schneefelder auf. Und in den Hügeln von Judäa konnte ich einen dunklen Fleck erkennen – Jerusalem, die heilige Stadt. Das Ziel meiner achtmonatigen Fußwallfahrt, meiner Selbstverleugnung, meiner Armut, meines einzigartigen Balanceakts, meiner abenteuerlichen Reise quer durch Europa bis in den Nahen Osten, rückte in mein Blickfeld. Ich war ergriffen und empfand die unsägliche Fülle des Glücks. Endlich hatte ich mein Ziel vor Augen. Bald sollte ich ankommen.

Nun galt es noch achtsamer zu sein, um zu vermeiden, mich in meinem Enthusiasmus zu verlieren. Angesichts der langen entbehrungsreichen Zeit, die hinter mir lag, konnte ich es kaum fassen, dass die heilige Stadt, das Ziel meiner Wünsche, nur noch wenige Dutzend Kilometer entfernt war. Die größten Hemmnisse sind jedoch immer die, die wir uns selbst in den Weg legen. Jeder Weg auf der Suche nach Gott bedeutet die Aufgabe unserer Ängste und unserer Härte, eine allmähliche Umformung unserer Persönlichkeit. Ich war mir bewusst, ein neuer Mensch zu sein. Und obwohl es für eine definitive Erfolgsbilanz noch zu früh war, konnte ich bereits zu diesem Zeitpunkt mit Sicherheit behaupten, dass ich meine alten Verhaltensmuster aufgebrochen hatte und ihnen nicht mehr ausgeliefert war. Indem ich mich selbst vergaß, war es mir gelungen, mich zu befreien.

Während ich auf diesem Felsvorsprung auf die Lichter Jerusalems sah, die so nah und fern zugleich waren, dachte ich an Jesu Satz: »Denn sehet, das Reich Gottes ist inwendig in euch.« Ich hatte dieses Ziel erreicht. Das spirituelle Ziel lag in mir selbst. Ich hatte auf meiner langen Pilgerreise Erfahrungen gesammelt, daraus gelernt und dadurch nicht nur meine Füße, sondern auch mein Herz und meine Seele verfeinert. Die Schritte zählten nicht mehr.

Mein Ziel ist erreicht – die Schritte zählen nicht mehr.

Ein Jahr später

Langsam habe ich mich wieder an mein kleines provinzielles Leben gewöhnt. Ich bin zu meinen Angehörigen und meinem Haus in den Hügeln von Albi zurückgekehrt. Jeden Tag wird mir von neuem bewusst, welch eine Chance ich hatte, diese Erfahrung zu machen. Durch meine Wallfahrt durfte ich an der elementarsten Aufgabe des Menschen überhaupt teilhaben – der Suche nach Gott und der Suche nach dem Glück. Es war ein Abenteuer, das nie aus der Mode kommen wird; die Suche nach dem Absoluten wird den Menschen bis in alle Ewigkeit nicht loslassen.

Nach meiner Rückkehr unterzog ich mich einer gründlichen ärztlichen Untersuchung. Meine Körperfunktionen waren durchweg zufrieden stellend. Auf Grund der mangelnden hygienischen Zustände in den öffentlichen Unterkünften habe ich mich mit dem Hundespulwurm infiziert, was jedoch nach Auskunft meines Arztes nicht gefährlich sein dürfte. Dass ich diese acht Monate ansonsten gesundheitlich so gut überstanden habe, grenzt an ein Wunder. Außer einer Verstauchung, einer schweren Erkältung in Siena und einer Lebensmittelvergiftung, die ich mir durch den Verzehr von tiefgekühltem Fisch aus dem Abfall zugezogen hatte, gab es keine Probleme.

Da sich die Veränderungen unserer inneren Zustände nicht über wissenschaftliche Analysen ermitteln lassen, fällt mir die spirituelle Bilanz meiner Reise natürlich nicht so leicht. Ich sitze gerade auf meinem Sessel im Wohnzimmer vor dem Kamin, den

Blick in die erloschene Asche gerichtet, und denke in aller Ruhe darüber nach. Ich versuche meine Pilgerreise aufzuarbeiten und ihre Mechanismen zu begreifen. Obwohl ich schwerlich sagen kann, welche inneren Wandlungen sich in mir vollzogen haben und wie sie sich in meinem neuen Leben äußern, habe ich doch ein sicheres Barometer für diese Veränderungen gefunden: das Verhältnis zu meinen Angehörigen. Sie bestätigen mir, dass ich nicht mehr derselbe bin. So hat sich mein einst so schwieriges Verhältnis zu meinem jüngsten Sohn, Vincent, entspannt. Wir können wieder miteinander reden und uns gegenseitig respektieren. Dies gehört zu den konkreten Erfolgen meiner Wallfahrt – und allein dafür hat sich die Erfahrung dieser entbehrungsreichen acht Monate gelohnt. Ich hoffe, dass ich meine früheren Fehler künftig nicht wiederhole und den anderen mit weniger Egoismus begegnen kann – egal um wen es sich handelt, meine Kinder, meine Angestellten oder Fremde. Unsere zwischenmenschlichen Beziehungen sind die einzige Messlatte, an der sich unsere innere Entwicklung verfolgen lässt.

Meine Frau ist sehr fürsorglich und hilft mir dabei, mich wieder an eine Welt zu gewöhnen, die mir manchmal seltsam fremd erscheint. Wer so lange ein Vagabundenleben geführt hat, kann sich nicht über Nacht wieder auf ein Leben einstellen, das von morgens bis abends bequem geregelt ist. Meine sozialen und geschäftlichen Verpflichtungen nehme ich erst ganz langsam wieder auf. Obwohl ich mich dafür besser denn je gerüstet fühle, verspüre ich nicht den geringsten Drang, mich unvermittelt wieder in die Hektik des Alltags zu stürzen. Ich habe zwar immer noch Lust, neue Produkte zu entwickeln, aber die Besessenheit habe ich jetzt, mit einundsechzig Jahren, abgelegt. Zu Recht, wird man mir antworten – es war auch höchste Zeit!

Der Weg des Pilgers ist eine Schule, die uns lehrt, von unserem Selbst Abschied zu nehmen. Eine Entwicklung, die uns zum

Abbau persönlicher Eitelkeiten führt, die zuvor unsere Handlungsweisen und unsere Beziehungen zu den anderen bestimmten, und die es uns ermöglicht, uns stärker auf unser Gegenüber zu beziehen. So paradox es erscheinen mag, wird uns diese Haltung dabei helfen, Konfliktsituationen bereits im Vorfeld zu vermeiden. Seit ich wieder zu Hause bin, fühle ich mich »tauglicher« oder auch »handlicher« für die Geschäftswelt, weil sich die Zahl der Störfaktoren verringert hat. Ich bin mit mir selbst in Einklang und habe es daher nicht mehr nötig, meine Launen und Unsicherheiten an Partnern oder Mitarbeitern auszulassen. Schließlich sind sie für meine Ängste nicht verantwortlich. Der Verzicht auf Schuldzuweisungen ist möglicherweise schon ein Akt der Nächstenliebe. Natürlich soll das nicht heißen, dass nun plötzlich alle Regeln und Vorschriften außer Kraft gesetzt werden. Ich stelle an meine Mitarbeiter unverändert hohe Anforderungen, versuche aber gleichzeitig, mein Ego aus dem Spiel zu lassen, was mir alles viel leichter macht. Außerdem habe ich den Eindruck, dass ich in meiner Arbeit effizienter und realistischer bin; dass ich besser zwischen Machtspielen, Unwägbarkeiten und Opportunitäten unterscheiden kann … ein Realismus, der alles nur den persönlichen Interessen unterordnet, ist damit wohlgemerkt nicht gemeint, denn in dieser Form wird er zwangsläufig in eine Katastrophe münden.

Mit meiner Entscheidung, nach Jerusalem zu pilgern, ging ich die Verpflichtung ein, mich einem inneren Wandlungsprozess zu unterziehen. Der Pilger begibt sich freiwillig in eine Situation, in der er den alten Menschen ablegt und den bleiernen Panzer aufbricht, um den goldenen Kern seines Wesens ans Licht zu bringen.

Im Verlauf meiner achtmonatigen Wanderung habe ich vierzehn Kilo an Gewicht verloren. Ich hoffe, dass mit diesen körperlichen Schlacken auch ein Teil meines Egoismus und meiner negativen

Eigenschaften beseitigt worden ist, dass diese lange Reise in Hinwendung zu Gott einen neuen Menschen aus mir gemacht hat. Von meiner Familie und meinen Freunden höre ich, dass ich auf ihre Ängste und ihre Bedürfnisse besser eingehe, seit ich selbst die Erfahrung von Armut und Angst gemacht habe.

Ich kann dazu nur sagen, dass mein Wunsch, ein besserer Mensch zu werden, größer ist denn je – und dass ich alles dafür tun werde, ihn zu erfüllen. Wenn es mir gelungen ist, die gröbsten Kanten abzuschlagen, ist mein Weg freilich noch längst nicht zu Ende … Aber so ergeht es uns immer, wenn wir einen Sieg über uns selbst erringen. Sobald wir im Rückblick auf unser Leben erkennen, welchen Weg wir bereits hinter uns haben, wird uns bewusst, dass es neue Horizonte zu entdecken und andere, noch anspruchsvollere Siege zu erringen gilt.

Ich weiß nicht so recht, ob ich seit meiner Rückkehr weniger Fragen habe. Ich glaube nicht; sie sind jedoch präziser formuliert und lassen sich daher leichter beantworten. Jetzt, da ich mit mir in Einklang bin, finde ich die Lösungen schneller als zuvor.

Meiner Meinung nach darf man das Wallfahren, das aus religiösen Gründen unternommen wird, nicht mit einer Wanderung aus kulturellem Interesse zu einer heiligen Stätte verwechseln. Was den Pilger unterscheidet, ist weder die Dauer der Reise noch die Länge seines Weges oder das Ziel, sondern allein die geistige Haltung, mit der er diese Reise unternimmt; anders ausgedrückt, der Pilger nimmt Abschied von seinem bisherigen Leben, um in der göttlichen Liebe aufzugehen. Dies ist die einzige Möglichkeit, uns ein für alle Mal der Last unserer negativen Gefühle und Schwierigkeiten zu entledigen. Wer mit dieser inneren Einstellung aufbricht, wird das wahre Ziel erreichen. Dazu muss niemand zu Fuß und ohne Geld nach Jerusalem gehen. Die Dauer der Reise, die Entfernung des Ziels und das Armutsgelübde sind letztlich nur »Krücken«, die uns das Abschiednehmen erleichtern. Denn wenn unser Ego nichts mehr hat, um sich daran festzuklammern, wird es umso schneller aufgeben. Je beschwerlicher der Weg, desto größer die Chance, sich von seinem Selbst zu lösen und über einen »himmlischen Auslöser« die innere Freiheit zu erlangen. Solange wir an uns selbst denken, kommen wir nicht weiter. Wir haben keine andere Wahl. Wer ans Ziel gelangen will, muss sich selbst erkennen und vergessen. Und je weiter man dabei vorankommt, desto beschwingter und freier wird man sich fühlen.

Wer pilgern will, muss auch Bereitschaft zeigen, sich von anderen abhängig zu machen. Um Essen, Kleidung oder ein Nachtlager zu finden, ist man auf die Hilfe seiner Mitmenschen angewiesen. Wer Tausende von Kilometern ohne Geld pilgern will, liefert sich aus freien Stücken den Gefahren und Unwägbarkeiten des Lebens aus. Allein der Gedanke daran ist schockierend. Schließlich bedeutet es, alle Gewohnheiten und Sicherheiten des normalen Lebens aufzugeben: das feste Einkommen, den sozialen Status, die Altersversorgung… Nichts ängstigt uns im Allgemeinen mehr als das, was sich nicht vorhersehen lässt. Diese angeborene Angst vor der Realität rührt jedoch daher, dass wir ihre göttliche Natur nicht kennen. Wer hat nicht schon einmal Zuflucht in Aggressivität, im Raffen materieller Werte oder in der Gleichgültigkeit gegenüber anderen Menschen gesucht? All das hat auf einer Wallfahrt keinen Platz; da ist nichts, was man angreifen kann, nichts, was sich raffen lässt, und niemand, auf den sich die Gleichgültigkeit richten kann. Diese Situation zwingt uns dazu, die gewohnten Muster aufzubrechen und zu einem natürlicheren Leben zu finden.

Da sich jedoch niemand so ohne weiteres von alten Gewohnheiten trennt, erwartet uns hier ein langer und manchmal sehr schmerzhafter Prozess. In einem immer währenden Tanz gehen wir in ständigem Wechsel vor und zurück. Kein Mensch wird sich so ohne weiteres von seinen starren Verhaltensmustern und den Schutzmechanismen, die er über lange Zeiträume hinweg aufgebaut hat und die seine vermeintliche Persönlichkeit ausmachen, trennen können. Durch Hunger, Kälte, Müdigkeit und Demütigungen gestresst, wird die harte Hülle aber mit der Zeit brüchig wie ein metallischer Draht, der so lange hin und her gebogen und gedreht wird, bis er bricht. Aber es ist nicht die Seele, die bricht, sondern lediglich der lästige Panzer. Dabei lockert sich die Klammer in unseren Köpfen und gibt unter den alten Bildern und Vorstellungen, die wir von unserem Selbst haben, unser wahres Wesen frei; wir fühlen uns offener und entspannter. Bei mir selbst kam es nicht so abrupt zu diesem Bruch. Ich bemerkte nur nach einer gewissen Zeit, dass ich keine Angst mehr fühlte. Vielleicht hat sich der Metalldraht bei mir einfach nur ganz allmählich aufgelöst?

Während ich alles, was mir auf meiner Reise widerfahren sollte, mit einer Einstellung »positiver Indifferenz« auf mich zukommen ließ, entwickelte ich mit der Zeit eine Fähigkeit, alle Situationen des Lebens anzunehmen. Ich erreichte einen Zustand heiterer Gelassenheit. In diesen so begnadeten Augenblicken konnte ich Abstand halten, ohne mich »persönlich betroffen« zu fühlen; in diesem Film war ich Akteur und Zuschauer zugleich. Ich verspürte Emotionen wie Freude, Schmerz und manchmal auch Zorn, ohne mich von ihnen mitreißen zu lassen. Jeder dieser Gemütszustände gab mir dasselbe Maß an Befriedigung, egal ob er in die Kategorie »gut« oder »schlecht« einzuordnen war. Solche Kategorisierungen ergaben keinen Sinn mehr, weil alles für mich unauflöslich mit dem Göttlichen verbunden war.

Meine Pilgerschaft lehrte mich, das Leben in seiner Vielgestaltigkeit zu lieben. Die Gefahren erschrecken mich nicht mehr, und meine Neugier auf das Neue, das mich hinter der nächsten Wegbiegung erwartet, wird immer größer. Ob Freunde, Diebe,

Unbekannte, was soll's! Was mir noch widerfährt, kann mich nur bereichern.

Obwohl ich nicht hoffe, mein Dasein eines Tages in Armut, Gefangenschaft oder unter der Folter fristen zu müssen, glaube ich, dass ich mir meine Neugier auch unter extremen Lebensumständen bewahren könnte. Dieser Gedanke streift mich zuweilen wie der Gedanke an meinen Tod, der schließlich jederzeit eintreten kann. Ich hoffe, dass er mich nicht unvorbereitet überfällt; ich wünsche mir, dass mir noch die Zeit gewährt wird, mich einzurichten und in ihm zu wohnen. Ich möchte nicht sterben, ohne mir dessen bewusst zu sein. Ich hätte gerne noch ein paar Stunden Zeit, um die Bilanz meines Lebens zu ziehen, meine Fehler wieder gutzumachen, von meiner Frau und meinen Kindern Abschied zu nehmen.

Eine Pilgerschaft lässt sich nicht wie ein Buch am Ende zuklappen und in den Schrank stellen. Wenn sich das Erlebte nicht im normalen Leben niederschlagen kann, wird das Ganze ohne große Resonanz wie ein angenehmes Intermezzo im Alltag untergehen. Ich für mein Teil habe das Anliegen, meine Pilgererfahrungen in meinen Alltag zu integrieren; ich kümmere mich jetzt öfter um das Wohl der anderen, denke an Gott und an die Möglichkeit, dass unsere Existenz uns vielleicht mehr zu bieten hat, als es auf den ersten Blick erscheint. Ich bin der festen Überzeugung, dass die Mehrheit der Menschen sich intuitiv mit dem Wunder des Lebens in all seiner Vielfalt verbunden fühlt. Die Pilgerschaft ist ein Schlüssel bei unserer Gott- und Glücksuche, deren vornehmster Zweck darin besteht, uns zu besseren Menschen zu machen.

Danksagung

Des Pilgers Dank geht an alle Menschen, von denen er erzählt hat, an seinen Beichtvater und die freundlichen Vertreter der Kirche, die er im Verlauf seiner Reise kennen lernte; an jeden, der für ihn gebetet hat; an Jean-Pierre Le Roy; an Winfried Wüermeling; an Étienne und Gervaise Pérez; an Jean Chapuis (meinen ersten Weggefährten) und an Suzanne; an Alain und Suzy Cazals; an Abel und Geneviève Blatgé; an Jacques Bardy und seine Familie; an Daniel und Dominique Cabella; an Pierre und Yvette Julien; an jeden Leidensgefährten in der Armut, an die Großherzigen, mit denen er sich in den Momenten der Not innig verbunden fühlte; an die großzügigen Helfer der italienischen Straßenwacht; an den Secours populaire, die Caritas International, den Secours Catholique und die Emmaus-Gemeinschaft; an Stanislao Ascolese; an Italo und Agate Dalmazzo; an die Pfarrgemeinde von Ponte d'Arbia; an Bruno und Anna Minelli in Campagnano; an Agostino und Jacqueline Sanfratello; an Seine Heiligkeit Papst Johannes Paul II.; an die Delegationen des Heiligen Landes der Franziskaner und der Kapuziner; an Michele Monaco und seine Familie; an Padre Giovanni und Giacomo, Dominikanermöche der Kirche Sankt-Nikolaus, Bari; an meine Not leidenden albanischen Brüder; an die wunderbaren Lazaristen Michael und Johannes in Thessaloniki; an Jacques Soulillou und das Französische Kulturinstitut; an Pater Paul Politis und Zacharias von Agios Andreas, Kariai auf dem Berg Athos; an Viakos Seraphimos

Atmadzidis, Poligiros; an Frau Christodoulou Kyriaki und ihre Familie, Komotini; an Generalvikar Hantimos Coukouridis und die Mitglieder seines orthodoxen Erzbistums Alexandroupolis; an Papas Theodoros, Papas Georgio und die Gläubigen der orthodoxen Gemeinde in Férai; an Kommissar Güveng Murat, Keşan; an Seine Heiligkeit den Patriarchen von Konstantinopel Bartholomäus I.; an Éric und Brigitte Lebedel, Französisches Generalkonsulat; an Philippe Pialoux; an Hassan Degirmenci, Kuşadasi; an Sarūnas Monkevičius, Litauen (meinen zweiten Weggefährten); an Cesare Casale und Gisela Franke, Münster; an Michael Metochianakis, Chania; an Papas Leonidas Illiakis, seine Freunde und sein Werk, Kalives Apokorono; an Heide und ihre Familie, Sitia; an Themelina, Stephane Stathis und seine Gattin, Rhodos; an Abdo und Annie Abou-Antoun, Toprakkale; an den Bahnhofsvorsteher Ibrahim Işik und seine Familie, sowie an die Familie Ghannege, Aleppo, mit einem besonderen Dank für Milad und Marie-Rose; an Fadi Assouad; an die syrischen Scouts von Aleppo und Damaskus; an Monsignore Abraham Nehmé und seinen Generalvikar, Pater François (meinen dritten Weggefährten), Homs; an Pater Georg Mamari d'El Hosn (Krak des Chevaliers), an seinen Vater, seine Familie, seine Freunde; an den Generalvikar der Maroniten von Tripoli, Pater Youssef Soueif, ein Musterbeispiel an Wohltätigkeit; an die Witwe und die Familie meines alten Freundes Farouk El Moukadem, Tripoli; an Monsignore El Hajj, Tripoli; an Monsignore Antoine Dahman; an jedes Mitglied der wunderbaren Familie von Amidi, Beirut; an Maître Saïd Akl; an Joseph Jaber; an die Apostel des Evangeliums in Kesser-Wan; an Pater Malek Daoud, Damaskus; an Papas George Rizk, Daraa; an Pfarrer Adrian Mizrachi, Jaffa; an Pater Eugène Kamar, Pfarrer von Bethlehem; an Monsignore Paul N. Sayah, Erzbischof der Maroniten des Heiligen Landes; an Frau Jacqueline Peyrot; an Jean Bojo.

Danksagung von Mehdi Benchelah

Mein besonderer Dank gilt den folgenden Personen: Anne-Catherine Benchelah, die mich in meinem Vorhaben stets unterstützte und mir jederzeit zur Seite stand. François Calmès, der weder mit Zeit noch mit Ratschlägen geizte. Esther Van der Woerdt für die Bewältigung der umfangreichen Schreibarbeit, ihre gute Laune und ihre Vorschläge. Antoine Perruchot, der mir bei meinen ersten journalistischen Versuchen in Albanien eine kostbare Hilfe war und mit Sorgfalt das Manuskript lektorierte. Ohne sie wäre dieses Buch nicht entstanden. Ihnen allen sei hiermit für ihre Großzügigkeit gedankt. Ein weiterer Dank geht an Christian Nakhle vom Französischen Generalkonsulat in Jerusalem und an Philippe Gélie vom *Figaro* dafür, dass sie die Co-Autorschaft ermöglicht haben. An Tim Nourse, der mich so oft in Gaza geweckt hat, und natürlich an Eva Ludemann für ihre Geduld und ihr Verständnis.

Anmerkung des Autors

Den persönlichen Wünschen entsprechend, wurden in mehreren Fällen die Namen der zitierten Personen verändert.

Quellennachweise

Die Passage von Symeon dem Neuen Theologen auf Seite 154 f. wurde zitiert aus: *Peter Sloterdijk* (Hrsg.): Mystische Zeugnisse aller Zeiten und Völker gesammelt von Martin Buber. Erschienen in Diederichs Gelbe Reihe, Nr. 100, im Heinrich Hugendubel Verlag, Kreuzlingen/München.

Das Zitat auf Seite 177 stammt aus: *Antoine de Saint-Exupéry:* Der Kleine Prinz. Karl Rauch Verlag, Düsseldorf.